賃金と労働と生活水準

一橋大学経済研究叢書 48

斎 藤 修 著

賃金と労働と生活水準

──日本経済史における18－20世紀──

岩 波 書 店

経済研究叢書発刊に際して

　経済学の対象は私たちの棲んでいる社会である．それは，自然科学の対象である自然界とはちがって，たえず変化する．同じ現象が何回となく繰返されるのではなくて，過去のうえに現在が成立ち，現在のうえに将来が生みだされるという形で，社会の組立てやそれを支配する法則も，時代とともに変ってゆくのが普通である．したがって私たちの学問も時代とともに新しくなってゆかねばならぬ．先人の業績を土台として一つの建造物をつくりあげたと思った瞬間には，私たちは新しい現実のチャレンジを受け，時には全く新しい問題の解決をせまられるのである．

　いいかえれば経済学者は，いつも摸索し，試作し，作り直すという仕事を，性こりもなく続けなければならない．経済研究所の存在意義も，この点にこそあると思われる．私たちの研究所も，一つの実験の場である．あるいは，所詮完全なものとはなりえない統計を，すこしでも完全なものに近づけることに努力したり，あるいは，その統計を利用して現実の経済の動きの中に発展の法則を発見しようとしたり，あるいは，分析の道具そのものをみがくことに専念したり，あるいは，外国の経済の研究をとおして日本経済分析のための手がかりとしたり，あるいは，先人のきわめようとした原理を追求することによって今日の分析のための参考としたり，私たちの仕事はきわめて多岐にわたる．こうした仕事の成果を，その都度一書にまとめて刊行しようというのが本叢書の趣旨にほかならない．ときには試論の域を出でないものがあるとしても，それは学問の性質上，同学の方々の鞭撻と批判を受けることの重要さを思い，あえて刊行を躊躇しないことにした．ねがわくば，読者はこの点を諒承していただきたい．

　本叢書は，一橋大学経済研究所の関係者の筆になるものをもって構成する．必らずしも定期の刊行は予定していないが，一年間に少なくとも三冊は上梓のはこびとなろう．こうした専門の学術書は，元来その公刊が容易でないのだが，私たちの身勝手な注文を心よくききいれて出版の仕事を受諾された岩波書店と，研究調査の過程で財政的な援助を与えられた東京商

vi

科大学財団とには，研究所一同を代表して，この機会に深く謝意を表したい．

　1953 年 8 月

一橋大学経済研究所所長

都　留　重　人

は し が き

　日本経済史研究には分厚い研究史が存在する．そのどれを繙いても，先
達の問題関心はかならずしも多様とはいえず，2つか3つの基本テーマに
集約できることがわかる．すなわち，現代の経済制度の源流を探るのか，
市場経済の発展を跡づけるのか，あるいは経済成長の軌跡を描きだすのか，
どれかに分類できるように思われる．それぞれは，もちろん同質的ではな
い．第一グループの典型はいわゆる資本主義発達史の諸学派であろうが，
近年盛んに研究されている，戦後日本の経済システムの起源を比較制度分
析的に探る研究も含まれるだろう．市場経済の興隆を中心に据える歴史家
には，新古典派的な経済観の持主もいれば，カール・ポラニィの思想に共
鳴する経済人類学者もいる．また，第二，第三が一緒になった場合もある
し（成長史学のラベルが貼られることが多い），第一と第二の組合せもあるかも
しれない．しかし，これまでの日本経済史における主要な問題関心が，こ
の3つにまとめられることは認められるのではないかと思う．

　筆者自身は，このような研究史のなかでいささか落着きの悪さを感じて
きた．本書を執筆するにあたって想い起こしてみると，テーマである“賃
金と労働と生活水準”に最初に興味をいだいたのは，四半世紀前のことで
あるが，フェルプス・ブラウンとホプキンスが推計した，イングランド南
部にかんする建築職人の実質賃金指数とそのグラフをみたときであったと
思う．それは，13世紀中葉から7世紀間の長さを1本の系列でカバーす
る点で日本経済史を専攻するものを驚かせるに十分であったが，近世につ
いて推計された実質賃金の水準が中世後期のそれよりはるかに低く，中世
末のピークを回復するのが産業革命を過ぎた19世紀であったという事実
に，より深い衝撃をうけた．実質賃金を実質賃金収入と読みかえることが
できれば，人びとの生活水準は経済発展の段階とともに向上したわけでは
ないと解釈できるように思われたからである．

　その後しばらくは，こうした賃金変動の背後にある経済変化にかんする
ヨーロッパ史の論文を読みあさった．16世紀の価格革命をめぐる論争史

や生活水準と人口圧力の関係についての文献が多かったが，そこから，問題への接近法はもちろんのこと，その実証的営為は戦後に始まったことではなく，19世紀，さらには17世紀の政治算術学派にまで行き着くことにも印象づけられた．この読書経験から，日本の徳川時代とそれ以降の時期にかんしても類似の研究をしたいという希望をいだくこととなり，資料探しが始まった．岡本家の賃金帳簿という貴重な資料に出会うことができたのも，そのときである．この成果が1975年に『社会経済史学』に載った論文であり，本書の礎が据えられたのである．

しかし，その仕事が終ってからは——その間ケンブリッジ・グループに留学し，イングランドの農村労働者世帯の就業構造を実証研究したことの影響もあるが——私の問題関心は生活水準から別な領域に移ることとなった．賃金変動が生ずる場，すなわち労働市場の機構とその労働市場に参加する農家の人びとの行動様式とに，である．幸い，ここでも『甲斐国現在人別調』の「家別表」という得難い資料に恵まれ，それをもとに小農の家族経済イメージを創りあげることができた．

ジョン・ヒックスは，「経済史には二種類ある」という．第一の種類は生活水準の歴史で，第二は市場経済の起源と勃興の経済史である．このうち後者は，上記三分類の二番目に同じで，また三番目とも重なりあう．ただし日本経済史研究では，農民など経済主体の市場行動にどのような経験則がみられたかを実証的に解析する伝統は弱かった．また前者の生活水準の歴史は，戦後日本の歴史学にはまったく欠けていたタイプの研究である．わが国でも1970年代初頭に始まった数量経済史の研究テーマには生活水準の経済史に帰着するものが少なくないが，それはよほど新しい傾向であった．結果として私のリサーチは，日本経済史の伝統からは少しずれた，しかしヒックスの言葉を借用すれば，二種類の経済史にまたがるものとなった．もっとも，そうはいっても当時はどうやってそれをまとめるかのアイディアはなかった．自分なりの研究枠組をつくることができなかったのである．

突破口は，ずっと後になって見つかった．1992年に西川俊作氏を中心として『日本経済の200年』というプロジェクトが立上がったとき，私

は「人口」とともに「労働」も担当することとなった．ここで，18世紀から20世紀にかけての労働の変貌をどのような構図でもって捉えるかを考えざるをえなくなり，再び経済史における生活水準の問題にたち返るきっかけが与えられた．とくに，概念としての生活水準のもつ多面性と，勤労者世帯の社会とは異なった小農経済における意味についてである．前者にかんしては，その間において手を染めた歴史人口学の仕事が私の思考に柔軟性を与えてくれたように思う（ただし，その方向への展開は今後の課題である）．そして両者相俟って，"労働と余暇"という新しい問題が浮かび上がってきたのである．

結果として，この「労働」という論文において本書のための見取図を描くこととなった．ただ，その当時は，余暇をどのようなデータによって捉えるかについてのはっきりした見通しをもっていなかった．今回，本書執筆のために，一橋大学経済研究所附属日本経済統計情報センターが所蔵する町村是資料を精査したことにより，この面での実証研究に第一歩を踏みだすことができたと思っている．

本書は，この四半世紀にわたって断続的に続けてきた仕事を，その見取図にしたがって再構成し，欠けているところは新たな作業によって補い，取りまとめたものである．第III部「余暇と労働」のテーマにかんしては上記の理由で既発表の仕事はないが，第I部と第II部の場合でも，既発表の論文はすべて部品にまで分解，再利用可能かどうかをチェックした．利用可能と判断されたものでも，手直しが必要なときは再計算や新たな作業を行った．今回，手直し以上のまとまった作業が必要だった箇所は，第3章1節の『農家経済調査』の分析と第4章4節の寄留統計にかんする部分である．

本書が成るにあたって謝辞を述べなければならない方々のリストを作成すると，ここには収まりきらない長さになるであろう．資料の所持者や所蔵機関の方々，あるいは資料の写しやワークシートを貸与してくださった方々のご厚意がなければ，この研究そのものが成立たなかったであろうし，データの撮影や複写，その整理，コンピュータ入力，等々の過程でお手伝

いいただいた方々，これら調査と分析作業にたいし研究助成をしてくださった諸機関，また文献等にかんする大小さまざまな情報をいただいた友人や同僚諸氏，セミナーや学会発表の場で，あるいは論文刊行後にコメントをくださった方も多岐にわたる．しかしここでは，慶應時代の速水融・西川俊作両先生，一橋に移ってからは梅村又次先生・尾高煌之助氏，そして数量経済史(QEH)研究会の他のメンバー諸氏から，たえず多くの教示と助言と励しをいただいたことと，第 III 部第 5 章の原型となった草稿は，1996 年 5 月にカリフォルニア大学バークレィ校で行われたセミナーで発表したものであることを記すにとどめさせていただきたい．それはなにより も，初期の QEH コンファレンスから『日本経済の 200 年』プロジェクトまで，本書の部品の多くがこのグループを母体とした活動のなかで生まれたからであり，またバークレィ・セミナーは，初めて経済史を志して以来，いつも貴重なインスピレーションを与えてくれたトム・スミス教授 80 歳を記念して開かれたものだったからである．また，尾高さんには本書のいくつかの章の草稿を読んでいただいた．氏の啓発的なコメントにどこまで応えられたか心もとないけれども，おかげで内容はずいぶん改善されたと思う．これらの方々すべてに心からお礼を申し上げる．

　最後に，本書執筆の最終段階で，図表作成と原稿整理の段階に手際よい仕事をしていただいた田中美穂子さん，本叢書担当編集者以上の仕事をしてくださった高橋弘氏，そしてこの四半世紀のあいだ研究生活を支え，また喜びを与えてくれた家族にも感謝の意を表したい．

　　　1997 年 11 月

　　　　　　　　　　　　　　　　　　　　斎　藤　　修

目　　次

はしがき

序 章　経済史における賃金と労働と生活水準──────── 1

　1　研究史の流れ　　1
　　　生活水準論争／体位・栄養・生活の質

　2　賃金と労働　　7
　　　小農と労働市場／労働時間と余暇

　3　日本経済史における19世紀とその前後　　14
　　　19世紀の経済／ひとつの論争／事実の確定：幕末／解釈の
　　　問題：明治大正から昭和へ／労働時間と余暇・休日

　4　本書の構成　　21

第Ⅰ部　鳥　瞰　図

第1章　賃金の3世紀─────────────────── 25

　1　徳 川 時 代　　25
　　　実質賃金と職種間格差の推移／農業と賃金／江戸建築職人の
　　　実質賃金再推計／幕末における実質賃金の一般的趨勢／幕末
　　　における賃金格差の動向

　2　幕末から明治へ　　41
　　　江戸‐東京の系列／地方の動向：東日本の場合／諏訪の事例

　3　明 治 以 降　　46
　　　実質賃金／賃金格差

　4　結　　語　　55

第II部　労働市場の働き：幕末から明治大正へ

第2章　農家の労働供給様式と労働市場————— 59

1　農家世帯　60
直系家族世帯／農家人口と非農業部門

2　農家の労働供給様式　63
余暇‐労働の選好図式／歴史的妥当性

3　全員就業と農間余業　68
農家人口の有業率プロファイル／農間余業／余業就業率のプロファイル

4　結　語　79

第3章　実証の試み————————————— 81

1　『農家経済調査』にみる農家の就業行動　81
データ／変数／回帰分析

2　余業就業率の決定要因　88
農家階層の影響／相互作用

3　要約と含意　97
全員就業と余業／商業的農業の抑止効果／賃金変動への含意

補節　統計的有意性の検定　107

第4章　労働市場の働き：低賃金ポケットと地域間移動——109

1　徳川時代の労働移動　109
一農村の人口流出率／出稼奉公

2　低賃金ポケット　112
明治の労働市場／募集人制度

3　労働移動のパターン　116
寄留統計にみる人口流出率／流出先

4　地域間人口移動　121
データ／流出地域と流入地域／2つの事例

第III部　余暇と労働

第5章　余暇時間の経済史————————137

1　研究の現状　138
遊び日／国の祝祭日／余暇時間の既往推計

2　休日データ　144
町村是調査／伝統的休日パターンの背景／休日統計

3　休日と労働　152
労働日数／労働負担の増加(1)：養蚕業／労働負担の増加
(2)：耕作農業／農業改良の方向／「休業日ノ課業」

4　結　語　162

第6章　経済発展と時間：戦前から戦後へ————————165

1　産業の労働時間　165
趨勢／賃金と時間

2　政策と制度と家族の選択　174
政策と制度／家族の選択

3　展　望　179

付録1　賃金表(1)：徳川期の関西諸系列————————181
付録2　賃金表(2)：徳川後半期の関東諸系列————————189
付録3　甲斐国現在人別調について————————193
付録4　寄留制度とその統計————————197
付録5　町村是資料一覧————————200

文 献 目 録　204
索　　引　217

xiv

図目次

図 1.1　日雇の実質賃金，1727-1867 年　26
図 1.2　熟練・不熟練間の賃金格差，1732-1865 年　27
図 1.3　江戸 - 東京における建築職人の実質賃金 (協定賃金系列)，1830-94 年　33
図 1.4　江戸 - 東京における大工の実質賃金 (「巷間」相場系列)，1830-79 年　35
図 1.5　銚子醬油製造業の実質賃金 (基本給系列)，1818-93 年　37
図 1.6　江戸 - 東京における熟練・不熟練間賃金格差，1830-70 年　40
図 1.7　製造業労働者の実質賃金，1880-1989 年　47
図 1.8　製造業・農業間 (M-1, F-1)，大企業・一般間 (M-2, F-2)，および大企業・中小企業間 (M-3, F-3) の賃金格差，1880-1989 年 (A: 男子，B: 女子)　48
図 2.1　産出量と労働投入の決定　65
図 2.2　非農業部門への労働供給量の決定と賃金率変化の効果　65
図 2.3　提示賃金率変化の効果　65
図 2.4　農業進歩の労働供給にたいする効果　65
図 2.5　山梨県郡部における男女別有業率カーヴ，1879 年　69
図 2.6　山梨 4 か村の有業率カーヴ (A: 男子，B: 女子)　70
図 3.1　棉作・菜種作比率と無作率の関係: 大阪府，1870-80 年代　101
図 3.2　農家の労働供給曲線　103
図 4.1　中部地方の地区区分地図　123
図 4.2　中部地方の人口流出 - 流入地図　129
図 4.3　富士郡および浜名・引佐郡における雇用変動，1893-1920 年　132
図 6.1　製造業労働者の月間労働時間，1923-90 年　167
図 6.2　主要産業における労働者の月間労働時間，1923-39 年　167
図 6.3　重工業における 1 日の労働時間，1924-43 年 (A: 総労働時間，B: 超過勤務時間)　170

表目次

表 1.1　畿内における日雇実質賃金変化率，1727-1866 年　30
表 1.2　米に換算した農業賃金: 畿内と関東，1760-1850 年代　31
表 1.3　江戸における大工・日雇・サービス業実質賃金の比較，1818-69 年　36
表 1.4　銚子醬油製造業における給金と特別給付，1818-84 年　38
表 1.5　幕末維新の江戸 - 東京における建築職人の実質賃金変化率　42
表 1.6　幕末維新期の農村賃金: 東日本，1860-80 年　43
表 1.7　東日本における幕末維新の実質賃金変化率　44
表 1.8　諏訪における農業日雇賃金，1788-1920 年　45
表 1.9　静岡県浜名郡の賃金統計，1894-1914 年　51
表 1.10　実質賃金と賃金格差の変化パターン　56
表 2.1　性・婚姻状態・年齢階層別有業率プロファイル (A: 男子，B: 女子)　76
表 3.1　調査農家の自小作別特性 (1): 土地・労働・生産・消費と農外就業　83
表 3.2　調査農家の自小作別特性 (2): 農業生産の構成　84
表 3.3　農外就業の決定要因: 1928 年度『農家経済調査』　87
表 3.4　農外就業決定要因の弾力性値: 1928 年度『農家経済調査』　88

図表目次───xv

表 3.5 階層別余業就業率(A: 男子, B: 女子) 90
表 3.6 性・婚姻状態・年齢階層・農家階層別の余業就業率(A: 農家の男子, B: 農家の女子) 92
表 3.7 農家戸主の非農業兼業: 男子 94
表 3.8 養蚕と余業就業率との関連: 小作農家の場合 96
表 3.9 個人の属性・農家階層・余業タイプ 99
表 3.10 非農化率の決定要因: 明治初年大阪府郡別統計の分析 102
表 3.補 余業就業率の差にかんする正規偏差検定 108
表 4.1 明治末 - 大正期の農村における出入寄留の実態: 内務省調査と帝国農会調査 117
表 4.2 中部地方における流入人口, 1888-1918 年 122
表 4.3 中部地方における男女別流入人口, 1913/18 年 125
表 4.4 中部地方における純流入, 1888-1918 年 127
表 4.5 中部地方における地域類型別の純流入, 1888-1918 年 129
表 5.1 神奈川県綾瀬村の休日, 1902 年 145
表 5.2 町村是による平均休日日数 151
表 5.3 町村是による平均労働日数 153
表 5.4 1933 年帝国農会労働時間調査 154
表 5.5 農業産出高と労働時間数の推移, 1880-1935 年 159
表 6.1 長崎造船所における労働時間の推移, 1900-40 年 174
表 6.2 職業階層別・男女別にみた労働および家事時間, 1941/42 年: 年齢 31-45 歳層 177
表 A.1 畿内における賃金指数, 1727-1867 年 182
表 A.2 関東における生計費・賃金指数, 1818-94 年 189

凡　　例

1　資料にかんする引用註には，資料名，巻(号)，表番号あるいは頁のみを記す．『長期経済統計』(*Long-term economic statistics of Japan*)各巻からの場合は，史料名を *LTES* と略記する．

2　研究文献に言及する際は，著者名と出版年のみを示し，書名等の書誌情報は(資料にかんする書誌情報と併せて)巻末に一括して掲げる．なお，Ashton(1949/72)，細井(1925/80) というように，出版年が2つ記されているときは，スラッシュの前が原著(あるいは初版)の，後者が訳書(あるいは第二版等)の出版年である．その場合，引用頁は後者のそれからとする．

3　'ch. 1' は第1章の，'pt. 2' は第 II 部の，'pp. 125-34' は 125-34 頁の略である．

4　引用文中における[　]は引用者による挿入である．

序章 経済史における賃金と労働と生活水準

　生活水準は，多くの経済学者にとって基本的問題関心のひとつである．経済史家にとっても，その歴史を通じての変化，その階層間あるいは諸国間の比較といったトピクスは，資本主義の起源や市場経済の発展とともに主要な研究テーマであり続けてきた．これはとくに英米の経済史学界において顕著で，産業革命期英国における同時代人の著作以来，産業革命期の生活水準論争をへて，長い伝統がある．

　しかし，学説史的バックグランドの異なる日本では事情は少しく違っている．歴史学派とマルクス主義史学の影響の下，近代資本主義の起源と勃興を経済史研究の中核的問題と考える伝統が強いのである．ジョン・ヒックスは『経済史の理論』で，生活水準の経済史に対置するかたちで"市場の勃興"の経済史を論じたが，日本の伝統はむしろ後者と重なりあうところが少なくない(Hicks 1969/95)．実際，西洋・東洋・日本を問わず，わが国の経済史研究と教育の現場をみるとわかることだが，生活水準が正面きって論じられることははなはだ少なかった．逆に，ヒックス自身が正統派とは異なったアプローチと呼んだ書物『経済史の理論』で論じられる，農奴制の消滅と再編，農業の商業化といった問題は，日本の学界では馴染み深いトピクスである．それらよりは，実質賃金の趨勢，生活水準の測定，あるいは国民所得の成長といった，しばしば数量経済史的と形容される研究テーマを明示的に設定することのほうが，よほど新しい傾向だったのである．

　それゆえ本書も，最初に生活水準の経済史がどのように研究されてきたかについてみることから始めたい．

1　研究史の流れ

英国では，経済史研究が長い伝統をもっている．サロルド・ロジャーズ

2

のような 19 世紀英国の歴史家が生活水準を論ずる場合に，まず試みたの
は賃金収入を生活に必要な消費財の価格と比較することであった(Rogers
1866-87)．歴史家だけではない，同時代の為政者もそう考えたのである．
18 世紀末に，後に産業革命と呼ばれるようになる経済変化と農村不況と
インフレとによって貧困が深刻な社会問題となったとき，バークシャーの
スピーナムランドで会合を開いた治安判事たちが考えだしたことは，賃金
率とパンの価格のマトリクスを作り，そこから最低生存費を算出すること
であった(Eden 1797, I, p. 577; 斎藤 1997, ch. 6)．これは，素朴なかたちで
はあるが，実質賃金を生活水準の基準に選んだに等しい．それゆえ，英国
経済史における生活水準の研究においては実質賃金の計測が中心的な位置
をしめてきた．フェルプス・ブラウンとホプキンスの推計はその 7 世紀に
およぶ対象期間の驚異的な長さによって際立ってはいるが，まことに正統
的な行き方であったのである(Phelps Brown and Hopkins 1956/81)．

　しかし，いかに周到に作成されているとはいえ，1 本の実質賃金系列の
みで生活水準の指標とするのは単純すぎる．そこで，"生活水準とは何
か"という観点から，"生活水準論争"の歴史はどのようなことを教えて
くれるか，簡単に振り返ってみよう[1]．

生活水準論争

　周知のとおり，18 世紀末から 19 世紀初頭にかけての産業革命によって，
英国労働者階級の生活水準が下落ないしは停滞したと主張するのが悲観説，
上昇したという主張をするのが楽観説である．前者は 19 世紀から 20 世紀
初めにかけて主流派であったが，ジョン・クラッパムが 1920 年代に，ボ
ーリィ - ウッドの貨幣賃金指数と新たに公表されたシルバーリング生計費
指数とを比べた結果を提示して以来，流れは楽観説に傾いた(Clapham
1926, pp. 128, 561)．

　第二次世界大戦後は，楽観派の代表であった T．S．アシュトンが実質賃

---

1)　日本語で読める最良の展望論文は，松村高夫の 2 論稿(1970, 1989-90)であろう．欧文の
　関連文献は膨大な数にのぼる．詳細は松村論文の文献目録をみよ．ただし，第二次世界大
　戦後の研究史が中心である．

金にかんする統計的証拠を再吟味する一方，新たに消費とマクロ経済という視点を導入した．さらに彼は，「経済進歩の利益にあずかることができたひとの数はその利益からしめだされたひとの数よりおおかったであろうし，その数は着実に増加しつつあったであろう」けれども，「労働者階級のなかに二つのグループがあったことはみとめられる必要がある」とも述べ，階層間格差という要因もまた生活水準を論ずる場合に重要であることを示唆した(Ashton 1949/72, p. 36)．

これにたいし，エリック・ホブズボームは 1957 年に発表された画期的な論文において悲観説の戦後版を展開，いわゆるハートウェル‐ホブズボーム論争が開始された (Hobsbaum 1957/75; Hartwell 1959, 1961/75; Hobsbaum and Hartwell 1963)．楽観論者ハートウェルは，賃金や消費にかんする利用可能な統計データを幅広く検討したが，とくに戦後急速に整備の進んだ国民所得推計を重視した．これは論争史のなかでは新しい点といえるが，アイディア自体はすでにアシュトンにあり，さらに遠くはウィリアム・ペティまで遡りうるものである．

一方，ホブズボームは賃金データの不備を指摘，当時の人びとの生活の実態に迫る指標としては消費，とくに肉に代表される食料品の消費量が重視されるべきだとする．第二に，失業にも目を向ける．これは，仮に賃金率のデータが完全だったとしても失業日数が時期ごとに変化すれば，前者から計算される実質系列も，労働者の実質収入の指標としては不完全といわざるをえないからである．以上は，生産か消費かという力点の違いはあるにせよ，いずれも財からえられる効用に立脚した生活水準観を反映している．しかし第三に，健康・衛生面をも検討の対象に導入すべきだという主張もされている．死亡率，罹病率，体位といった，生活水準の"質的"な指標である．ただデータ不足から，死亡率の動向に若干言及したにとどまり，そこではそれ以上の議論の展開がなされることはなかった．

その後，地方単位の実質賃金系列の推計が進むなど，実証的に一定の進展がみられたが，楽観派陣営における大きな成果はリンダートとウィリアムソンによる総合化の試みであろう (Lindert and Williamson 1983; Williamson 1985)．彼らはまず，より組織的なデータ収集の努力をした．

すなわち，18職種ものデータ系列を農業労働者，不熟練非農労働者，熟練職人(労働貴族)，サービス業のホワイトカラーに分類し，週当り賃金率に年間労働週数52を乗じて，賃金収入指標の算出を行った．また解釈にあたっては，失業率にもかなりの配慮をしている．しかし最大の貢献は，アシュトンの問題提起をいれて所得の階層間格差を明示的に取りあげた点であろう．熟練・不熟練間の格差の動向を示す系列を作成したのである．彼らの結果によれば，賃金収入の趨勢は楽観論者の基本的命題を支持するものであること，しかしその格差は1850年代まで拡大し，その後は緩やかに縮小していったことが示された．

　このリンダートとウィリアムソンの推計は，ホワイトカラーの収入系列にかんしてはデータ的に多くの難点をもっていること，また工業化初期段階において少なからぬ比重をしめていた婦女子労働を考慮にいれていないことの2点において重大な問題を残してはいるが[2]，少なくとも男子ブルーカラー労働者の賃金収入面からみた生活水準の指標としては，従来指摘されてきた問題点を克服しようとした，その意味で評価できる試みといえよう．

　彼らは，生活水準の他の側面，ホブズボームのいう"質的"な側面にも目を向けている．乳幼児死亡率，都市化に起因する弊害，公害などである．ただ，それらの取扱いはややアドホックで，傍証としての役割しか与えられていない．その点，1980年代より始まった，徴兵記録や慈善団体・陸軍学校などの身体検査データを利用した体位計測学的(anthropometric)な

---

2)　ウィリアムソンらはサイモン・クズネッツの経済発展と所得格差にかんする仮説を意識してサービス業の収入をも推計しようとしたが，この試み自体は，それまで等閑視されてきたことであり評価しなければならない．しかしデータ数を増やそうとして，不自然な動きをする，かなり信憑性の落ちる数値を混入させてしまっている．Jackson(1987)，Saito(1988)，斎藤(1997)，ch.5を参照．なお，それらの不自然なデータ系列を除いて計算をしなおすと，労働者階級内における熟練・不熟練間の格差は驚くほど安定的であったこと，格差が拡大したのはホワイトカラーとの間であったことが明らかとなる．これは，彼らが意図したクズネッツ仮説の検証という観点からしても，興味深い事実であろう(斎藤1997，ch.5)．他方，婦女子労働にかんしては，たんに労働者の家計収入の推計が過小となるという点に問題があるのではなく，世帯主の収入稼得力と彼の妻や子供の就業とのあいだには関連があることが考慮されねばならない．結果として，男子世帯主の賃金収入と婦女子の収入とが同じ率で上昇するとはかぎらないのである．Saito(1988)，斎藤(1997)，chs.6-7，Berg and Hudson(1992)，Horrell and Humphries(1992, 1995a, 1995b)などを参照．

研究が，まったく新しい視角と斬新な事実発見を提供しつつある.

体位・栄養・生活の質

　この分野を主導してきたのはアメリカのロバート・フォーゲルである.
スタンレィ・エンガマンとの共著『苦難のとき』におけるフォーゲルは生
活水準を多面的なものとして捉えるにとどまったが(Fogel and Engerman
1974/81)，この体位測定学を歴史に導入したプロジェクトとなると，伝統
的な生活水準の研究とは異なった新しい視角を明示的に打出した.
　現在このプロジェクトは英米を中心とし，多くの地域について進行中で
ある. そのうち，成果がすでに本のかたちで公刊されたのが英国である.
その著作のなかでロドリック・フラウドらは，1830年以前に生まれた男
子の身長は伸びていたが，1830年から60年のあいだの出生集団では平均
身長の低下がみられ，その後の回復・伸長も第一次世界大戦までは緩慢で
あったことを明らかにした(Floud et al. 1990). すなわち，体位に反映し
た生活水準は産業革命の時代にではなく，19世紀中葉に悪化したという
のである. この興味深い結論のうち18世紀のデータにかんしてはまだか
なりの問題が残っており，今後の研究によっては観察結果が変更を受ける
可能性がある. しかし，19世紀半ばの低下局面にかんしては，よほどの
ことがないかぎり動かない事実であるといってよい. しかも興味深いこと
に，大西洋の対岸アメリカにおいても，ほとんど同じ時期にアメリカ生ま
れの白人男子の身長低下が観察されているのである(Fogel 1986).
　この時期は英米両国とも経済成長の時代で，この間の実質賃金が上昇し
たことについては議論の余地はない. しかし同時に，都市化の時代でもあ
った. 英国の場合，都市化が体位におよぼす悪影響は明瞭に計測されてお
り，それとともに乳児死亡率の改善が止まってしまったことが明らかにさ
れている. 他方アメリカでは，狭義の都市化だけではなく，ひととものの
移動の活発化があり，それに随伴して平均余命の低下が観察されている.
すなわち，体位計測学的な意味での生活水準は人口学的な指標とは近似し
た動きをしたが，1人当り国民所得とか実質賃金とは食い違った変動パタ
ーンを示したのである.

身長は，栄養学的にいうと，栄養摂取量の関数というより，栄養収支の累積効果の反映したものといわれる．1人当り摂取カロリー量を指標に選ぶと1人当り国民所得とか実質賃金収入と相関するであろうが，栄養収支を考えにいれた栄養状態 (nutritional status) を採用すると必ずしもそうはならない．労働時間が長く，運動強度が強いと，たとえカロリー摂取量がほどほどであっても体位の向上にはつながらない．さらに，病原菌にさらされる頻度と度合，すなわち疾病環境 (disease environment) が急激に悪化する場合にも同様のことがみられる．体位と相関するのは，摂取カロリー量ではなく栄養状態であり，それがまた罹病率・死亡率にも影響を与える．それも本人の栄養状態だけではなく，母親の栄養状態からの影響も識別しうるので，世代をこえた累積効果がそこには反映しているのである．

賃金収入や消費水準，あるいは1人当り国民総生産といった指標から生活水準を測ろうとする，伝統的な行き方をコモディティを中心に据えた"所得－消費"アプローチと呼ぶとすれば，体位データや死亡率・罹病率で把握されるのは生活水準の異なった側面である．それは，ホブズボームが「最良の指標」といいながらも，データ不足から十分に検討できなかった問題である．もっと抽象的な言葉を使えば，アマルティア・センが"ひとがなしうること，あるいはなりうるもの"(functionings) とそれを達成する"潜在能力"(capabilities) と呼ぶところのもの，いいかえれば生活の質にかかわっている (Sen 1987)．そして，実証的な観点からみたその重要性は，体位データに加えて，乳幼児死亡率，飢饉の発生など，生活のファンクショニングを表現している指標は，ときとして所得や賃金と相反する動きをすることがあるという事実に反映されている (Sen 1987, p. 15n; Sen 1981)．これは，研究史的にみてまったく新しいアプローチであり，歴史人口学者との協同も期待できる分野であるといってよい．実際，フォーゲルやフラウドらの体位データ研究グループの目指すところも，そのような新しい観点からの，生活水準の歴史の見直しといえる．

要約すれば，英米における研究の流れは，明らかに実質賃金収入水準のみで生活水準の推移を測ろうとすることから，格差の変化や消費の内容変化をも射程にいれたより多面的な"所得－消費"アプローチへ，そしてさ

らに"潜在能力 - 機能"アプローチへと向かってきているのである.

2　賃金と労働

　本書では，しかしながら，この第二のアプローチはとらない．それは彼らの問題提起が重要でないと思うからではない．それどころか，日本の歴史的経験においても，死亡率や体位データと賃金・所得データ系列とのあいだには無視できないギャップが存在する時期があった．それゆえ，そういった視角から日本人の"豊かさ"の歴史を再検討する作業は当然なされねばならないが，それはまったく別の一冊を必要とする仕事になるであろうからである(予備的な考察としては，斎藤 1989 参照).

　それゆえ，本書は伝統的な賃金史から始めたい．この分野におけるわが国の最初の成果は 1960 年代初頭に公表された梅村又次による建築労働者の実質賃金推計であるが，彼はその論文の目的を「明治維新が準備されつつあった時期における物価・賃金の動向」を検討し，「明治以降における経済の資本主義的発展が徳川時代との比較においていくばくかの実質賃金の改善をもたらしたか」を明らかにすることと記した(梅村 1961b, p. 172).当時と比べるとより多くのデータが利用可能とはなったが，これはそのまま本書の第一の課題でもある．

　しかし，伝統的な枠組内に留まるということは，長期実質賃金系列 1 本で論ずれば足るということではないし，また新しい工夫をも排除するものではない．むしろその枠内で，英米の経済史研究ではあまり重視されてこなかった面に目を向けたいと思うのである.

小農と労働市場

　まず第一に，上にみた英国の場合，たとえ産業革命以前の時代であっても，対象となる経済主体は賃金労働者と彼らの家族である．彼らは決して工場労働者ではないが，農場や親方の仕事場で働いて賃金を稼得し，それで生計をたてている人びとである．ある歴史家は，産業革命期の生活水準にかんする論文のまえがきで「英国の労働者はいつも，生活水準の，公衆

衛生・住宅・教育・社会保険といった構成要素よりも，賃金水準のほうに直接的な関心を向けてきた」(Flinn 1974, p. 395) といって，実質賃金に焦点を絞ることを正当化しようとしているのもこの事実と無関係ではないであろう．もちろん，単純化は慎まなければならない．ロバート・マルコムソンが強調することであるが，18世紀の農業日雇労働者でも兼業収入を無視することはできない (Malcolmson 1981, ch. 2)．また都市においても，レナード・シュウォルツがいうように，貨幣で受けとる賃金が収入のほとんどすべてという意味での賃金労働力の "形成" を語る必要はあるであろう．ただしその場合でも，シュウォルツが問題とするのは，公務員の給料の支払われ方であり，また職人や職工の受けとる心付や現物での給付である (Schwarz 1992, ch. 6)．17-18世紀英国の大衆にとって，生活の糧をえるためには労働市場で職を探さなければならないということ自体は，すでに前提となっていたのである．

　しかし，日本のような小農社会では事情が異なる．"小農" というのは，アレグザンダー・チャヤノフが分析の対象とした帝政ロシアの小農であれ，緑の革命下のアジアにおける小農であれ，家族労働に依存して農産物などの生産を行う経営体である．生産においては市場向けと自家消費用とが一体となって行われるのが一般であるが，労働面においてはノン・マーケットの要素はさらに大きい．すなわち，雇入れられた労働力の役割は小さく，あったとしても季節的であることが多い．にもかかわらず，家族員のうち1人か2人を労働市場へ出すことは普通に行われており，また季節労働に従事したり，あるいは内職的な就業機会を外部の労働市場を通じて探すことも珍しくない．すなわち，家族経済からみれば "余業" としての雇用労働である．

　それゆえ，小農経済と労働市場の存在は両立する．市場賃金率の時系列を用意することも実証的に意味のある作業である．けれども，その賃金率に年間労働日数や週数を乗ずることによって小農民の年間家計収入を算出することはできないし，その時系列の変化を家計所得の変化として解釈することは危険である．それどころか，賃金率が不変で物価上昇が起これば，賃金労働からの実質的な収入額はたしかに減少するが，農産物を販売する

農家の農業所得は，その価格上昇によって増加するであろう．たとえ，収穫した米のほとんどを貢租や地代として納入しなければならず，農産物価格上昇の恩恵に預かれなくとも，現金収入をえるために菜種を植え，蚕を飼っていたとすれば，それらの価格上昇はやはり所得を増加させる効果をもつ．それゆえ，農家の総所得が減ったか増えたかは，一義的には決まらない．収量とその商品化率についての情報が必要であり，しかもそれらのレベルは雇用労働へ就業する確率にも影響せざるをえない．賃金史の経済史研究における意味は，日本の場合と英国の場合とは異なってくるのである．

　このように労働供給主体のあり方が違う場合は当然，労働市場における賃金の変動パターンも異なってくる．アダム・スミスの『諸国民の富』は基本的には賃金労働者世帯からなる経済の解剖学であるが，そこにも次のような興味深い考察がある．すなわち，豊作で食糧が安価な年に賃金が高く，不作でそれが高価な年には賃金が低いことがあるが，それはなぜだろうかと問う．作柄によって労働需要が変化することなく，また労働供給者はすべて賃金労働者世帯の世帯主であるとすれば，豊作のときは賃金の購買力が上がることはあっても，市場で決まる貨幣賃金には変化がないはずだからである．その理由の一端は，実際は豊凶が農業における労働需要を増加させたり減少させたりするからであるが，そのほかに次のような事情があるという．それは，食糧が安価なときには男子の使用人は親方のもとを去って「独立の労働者」になり，女子は「両親のもとに帰り，ふつうは自分たちやその家族の衣服をつくるために糸をつむぐ」ことが多いからである，と(A. Smith 1776/1959-66, I, p. 262)．スミスの解答は，労働者は，市場賃金率と物価(すなわち実質賃金)の変動に応じて労働供給量を増減するだけではなく，彼らの所得稼得様式そのものも変更することがあるというものである．賃金労働者であることを止めて，独立したり，豊作で潤う農家の両親のもとへ帰ったりするのが，それである．その場合，彼らの労働供給価格は引上げられることとなり，雇用者は，高賃金を提示しなければ彼らを雇入れることができない．それゆえ，豊作のときに賃金水準は上昇するのである．

10

　この議論は，徳川小農経済の"余業"労働市場に適用することができる．
一例をあげよう．つとに西川俊作によって紹介された一節であるが(西川
1979, ch. 4)，徳川時代の哲学者三浦梅園には経済学にかんする小論『価
源』がある．そこでは，雇用労働の賃金変動パターンについて次のような
考察がなされている(三枝編 1953, pp. 39, 63)．

　　今の俗，人家は貧民の産を失へる者を買ひて，奴婢と為す．周期なる
　　者あり，半期なる者あり，日を更る更るする者あり，歳を累ぬる者あ
　　り．出入の候，各地其の風あり．総べて之を奉公と謂ふ．蓋し近年，
　　倹歳には則ち雇はずして，而して，以て食に就くを得ざる者多し．豊
　　年には，則ち直遽かに騰貴して，而して，以て奴を買ふを得ざる者多
　　し．

「奴婢」は隷属民ではなく，年季奉公人であろう．現在の風習では，財産
を失った貧者を奉公人として雇入れているが，近年，凶作の年には口がな
くて困る者が生じ，豊作のときには賃銭が騰貴するという，当時の労働市
場の記述でもって始まっている．なぜそうなるか．梅園は次のような答を
与えた．

　　一年年登れば，天下に穀満つ．一年年倹なれば，郡県穀尽く．満つれ
　　ば人人糧乏しからぬ程に，各職に就て本業に帰せんことを思ふ．尽れ
　　ば糧に仰ぐ所なき程に，壮者は庸作に餬ひ，弱者は乞丐に餬ふ．……
　　故に年登るを見れば，遠客の帰舟に逢ふが如く，余業を捨てゝ本業に
　　帰らんとする程に，庸作する者希にして，余業を務むる者怠る．こゝ
　　に於て，諸価皆騰貴す．然ふして一年穀熟せざれば，雨後潦水忽ち涸
　　るゝが如く，又本業を捨てゝ余業に走る．こゝに於て諸価又賎し．

すなわち，豊作で食べるものに困らないときは，雇用労働に就いている者
でも本業の農業に戻りたいと思い，穀物が尽きてしまうと，壮健な者は
「庸作」，つまり雇用労働に出ることによって，また弱者は物乞いをするこ
とによって口に糊しようとするのである．それゆえ豊作の年には，余業を
捨てて本業に戻ろうとするので賃銭が騰貴し，凶作のときには逆に労賃が
下落するのである，と．

　明らかに梅園は，庸作市場における賃金が需要と供給とによって決まる

こと，しかし，"余業"としての庸作への労働供給は——市場賃金だけではなく——"本業"との関係によって決定されることを理解していた．そして，彼の理解した労働市場の機構は，意外なほど上にみたスミスのモデルに近い．

ここでのポイントは，日本の場合，雇用労働市場に登場する大多数のものが農業を本業としていたことである．農作業での日傭取や農村家内工業的な労働についてはもちろん，城下町の奉公人や日雇稼についてもこのことはいえる．彼らが雇用労働者の家族（後にみるように，そういう家族はほとんど存在しなかった）から供給されてくるということはまずなく，多くの場合，農村からの年季奉公か季節出稼であったといってよい．したがって，彼らが雇用を提供するかしないかは，市場で提示される賃金率だけではなく，本業である農業の状態によって左右される度合がそれだけ大きかったのである．

梅園の説明図式は，単一の労働市場における年々の変動という短期を問題としており，それ以上ではない．現実の徳川経済を扱う場合には，農業日雇労働者と職人とか，農村と都市といった複数の労働市場を考えなければならない．また，経済学的に首尾一貫した議論をしようとするなら，生産物市場をも考慮にいれた"一般均衡"を問題にしなければならないであろう．

しかし農家の主体均衡という視点に固執するとしても，スミス－梅園の図式から出発して，賃金水準と格差の動向にかんする米作生産力上昇の効果，菜種作，養蚕のような商業的農業や農村工業の効果など，長期の分析図式へと発展させることは可能である．逆に，そのような分析枠組を前提に，観察された賃金水準と格差の推移から，その背後にある小農経済のあり方と変化を読みとることもできるであろう．

そして，これこそ本書の第二の目的である．それは，ヒックスのいう"市場の勃興"の経済史とも関連する課題だといってよい．

労働時間と余暇

さらに，生活水準の捉え方自体にかんしても，第三のアプローチがあり

うる.

たとえば，A. C. ピグウは『厚生経済学』のなかで，「最低生活水準」の概念のなかには「家屋の設備，医療，教育，余暇，労働遂行の場所における衛生と安全の装置等」が含まれるべきだと述べた (Pigou 1932/55, IV, p. 140). 古典派経済学の"生存水準"観念からの離脱が明瞭であり，その点ではマーシャルの考え方の延長上にあるのであろうが，ここでは"余暇"が加えられていることに注意したい. 不思議なことに，"生活水準論争"に参加した学者や他の経済史家によって明示的に取りあげられることの少なかった側面にである.

ピグウが上のリストに余暇を含めたのは，それが"財に準ずる"性格をもっていると考えたからである. すなわち，通常の余暇 – 労働の選考図式が前提するように余暇が他の財と同じ効用を有するのであれば，所得分配が労働者に有利に変わるときには，彼らの消費は余暇にも向けられることになろう. 実際，「十分に確証のあることであるが，高賃金の国と産業とは概して同時に短労働時間の国と産業であり」，また「最近のイギリスの歴史において賃金の騰貴と労働時間の減少の間には，周知の相関関係がみとめられる」と，別な箇所で記されている (Pigou 1932/55, I, pp. 108-09n). 「周知」というのがどのような観察事実を念頭においてのことかは不明であるが，少なくとも戦後に公刊されたモノグラフをみるかぎり，中世から現代にいたる超長期の循環変動にはピグウがいうところの相関関係がみとめられるようである (Bienefeld 1972). そうであるならば，余暇あるいは労働時間は第一のアプローチにおける幾多の因子のひとつにすぎない. 実際，産業革命期にかんしては，その間に年間総労働時間が 2500 時間から 3000 時間に近いところまで増加したという推測がなされており (Tranter 1981, pp. 220-21)，これは生活水準論争の文脈で論議されている（たとえば Crafts 1985, pp. 110-11).

しかし同じモノグラフの著者は，現実における労働時間決定過程が，種々の制度的要因によって影響されてきたことにも注意を払っている (Bienefeld 1972).

それだけではない. この問題にはまったく別の角度からの接近ができる.

たとえばある経済人類学者は，センの生活水準論をめぐる討論のなかで，通常とは逆の因果関連が成立しうる可能性に注意を促している．西アフリカのサヴァンナ農民は食糧確保のために年間平均 1000 時間を費やすのにたいし，インドシナの水田農民の労働時間が 3000 時間であるという事実に触れたあと，彼は次のようにいう．「しかしながら，誰しも，普段見聞きすることから判断して，東南アジアはずっと効率的な経済だと思っているが，西アフリカはいつも死体と看なされている」(Hart 1987, p. 84) と．こういった発想は人類学者に特有のものといえるかもしれない．たとえばマーシャル・サーリンズの『石器時代の経済学』は，少ない労働時間でもって必要生活資財を調達し，余暇を十分に楽しむことのできた“未開”社会の人びとの観点からみた現代文明批評と看なすことができる．

　ただ，その歴史的変化を実証的に跡づけようとする人類学者の研究も存在するし(サーヴェイとして，Minge-Klevana 1980)，この線に沿った経済発展論や経済史論もなくはない．具体的にはエスタァ・ボースルプやリチャード・ウィルキンソンがあげられる．ボースルプは，農業成長は人口圧力増大の下で土地利用率を高める方向に向かったのであり，それは多くの場合，労働節約ではなく，労働集約的な農法の採用によって可能となったと論じた(Boserup 1965/75)．またウィルキンソンは，彼女の議論を敷衍して，経済発展とは生態学的不均衡にいかに対応するかということから生じたのであり，発展の帰結は仕事の複雑度が上昇し，労働負担が増大するということであったという(Wilkinson 1973/85)．

　このボースルプ-ウィルキンソン流の議論を産業革命の時代や産業社会に当てはめることには多くの異論がでるであろうが，労働集約的な技術が支配的であったアジアの小農社会については抵抗感も小さいかもしれない．たとえば日本の徳川から明治にかけての農業技術の改良は——トマス・スミスの言葉を借用すれば——「結局のところ農耕の作業をますます複雑にする」，「農耕労働に携わる人々すべてにますます多くのことがらを要求する」，「比喩的にいえば……農耕を製造工業の段階へと押し進めるのではなくて，むしろ，その手工業的性格を強化する方向」でなされた(T. C. Smith 1959/70, p. 157)．あるいは，“石川カーヴ”として知られる労働投

入の変化経路図に即していえば，両大戦間期に労働節約的な技術によって代替される以前は，在来的な労働使用的農法によって収量の増大が実現してきたからである(石川 1990, p. 106; Booth and Sundrum 1985, pp. 15-17)．とすれば，そのような在来タイプの技術進歩にともなって人びとの現実の労働時間は増えたのか減ったのか，とりわけ，それが労働市場における賃金率の上昇を随伴していた場合に投入時間はどう変化したのか，あるいは，人びとの年間休日数といった余暇時間は，賃金水準の上昇によって長くなったのであろうか，興味のあるところである．実質賃金の上昇が余暇の購買力を高める効果が圧倒的に大きいとしたら，ピグウが考えていたように労働時間は減少する方向に向かったかもしれないが，農業所得の向上が労働集約的な技術に依存する度合が高く，雇用労働就業は余業である場合には，実際の趨勢がどうなるか一義的にはいえないであろう．

これまで日本経済史において，このような問題提起がなされたことはなかった．また，その種の研究が西欧の経済史において活発になされてきたということも，聞かない(研究の現状については，Blanchard 1994．また，de Vries 1994 も参照)．しかし，ピグウも認めるとおり，余暇ないしは労働時間の長さと労働強度とは，生活水準概念の一構成要素である．それゆえ，余暇の量と変化の方向を実質賃金の推移と突き合わせて観察することは，生活水準の経済史にとって意味のある試みなはずである．その実証研究は，ちょうど身長の測定学がもたらしたのと同様の，斬新な知見を私たちに提供してくれないともかぎらない．本書の第三の課題は，この方向で実証分析の第一歩を踏みだすことにある．

3 日本経済史における 19 世紀とその前後

本書において対象とする時期は徳川中期から昭和戦前期，すなわち 19 世紀とその前後の 200 年余である．この期間にかんするこれまでの研究において，物価・賃金の動向を明らかにしようという仕事は必ずしもさかんであったとはいえない．しかし，これまでに公刊されたいくつかの研究，とりわけ徳川時代にかんする成果が，日本経済史に新しい視角と論点を提

供したことは事実であろう．その結果明らかとなったことと未解決の論点とを要約すれば，以下のとおりである[3]．

19世紀の経済

第一に指摘すべきは，1820年代をひとつの画期として日本経済は新しい局面にはいったという認識であろう．物価と貨幣からみて18世紀が"静"の時代であったとすれば，19世紀は"動"の時代であった．大坂卸売物価指数も貨幣流通量もネグリジブルな変化しかしなかった18世紀にたいし，次の世紀になると明瞭に上昇傾向を示すこととなった(新保・斎藤1989b, p. 7. データは以下による．新保 1978; 明石 1989)．

しかしポイントは，19世紀初頭以来の物価史局面がたんに貨幣的原因によるインフレの始まりではなく，幕府の財政支出増大を梃子とした成長の開始を反映していたのではないかという点にある(新保 1978)．この議論はさらに"利潤インフレ"論によって補強され(梅村 1981)，有力な仮説としての地位を確立している．そのメカニズムにかんしてはまだ詰めなければならない点が残っているけれども，その背後にあった実体経済の変貌が，地方における農産加工業と商業的農業の台頭に起因するものであったことには意見の一致がある(西川 1985, ch. 4; 新保・斎藤 1989b; 宮本 1989)．

この農村工業化を担ったのは専業化した労働者ではなく，小農民と彼らの家族であった．すなわち，農家の余業としての手工業活動である．この時期の製造業において最大のシェアをもっていたのは醸造業であったが，19世紀からの地方の時代にダイナミズムを与えたのは織物や生糸などの繊維産業であった．後者の多くは，藩政府の奨励策のもと各地の"国産"として拡大しつつあった市場に参入してきた産業である．マーケティングを行ったのは地方の商人であり，彼らが動員できたのが農家の婦女子の労働であった．1840年頃の長州藩にかんする計測によれば，藩内全世帯の80パーセントをしめる農家の"隠れた"生産活動が産みだした価値総額

---

3) 研究史への言及は，70年代から80年代初めにかけて精力的に仕事をされた3人の著作(岩橋 1981; 新保 1978; 山崎 1983)や他の研究書の序章でなされているが，論点整理としてもっともよいのは原田・宮本編(1985)であろう．上記3人の報告と，それらをめぐる討論が収録されている．それ以降の研究については，宮本(1989)，草野(1996)の序章を参照．

は想像以上に大きく，その結果，非農部門全体のシェアは付加価値ベース
で40パーセント，出来高では48パーセントに達していたのである(西川
1985, p. 97; T. C. Smith 1988/95, ch. 3; 新保・斎藤 1989b).

　もうひとつのポイントは，このような成長とその背後にあった実体経済
の構造とは明治期まで受けつがれてゆくということである．安政開港によ
る世界経済への編入と明治維新の諸改革，そして西欧からの"近代"産業
の移植は経済のあらゆる面に大きなインパクトを与えた．しかし，小農家
族経済と密接に結びついた地方の産業を基盤とした発展という，徳川後期
に出来上がった特質は，明治維新後も，さらには松方デフレ後にも大きく
変わることはなかった．それどころか在来産業は明治中期以降にも拡大し，
昭和恐慌期にいたるまで国民経済における量的にも重要な地位を確保した
のである(中村隆英 1971, ch. 2; 同 1985, pt. 2).

　第二に指摘できることは，徳川物価史研究においては生産サイドからの
アプローチが支配的だという点である．物価指数の推計には，たんに生計
費指数や卸売物価指数の整備ということ以上の意味が付与されており，産
出高といった集計量データがえられない時代のマクロ経済の動きを物価と
いう"体温"を計ることによって診断しようというのが，これまでの多く
の研究にみられる基本的な視角なのである(新保 1978; 宮本 1989).実質賃
金の長期系列を整備しようという試みも，したがって，その枠組内でなさ
れることが多かった．上述したように，実質賃金の長期時系列を推計する
最初の試みは梅村によってなされた(梅村 1961b).それと，その直後に出
された佐野陽子の推計とは(佐野 1962)，ともに明治維新以降の長期経済統
計(LTES)の枠組内でなされた仕事であったが，他の研究，とくに経済史
家が実質賃金を取りあげる場合には"生産要素の価格"としての賃金に着
目してのことであった．それは地主制史論の流れをひく，農家経営に焦点
をあてた研究であっても(たとえば，山崎隆三 1961, 1985)，マクロ経済から
の接近であっても(たとえば，新保 1978; 梅村 1981)，共通しているように思
われる．それゆえ，物価水準が上昇し，実質賃金の低下のみられた場合で
も，それがただちに労働者の生活水準悪化と解釈されることはなく，販売
価格の騰貴と労働コストの低下が生産拡大に結びついたか否かという観点

から論じられたのである．そして，労働供給主体が賃金労働によって生計を営む労働者世帯ではなかったがゆえに，この行き方には現実的な根拠があったのである．

ひとつの論争

もちろん，生活水準という観点からの接近がなかったわけではない．物価史をその一部とする数量経済史研究は，幕末長州藩における食糧消費水準の推計のような成果を生んだ．それによれば，1840年代と1887年を結ぶと1人1日当りのカロリー摂取量は1600から1900キロカロリーへと緩やかな増加を示した（西川1982; 同1985, ch. 4）．その発見事実の含意は，明治前期の公表統計から逆進して徳川時代の水準を低く見積もることは正しくないこと，逆に，その期間における人びとの生活水準の変化を目覚ましかったと考えることもできないというものであろう．

さらに1980年代には，スーザン・ハンレィと安場保吉のあいだで論争があったが，そのテーマは幕末農民の生活水準は高かったか低かったかであった（Hanley 1983, 1986; Yasuba 1986）．これはちょうど英国についてのハートウェル-ホブズボーム論争と似たところがあり，賃金から死亡率，食事の量と質や居住環境までを網羅的に検討しての議論が展開された．もっともハートウェル-ホブズボーム論争と似ているといっても，そのテーマは産業主義の生活水準に及ぼした影響ではなく，その登場以前における生活水準の国際比較である．また，対立も楽観派と悲観派のそれではない．「1850年においてどちらに住むか選択せよといわれれば，もし私が金持ならイングランドに，労働者階級なら日本に住みたい」というハンレィを楽観派に措定するのはよいであろうが（Hanley 1983, p. 192），安場の批判を悲観説と呼ぶのは明らかに不適当である．前者の超楽観論を正す，というのが正確なところであろう．いずれにせよ，残念なことに，それは日本国内の学界で他の歴史家を巻き込んでの論議ではなく，また英国での論争同様に，それ自体は何か新しい賃金推計や従来とは異なった資料を提出したわけでもなかった．

事実の確定：幕末

そのような検討が意味をもつためには，基本的事実が確定されていなければならない．しかし実際は，まだ意見の一致がみられていないことがらが若干残っている．

その第一は幕末の実質賃金動向である．ハンレィの楽観論のひとつの根拠は，佐野による建築労働者賃金の推計であった．京都三井家(越後屋)の雇用した建築職人データにもとづいた梅村の実質賃金系列が，1820年代から幕末維新期にかけて直線的な低下傾向を示すのにたいし，同じ建築職人にかんする，ただし江戸の資料による佐野推計は，1830年から1860年のあいだに上昇トレンドを見出しているからである．この違いが，三井家賃金資料は「お抱えの職人のそれ」であったため市場賃金よりも上昇が後れたということなのか(佐野 1962, p. 1034)，あるいは江戸と上方という二つの都市経済の異なったパフォーマンスを反映していたのか，あるいはどちらかに推計上の問題があったのか，議論はされながらも決着がついていなかったのである．筆者は，佐野の利用したデータの再推計を行い，ひとつの解答を提示したことがある(斎藤 1993)．本書でも，それにもとづきながら事実の確定を試みたい．

第二の未解決の問題は，幕末の同じ期間における賃金格差の動向である．かつて筆者は，西摂農村の農家経営資料から農業日雇と大工の賃金系列を算出し，京都の建築労働者のそれとも比較したうえで，次のような観察と解釈を提示した．すなわち，18世紀末までは実質賃金水準の上昇と熟練・不熟練間格差の縮小が同時にみられたのにたいし，それ以降は実質賃金水準停滞，格差構造固定化によって特徴づけられる．そして，この局面転換は，地域の農業における上昇から頭打ちへという，米作生産力の変化と関連していたに違いない，と(Saito 1978/79)．

いうまでもなく，熟練・不熟練間の賃金格差が拡大したのか縮小したのかを論ずる場合，比較する職種と推計系列の選択が無視しがたい差異をもたらすが，草野正裕は最近刊行された著書のなかで，「趨勢的には，日雇労働者貨幣賃金/建築労働者貨幣賃金比は近世後期を通じて着実に上昇した」といい，それは筆者の観察結果とは「矛盾する」と述べた(草野 1996,

pp. 30, 33n). これは農業生産力との関連という分析枠組の問題にも影響することがらであり，やはり本書においてより妥当な観察と解釈とを与えたいと思う.

解釈の問題: 明治大正から昭和へ

明治以降となると，政府統計が利用可能となり，また長期経済統計(LTES)プロジェクトの結果として，マクロ経済指標やその他の統計類は格段に整備されてくる. したがって，徳川期のように物価・賃金動向の分析に過大な役目をおわせる必要がないため，ジャンルとしての物価・賃金史は存在していないといってよい. 逆にいえば，事実としての実質賃金のレベルと変化率，賃金格差の動向，それらの循環変動パターンと趨勢にかんしては，大筋においてすでに明らかとなっているということである(LTES 8-9).

それゆえ，残っているのは解釈の問題ということとなる. 最初に，明治に続く時代からみておこう. 第一次世界大戦後の不況を境に，賃金と賃金格差の関係は新しい局面にはいる. 尾高煌之助は，19世紀末から第二次世界大戦後にいたる賃金格差の変動周期を分析して，それが「経済活動一般の変動とちょうど正反対の動き」を示していたことを見出した. すなわち景気のよい時期に格差は縮まり，景気の谷では拡大したのである. しかし，より長期の視点からみると，"二重構造"の成立と呼ばれる，賃金格差構造の発生現象は1920年代になって，すなわち「工業化のスパートによって出現」した(尾高 1984, pp. 115-16, 277). 以前よりも実質賃金水準が格段に高いレベルに到達した両大戦間に格差が開いたのである. 1920年代になぜ賃金二重構造が発生したかについては，尾高は，(1)工業化の足どりが速まり，製造業に新しい技術が導入された，(2)労働供給が激増した，(3)企業組織や産業組織上の新機軸が導入された，の3点をあげる. このうち最初と最後が工業化のスパート，とくに後発国としての重化学工業化に関連する理由であり，尾高の著作において詳細な検討がなされている. これにたいし，第二の労働供給は農村部門にかかわる. これについて尾高は余剰人口の農村滞留を示唆するが(尾高 1984, ch. 4; 同 1989a)，明治

年間の状況からの変化との関連で説明がなされる必要があろう.

その明治年間，より正確には第一次世界大戦までの時期においては，実質賃金の急速な向上はみられず，格差の拡大・縮小もみられなかった．実質賃金水準も決して停滞的というのではなく，1920年に向かって徐々に上昇率が高まる傾向はみられたのであるが，次にくる時期と比べれば「潤沢な労働供給＝低位な実質賃金収入の上昇」と「すこぶる安定的」な格差構造とによって特徴づけられるのである(梅村 1961a, pp. 176-81, 192-95).

これは一見したところ，明治経済がルイスのいう無制限的労働供給の段階にあったことを示唆するかの如くである(南 1970). しかし，この時代の中軸産業であった繊維工場においては女工の激しい争奪合戦がみられ，したがって彼女らの企業間異動も無視しえぬ程度のレベルにあったという事実がある(藤林 1943/60). "過剰のなかの不足"である(中村隆英 1971, ch. 3). さらには，労働を供給する農業部門において，技術進歩率が年率1パーセントを超える着実な成長を示していたのは1920年以前であったという事実もみられる(速水佑次郎 1973). これらは，無制限的労働供給モデルの安易な適用を戒めるものである．問題とさるべきは，むしろ，明治年間において異質な近代工業の登場とともに賃金格差はなぜ開かなかったのかであり，また，それにもかかわらず実質賃金のレベルが低位な上昇しか示さなかったのはなぜか，であろう.

明治年間の労働市場にかんしては，つとに梅村又次や中村隆英が説明を試みている(梅村 1961a; 中村隆英 1971). 本書ではそれらを踏まえ，加えて農家の労働供給様式にかんする明示的な図式を組みこむことによって，バランスのとれた明治大正期の労働市場像を描きたい．そしてその生活水準変化への含意を，徳川時代からと，昭和にかけての歴史的パースペクティヴのなかで探りたいと思う.

労働時間と余暇・休日

すでに述べたように，生活水準の一要素としての労働時間と余暇にかんしてはわずかな研究しかなされていない．しかし，明治期山梨県における製糸業への労働供給にかんする数量史的な事例分析では，製糸女工1人当

りの賃金収入は実質でみて着実な上昇をみせていたが，彼女らの労働時間を推計するとそれも増加していたので，1時間当りの賃金率は不変といってもよい動きしか示さなかったことが明らかにされている(Tussing 1966). 他方もっと長期の変化についてではあるが，農業における労働時間，とくに女性の労働時間は長くなる傾向があったことを筆者も指摘したことがある(斎藤 1991; Saito 1996a).

しかし他方で，徳川時代の農村における休日の取り方を調べた興味深い著作のなかで古川貞雄は，実際に休んだ日数は幕末にむかって増加する傾向にあったと示唆する(古川 1986). それだけではない. 明治になって，国家が新しい暦と祝日の観念を国民の生活のなかに持ち込もうとしたとき，農村部の人びとから強い抵抗にあった(有泉 1968). 他方，産業においても，工場立法や8時間労働の運動などが産業における労働時間を徐々に規制していったことも知られている. これらからすると，人びとの労働時間を短くする力もまた働いていたように思われる.

それゆえ，労働時間と余暇時間の問題は，事実の確定がまずなされなければならない課題である. 長期的な趨勢はどちらだったのであろうか. また，労働市場における変化とはどのように関連していたのであろうか. 英国について指摘されているように，実質賃金が高いときに労働時間は短く，逆は逆，という関係がみられたのであろうか. あるいは，人びとの労働日数と休日とは労働市場の動向とは無関係に決められていたのであろうか. 新たな資料の発掘と事実発見とが求められている.

4 本書の構成

本書は18世紀から20世紀までの足かけ3世紀を対象とするが，とくに焦点をあてるのは，高度な工業国家へと変貌する以前の，すなわち工業化や企業経済の影響が本格的に感じられるようになる1920年代以前の，"伝統経済"における労働のあり方と生活水準である.

まず第I部第1章では，徳川時代にまで遡ることにより，この3世紀近い期間の賃金水準と格差の変化を実証的に跡づける. 従来の時代別考察で

は不明であった長期的趨勢とパターンとを確定することが，その目的である．

　この3世紀弱の間における経済構造上の変化は最初の1世紀では緩慢なものであり，次の1世紀においても，真の変化はかなり後まで明瞭なかたちでは始まらなかった．第II部は，その2世紀間，正確には1720年代から1920年代にいたる期間の労働市場のワーキングスが考察の対象である．第I部での観察事実をふまえ，農家の労働供給様式，農業生産力と賃金水準の関係，中央と地方，都市と農村における変化パターンの違い，商業的農業や農村工業の発展，および都市の工場制工業部門の登場が地域労働市場へ与えた影響などのトピクスが，3つの章にわけて検討される．

　第III部は、休日数と労働時間の変化に焦点をあてる．最初の章で農村を扱う．農村の休日という，これまで研究の多くない領域における発見事実の整理をしたあと，明治後期から大正時代にかけて全国で作成された町村是を資料として，年間休日数にかんする地域差と時期的変化を明らかにする．その上で，町村是の記述から農業改良と商業的農業発展の帰結を読みとる試みがなされる．最終章では，農家から供給された産業労働者の労働時間の変化パターンを第二次世界大戦後まで跡づけ，経済発展と生活水準の関係という一般的な問題に，労働供給主体である家族からみた労働の変貌という観点から論評を加えて総括とする．

第 I 部 育雛図

第1章　賃金の3世紀

　賃金率は必ずしも賃金収入を意味しないし，日本のような小農社会においてはその変動から家計所得の動向を判断することは難しい．けれども，数世紀にわたる長期間の実質賃金と賃金格差の趨勢を，信頼できるデータによって明らかにすることは，経済史家にとっても開発経済学者にとっても，問題発見的な意味をもつであろう．以下は，徳川時代中期から現代までの，そのような観点からの鳥瞰図である．

1　徳川時代

　徳川時代から現代までを鳥瞰できる賃金推計は存在しない．仮に 17 世紀より連続した系列があったとしてもカバーする期間は 4 世紀弱なので，フェルプス・ブラウンとホプキンスのそれと比べれば格段に見劣りするであろうが(Phelps Brown and Hopkins 1956/81)，日本の場合，幕末で途切れてしまうため，ひとつの系列で通してみられる期間はたかだか 1 世紀半にしかならない．幕末のハイパー・インフレと通貨制度の改変等の理由により徳川と明治の接続が非常に難しいからであるが，徳川時代のみをとっても，1720 年代末から幕末までを 1 本でカバーする賃金系列はいまのところない．

実質賃金と職種間格差の推移
　そこでここでは，畿内西摂上瓦林村の農業日雇賃金(男女込，1727-1830 年)と三井文庫新データである越後屋京本店の日雇労働者賃金(1741-1867 年)との 2 つの系列によって，実質賃金の長期的な推移をみよう．いずれも不熟練労働者 1 人 1 日当りの価格であって，時間当りではない(以下，同様)．デフレータは京都消費者物価指数をとる．基準年は 1802-04 年とし，貨幣賃金の 7 か年移動平均値をデフレータの 7 か年移動平均値で除し

26

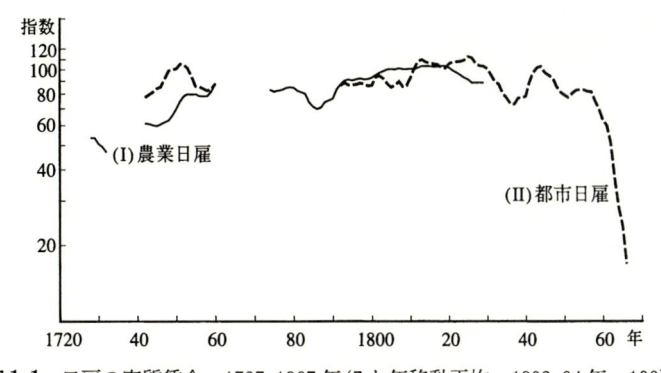

図 1.1　日雇の実質賃金，1727-1867 年(7 か年移動平均，1802-04 年＝100)

出所: 表 A. 1(付録 1)，欄(9)，(10).

た値を図 1. 1 に示す.

　次に，熟練・不熟練間の賃金格差の動向をみる. 熟練職種の代表として
ここでは大工賃金をとり，上記 2 系列と比較する. すなわち，西摂上瓦林
村の大工手間賃を同村の農業日雇賃金で除した系列と，京坂大工手間賃を
京都越後屋の日雇賃金で除した系列を作成する(7 か年移動平均). 京坂大工
手間賃は，京都越後屋の大工賃金と『近世大坂の物価と利子』所収のデー
タを接合したものである. いずれも 1802-04 年を 100 とする指数を指数で
除したもので，それゆえ，図 1. 2 に表示されたレベルは絶対的な倍率を示
すものではない.

　この京坂大工手間賃系列については，一言述べておかねばならない. 不
熟練労働にかんしては三井文庫新データである越後屋京本店の日雇賃を利
用するので，熟練労働は同じ三井文庫の旧資料集に収録されていた(しか
し新資料集からは外された)大工・左官・畳屋手間賃を採用するのが妥当と，
一見したところは思われる. これらは梅村推計の作成にあたって利用され
たデータである. しかしその建築職人賃金指数は，1773 年から 1841 年ま
での 69 年間にわたって不変であった. もっとも，1842 年になって変化す
るといっても，不思議なことにそれは低下であって，上昇ではなかった.
そして 1848 年からは再び元の水準に復帰し，1863 年までそれが続くので
ある. 貨幣賃金の固定性は，古今東西を問わず熟練職人においてしばしば
観察されることである. とくに，1830 年代以前にかんしては物価の趨勢

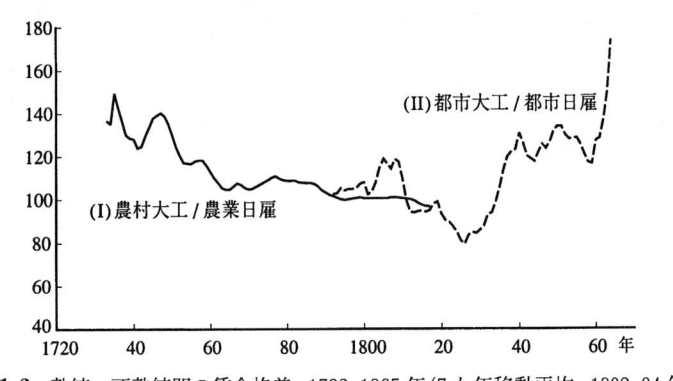

図 1.2 熟練・不熟練間の賃金格差，1732-1865 年（7 か年移動平均，1802-04 年 ＝100）

出所: 表 A. 1(付録 1)，欄(13)，(14).

的上昇が明白ではなかったので，固定的な貨幣賃金は十分に納得できることである．しかし，この三井文庫旧データにおける 1840 年代と 50 年代の数値には，利用をためらわせるものがある．それを額面通り受けとって実質化すると，極端な実質賃金の下落となるからである．いま 1820-24 年と開港に伴う物価上昇が始まる直前の 1855-59 年とを比較すると，同じ越後屋雇用であっても貨幣賃金がもう少し伸縮的な日雇系列（新データ）では 27 パーセントの低下（年率マイナス 0.9 パーセント）であるのにたいして，旧データによる建築職人の下落率は 38 パーセントの低下（年率マイナス 1.4 パーセント）にも達してしまう（梅村 1961b より計算）．それゆえ，"お抱え"職人には，手間賃以外に心付や現物給与というかたちで物価上昇分の補填が行われていたか，何か別の可能性を否定しきれない．実際，後述するように，幕末維新の物価高騰期には，銚子の醬油業において被雇用者から現物給与増額の要求があった事実がある．それゆえ，この三井文庫旧データによる建築職人手間賃によって 1830 年以降の都市熟練労働者の賃金を代表させることは，いささか危険といえる．

　そこで本章では，『近世大坂の物価と利子』所収の大坂市中における銀匁建大工賃金を採用する．"お抱え"職人に特定されない，仲間組合一般の相場系列だからである．これは 1830 年以降の時期をカバーしている．

ただし，1864 年 11 月から翌年 12 月までは数値がないので，銭建の手間賃をみながら補間した．1830 年以前にかんしては，京都越後屋の建築職人手間賃に変化がみられないこと，さらに農村部の上瓦林村岡本家が雇用した大工の賃率にも変化がみられないという事実を利用して，1773 年まで，1830-36 年の大坂手間賃 4.3 匁を外挿した．これが京坂大工手間賃の系列である．

　以上で利用された賃金系列はすべて畿内におけるものである．物価史もまた大坂・京都を中心とする畿内の資料に依存するところ大であるが，1700 年以降の徳川物価史は，文政の貨幣改鋳を契機に持続的物価上昇が始まった 1820 年代以降と以前とに二分されることがわかっている（新保 1978，宮本 1989 など）．図 1.1 - 1.2 をみると，賃金史においても 1820 年代を境に大きく 2 つの時期に区分されることが明らかである．前半の 1 世紀は実質賃金上昇と賃金格差縮小の，後半の半世紀が実質賃金低落と格差拡大の時代である．

　これは従来の観察を確認するものである（新保・斎藤 1989b，斎藤 1973a，Saito 1978/79）．しかし，これら 2 つの図に示された系列がどれほど代表的か，仮に全国の動向を代表できなくとも，近畿を中心とする地方経済の動向をどの程度代表しているかについては，多少の吟味が必要であろう．

農業と賃金

　最初の 1 世紀における実質賃金増加はもっぱら農業の底上げが原動力であった．図 1.1 の都市日雇系列ではそれほど明瞭な上昇はみられず，また農村内部でも，図 1.2 の格差の動向が含意するように，建築職人のそれは農業日雇ほどの上昇を示さなかったからである．そこで，この点を確認するために農業賃金について検討しよう．

　徳川後期における畿内農家で，上瓦林村の岡本家ほど詳細な経営帳簿が残されているところは少ない（付録 1，p. 181 参照）．いま山崎隆三の研究によって近隣の西昆陽村氏田家をみると，1788 年，1792 年，1793-1803 年の 1 反当り草取賃がわかる．それぞれ 7，10，8.5-9 匁である（山崎隆三 1961, p. 168）．対応する時期の岡本家では同じく 1 反につき 7.5 匁から 8

匁を支払っていた(1789, 1791, 1803年の値による). 一方, 和泉国大鳥郡赤
畑村の高林家では1810, 14, 35年の3か年, 日雇賃として1.5匁から2.5
匁を払っていた. 中村哲は, このうち最高額は食事自分持, 他は賄付と思
われると述べている(中村哲1968, p. 276). もっとも, 1800年以降の岡本家
では「皆切」(食事自分持)の男子野口雇で1.3-1.5匁, 賄付で1匁であった.
「野口」は「農口」と書かれることもあるように, 田植前, 4-6月頃の農
作業である. 同家の田植時女子(早乙女)はその野口雇の2倍を支払われる
ことが多かったので, 高林家の1.5匁も農繁期の賃率であったと思われる
2.5匁も, どちらも食事自分持であった可能性がある. いずれにせよ, こ
れらの事例から判断すると, 岡本家の相場は他の畿内農家よりも若干低目
であったかもしれないが, とくにかけ離れた水準ではなかったように思え
る.

　しかし, これらからは長期的な趨勢という点での検討はできない. 畿内
およびその周辺地域においてこの面で上瓦林村の系列と比較しうるものと
いえば, 植村正治によって紹介された播磨国太郎太夫村近藤家がある(植
村1976;同1986, ch. 3). 後者は一年季奉公人の請状から年々の平均値とし
て算出されており, 前者とは雇用形態の異なる労働にかんするものである.
また事例が数通しか残存しない年次も少なからずあるけれども, 7か年移
動平均をとった値でみれば全体の趨勢を知るうえでは問題ない. 両者を指
数化して比べてみると, 循環変動の点では必ずしも同じ動きをしていると
はいえないにしても, 1760年から1830年までの趨勢にかんするかぎり両
者のあいだには明白な近似がみられる(新保・斎藤1989b, 図1.2 B, p. 20).
したがって, 上瓦林村のデータで畿内およびその周辺を代表させても, そ
れほどの問題はないと思われる.

　東日本など他の地域で農業賃金が18世紀を通じてどのように変化した
かは, これまでのところわかっていない. しかし, 断片的な資料の比較か
ら判断すると, 畿内の賃金相場より相当に低かったようである. もっとも,
この比較は必ずしも容易ではない. 雇用形態には日雇, 季節雇, 年季雇が
あるほか, 農作日雇の手間賃にかぎっても, 作業の種類, 時間払か出来高
払か, 賄の有無とその内容, 貨幣賃金を実質化するために何を使うか, さ

表 1.1 畿内における日雇実質賃金変化
率，1727-1866 年

	期　　間	年変化率 (%)
農業	1732-1786 年 (T?-T)	0.7
	1779-1819 年 (P-P)	0.5
都市	1752-1825 年 (P-P)	0.1
	1825-1844 年 (P-P)	−0.5
	1836-1851 年 (T-T)	0.4
	1844-1854 年 (P-P)	−2.2
	1851-1866 年 (T-T?)	−10.7

出所: 表 A. 1(付録 1)，欄 (9)，(10).
註: 'P-P' は循環変動におけるピークとピ
ークの比較，'T-T' は谷（トラフ）と谷
（トラフ）の比較であることを示す.

らには貨幣表示が両建か銀建か，あるいは銭建か，等々といった問題があ
る．当時の一般的な慣行は，食事がつき，ときにはたまりや濁酒の瓶をも
たせてもらうこともあるかわりに，給金は節季ごとにまとめて支給される
（借金があるときはそれと相殺される），というものであった．しかし畿内西
摂の岡本家日雇帳をみると，節季ごとの支給という点では変わらないもの
の，18 世紀末から賄のつかない「皆切」あるいは「渡シ」と呼ばれる，
ビジネスライクな形態が急速に一般化したことがわかる．それゆえ厳密な
意味での比較は難しいのであるが，ここでは，1790 年代と 1820 年代の 2
時点について 2 地域の農家を比べることとする．いずれも田植以外の時期
について，米に換算して比較する．選ばれた事例は，畿内から西摂岡本家
の野口雇賃，東日本から信州諏訪郡今井村の今井家において稲刈，稗刈お
よび雑多な作業にたいして支払われた手間賃である．稲刈は野口の作業と
異なって農繁期の仕事であるが，諏訪の場合，その手間賃は田植時ほどは
高くない(斎藤 1975, pp. 455-57; 中村吉治他 1962, pp. 426-27, 452-58).

　1790 年代は男子の比較で，西摂の雇賃 1 匁(米換算 1.44 升)，諏訪は 64-
72 文(米換算 1.08-1.22 升)となる．1820 年代における女子雇賃は 0.75 匁(米
換算 1.21升)，諏訪での手間賃 32 文(米換算 0.64 升)である．いま畿内の米
換算賃金を 100 とすると，諏訪における指数は男子で 75 から 85，女子で
は 53 である．他の東日本の事例，たとえば紅花生産地帯である出羽国村

表 1.2 米に換算した農業賃金: 畿内と関東,
1760-1850 年代

期　　間	畿内男子日雇(升)	武蔵国平山村年季奉公人	
		男女平均(石)	男女間格差(男子＝100)
1760/70 年代	1.49	1.65	58
1810 年代後半	2.65	2.97	74
1850 年代後半	1.28	2.56	39

出所: 斎藤 (1973a), p. 185; 青木(1985), pp. 460,
469.
註: 平山村の男女平均給金は, 雇用人数による加重平
均値.

山郡谷柏村半田家や江戸からさして遠くない武蔵国入間郡平山村斎藤家を
みると, 男子の手間賃は1日50文から100文, 女子で24文から50文で
あるから(渡辺信夫 1961, pp. 64-65; 青木 1985, p. 480), 諏訪の今井家の場合
が例外的に低かったとは思われない. すなわち, 畿内農村の賃金水準に比
べていずれも低かったのである.

　畿内における農業賃金の実質水準は, 図1.1に示されたように, 18世
紀を通じて上昇した. その上昇率は世紀末から1810年代にかけて徐々に
鈍化し(表1.1), 1820年代を境に低下局面に入ったものと思われる. しか
し, その過程は他の職種との格差の縮小を伴っており(図1.2), 到達した
レベルは相当に"高"水準であったといえよう.

　図からは1830年以降の農業賃金の動向はわからないが, 氏田家や高林
家, さらには他のいくつかの事例研究からえられる断片的な情報を総合す
ると, 畿内でも米で計った男子の実質賃金は開港直前の時期には1810年
代後半の水準の半分にまで下落していたようである. また, 武蔵国平山村
の年季奉公人給金を分析した青木美智子の研究から男女平均給金を計算す
ると, その実質額の同じ40年間における低下は2割程度であった(表1.2).
図1.1に描かれた京都日雇の同期間における低下率は, 両者のちょうど中
間にくる. 1820年代以降における実質賃金の一般的低下傾向は, それゆえ,
動かしがたい事実といってよい.

江戸建築職人の実質賃金再推計

すでに前章において触れたように，幕末期の江戸における建築職人の実質賃金系列として佐野陽子の推計がある(佐野1962)．これは，1830年代から50年代にかけては低下するどころかむしろ上昇傾向さえ示している．その説明としてはこれまで，三井という大商家の"お抱え"職人の賃金と市場賃金の違いとか，畿内経済と東日本経済の成長パフォーマンスの違いとか，あるいは江戸の場合は1855年の安政の大地震の影響とかいわれてきた．しかし，これまでなされた実質賃金推計のうち幕末期に顕著な低下をみせないのはこの系列のみである．その理由が，『我国商品相場統計表』という明治に作成された資料を利用したことに起因するデータ上の問題なのか，推計手続の問題なのか，あるいは本当に東日本経済のパフォーマンスが効いていたのか，江戸建築業に独特の問題なのか，まったく検討されたことがなかった．そこで今回，原データに遡って再推計を試み，幕末における都市の実質賃金変動パターンを確定したい．

『我国商品相場統計表』から推計された江戸－東京の建築職人の実質賃金指数には，いくつかの問題がある．

その第一は，この『相場統計表』に収められた賃金資料は異質な資料を繋ぎあわせて作成されているため，データの連続性が必ずしも保証されてはいないという点である．実際，各系列には水準の唐突な変更がときどきみられる．たとえば，屋根葺の手間賃には1857年と1864年に2度も理由のわからない大きなジャンプがあり，建具職の場合，1891年に不自然な落込みがみられる．とくに前者の不連続な動きは，貨幣賃金の加重平均系列の趨勢に上向バイアスを与えている点で無視できない．考えられるひとつの修正方法はこの系列を除いて計算を行うことであるが，しかし，屋根葺や建具職以外にもイレギュラーと思われる動きがないわけではない．疑わしい系列を全部除外すると利用できるデータがひとつもなくなってしまうということになる．そこで本稿では，別の方法をとることとした．それは，職種ごとに各年の動きを調べ，対前年変化率が最大のものと最小のものを除くという方法である．そして，残りの4職種の変化率の算術平均を計算，その平均変化率を毎年繋いで貨幣賃金指数を作成するというもので

第1章　賃金の3世紀 —— 33

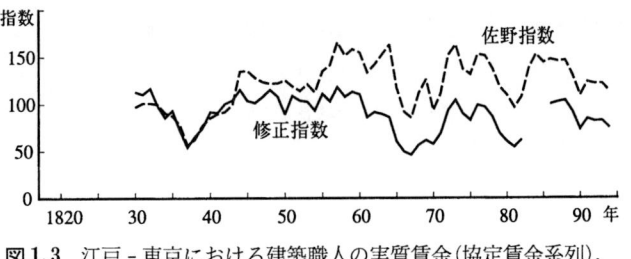

図1.3　江戸‐東京における建築職人の実質賃金（協定賃金系列），
　　　1830-94年　　　　　　　　　　　　　（1840-44年＝100）
出所: 佐野(1962), pp. 1029-30; 表 A. 2(付録2), 欄(6).

ある．これは利用される職種の構成が年々変わるので決して最良の方法と
はいえないが，唐突な水準変更を自動的に排除できるという点では『我国
商品相場統計表』のようなタイプの資料には適した方法といえよう．この
ようにして推計された結果は表 A. 2(付録2)に，その実質系列をグラフ化
したものが図1.3に示されている．同図には旧佐野指数も描かれているが，
その差は1840年代の中頃から生じ，50年代末からさらに拡大することが
わかる．すなわち，江戸‐東京においても建築職人の実質賃金の趨勢は明
治初年にかけて僅かに下降する．旧佐野指数にみられた上昇はフィクショ
ンだったのである[1]．

　第二の問題も賃金データの性格にかかわる．それは，集められたデータ
のほとんどが協定賃金ではないかということである．結論を先にいえば，

---

1)　佐野推計がもつ他の問題点は生計費指数である．佐野指数は12品目から構成される生
計費指数であるが，1830年前はカバーしていないこと，12品目すべてのデータが揃うの
は1851年からであること，卸売物価指数を利用していること，さらに信憑性の劣る家賃
系列を含んでいるといった若干の難点をもっている．そこで，三井文庫の編纂した『近世
後期における主要物価の動態』の増補改訂版が刊行され，「江戸日用品小売物価表」が新
たに収録されたのを機に，それを利用した，佐野指数の修正・拡張推計を試みる．すなわ
ち，新生計費指数は，三井文庫「江戸日用品小売物価表」と佐野指数の修正系列とをリン
クし，1818年から1894年までをカバーするものである(表 A. 2(付録2)，欄(1)，推計手
続の詳細は表註をみよ)．いま新指数につき1830/34年と1890/94年の倍率を計算すると
5.22となり，佐野指数の5.87倍より低くなる．やはり『我国商品相場統計表』から有
田・中村(1992)が作成した卸売物価指数の4.91倍よりは高目であるが，生計費の場合，
卸売物価よりも米のウェイトが大きく，かつまた米価は常に物価上昇の先導的役割を果た
してきたので，これは妥当な差といえよう．なお，佐野による旧生計費指数はやや高目な
上昇傾向をもち，実質賃金を若干過小に見積もる要因となっていたので，図1.3の点線に
みられる上昇トレンドは生計費指数推計上の問題から生じたのではなく，もっぱら賃金デ
ータ上の問題から生じたものであった．

この『相場統計表』から作成された系列は仲間組合の申合賃金で，奉行所へ届出られた賃金系列と看なされるべきである．明治になって東京商法会議所が，「天保元年ヨリ明治十二年迄五十ケ年間府下各種貨物価調査」にかんして大蔵省商務局へ 1880 年 11 月 26 日に提出した上申書のなかには，『我国商品相場統計表』とは別系列の大工手間賃の統計が載せられ，そこには以下のような記述が添えられている．

> 当時ニ在リテハ市正ノ認可ヲ経ズシテ其［大工］賃銀ヲ上下スル事能ハザルノ制ニシテ，幕府ハ一ニ昇進ノ勢ヲ抑制スルニ怠ラザリシモ，斯ク天災ニ遭逢シテ其賃銀ノ騰貴スルノ形跡ヲ見レバ人作ノ法ヲ以テ能ク自然ノ勢ニ抵抗スベカラザルヲ見ルベシ……非常ニ天災アル時ニ方リテヤ仮令市正ヘ具申スル傭銀ノ割合ハ甚ダ高カラズト云トモ，其実相対需給ノ権衡［衡］ニヨリテ自ラ相場ヲ立テタルヤ明カナリ　試ニ安政二年大地震ノ節市正ヘ具申シタル傭銀ヲ見ルニ飲料一匁五分ニシテ手間料早出居残一人ニ付僅カニ十五匁ニ出デズ，然ルニ当時相対ノ傭銀ハ金二分ヨリ三分迄［銀 30-45 匁］ナリト云フ．（『澁澤榮一伝記資料』第 17 巻，p. 506）

このなかで「手間料早出居残一人ニ付僅カニ十五匁」とあるのはおかしいが，いずれにしても，当時の人びとに届出賃金（「市正ヘ具申シタル傭銀」）と市場賃金（「相対ノ傭銀」）の 2 種類あることが意識されていたことが，この引用文より明らかである．

　1855 年に起きた安政大地震は東京湾に震源地のあった直下型の地震で，町屋だけでも 1 万 4000 軒以上が倒壊した．その他に武家屋敷・寺社の被害も甚大，そのため，普段は公定賃金とあまり大きく違わない市場賃金が高騰した．『大地震焼場細見記』という当時の記録によれば，「当分之節」に認められた公定賃金 6 匁にたいし，「巷間」手間賃は 45-46 匁，倍率にして 7.5 倍にまでなったと記されている（北原 1983, p. 187）．そこで『我国商品相場統計表』の大工賃金をみると，1853 年から 1860 年まで飯料込で一律 0.125 両（銀 7 匁 5 分）となっている．これにたいして，東京商法会議所の大蔵省商務局宛上申書に付された大工賃金表によると，1854 年の相場は上手間料 4 匁，並手間料 3 匁 7 分 5 厘，飯料 1 匁 2 分であったが，大

第1章　賃金の3世紀 ―― 35

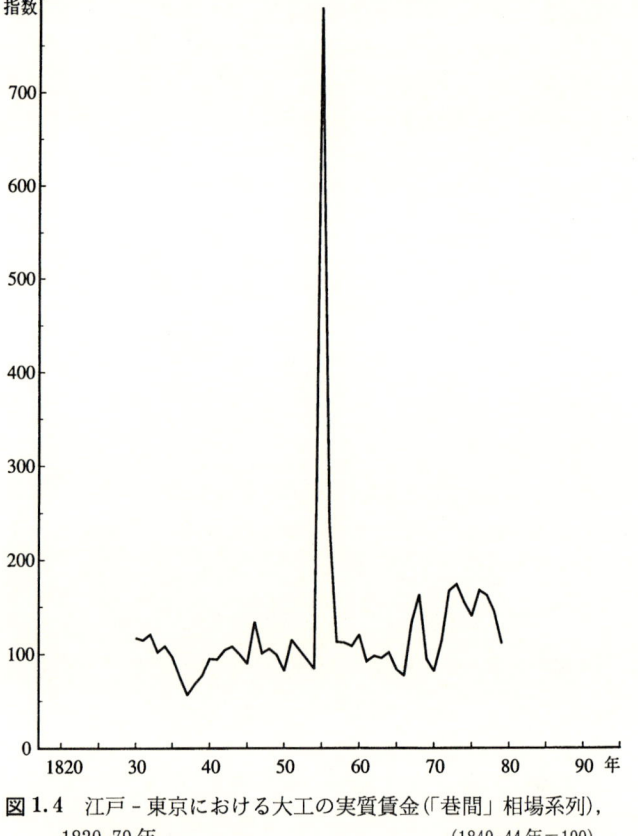

図1.4　江戸‐東京における大工の実質賃金(「巷間」相場系列),
　　　　1830-79年　　　　　　　　　　　　　　(1840-44年＝100)
　　出所: 表A.2(付録2), 欄(7).

　地震の翌年には上手間料45匁, 並手間料37匁5分, 飯料1匁5分に騰貴
した. それゆえ, 前者の資料に依拠した図1.3の賃金カーヴはいずれも協
定賃金系列, 後者の東京商法会議所調査による大工賃金表は「相対ノ備
銀」あるいは「巷間」賃金系列と看なされるべきであろう.
　表A.2(付録2)の欄(7)は後者の「巷間」賃金を指数化したものであり,
その実質系列が図1.4に示されている. 安政大地震の際の7倍をこえる高
騰が印象的で, 『大地震焼場細見記』の記述を裏づけるが, 図1.3の協定
賃金の場合とは異なり, 1860年代末のインフレ時の谷が1830年の天保飢

表 1.3 江戸における大工・日雇・サービス業実質賃金の比較，1818-69 年

(1840-44 年＝100)

年　次	大工	日雇	サービス業
1818-24	―	132	―
1825-29	―	125	―
1830-34	113	108	―
1835-39	74	75	60
1840-44	100	100	100
1845-49	106	93	92
1850-54	96	85	84
1855-59	273	86	95
1860-64	101	77	86
1865-69	110	52	46

出所: 大工と日雇は表 A. 2(付録2), 欄(7)-
(8), サービス業は斎藤(1984)による.

饉の落込みよりも浅いという違いもある．すなわち，市場賃金には安政大
地震による急騰の後遺症が認められ，地震の後も以前の水準に完全には戻
らなかったようである．図 1.4 にみられる 1870 年代へ向かっての実質賃
金の僅かな上昇は，その結果生じたものであった．しかし，この系列によ
っても1830-60 年代における趨勢的な上昇は認められないのである[2]．

幕末における実質賃金の一般的趨勢

　それでは，他の業種，あるいは江戸の周辺ではどうだったのであろうか．
若干例によって検討しよう．まず，江戸市中の不熟練労働市場を取りあげ
る．三井文庫「江戸日用品小売物価表」には――1870 年までであるが
――三井江戸本店で雇入れた日雇の賃金も載せられているので，それを指
数化し，実質値を計算する(表 A. 2 欄(4)，(8))．図示は省略するが，1830
年代においては建築職人の場合とまったく同じであったその水準は，1850
年頃から，大工の市場賃金系列(図 1.4)はもとより建築職人協定賃金系列

---

2)　佐野(1962)も，この東京商法会議所資料による大工手間賃の「変動のほうが実態を表して
居るのではないかと思われるが……」として(p. 1026)，その実質系列を作成している．
佐野は「並手間」のみをとったが，本書では「上手間」と「並手間」の平均をとったため，
佐野指数の趨勢には微妙な違いが現れている．すなわち，1830-40 年代では本書と比較し
て明瞭な上昇傾向が示されているのにたいして，1860 年代末から 70 年代の水準は本書よ
り低くでている．

第1章　賃金の3世紀 ── 37

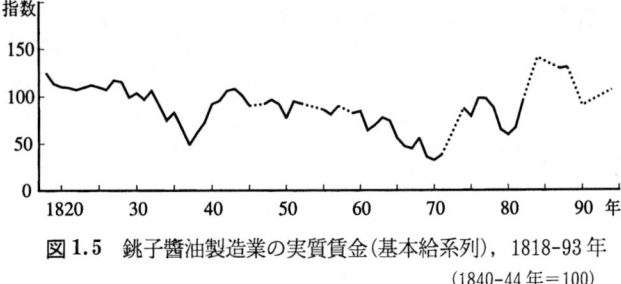

図1.5　銚子醬油製造業の実質賃金(基本給系列)，1818-93年
(1840-44年＝100)

出所: 表A.2(付録2)，欄(9).

(図1.3の実線)のそれよりも低位となることがわかる[3].

　次に，同じ市中のサービス業賃金をみる．"賃金"といっても，それは，江戸近郊農村の村役人が毎年正月に代官所へ挨拶にきた際に馬喰町の定宿の下男・下女に渡していた「年玉」である(斎藤1984)．その額を新生計費指数でデフレートした額は，表1.3にみられる如く傾向的に低下していた．もっとも，このような心付が市場賃金の水準に連動していたのかどうか疑問もあろうが，それが個人的な支払ではなく村入用から支出されたものであったためか，その動きは，建築職人の場合よりははるかに三井の日雇賃の変化と合致している．商家の日雇とサービス業の下男・下女はともに都市の不熟練労働力群に属し，彼らの賃金は伸縮的かつ連動して動いていたからであろう．

　最後に，江戸を離れて銚子の醬油製造業をみよう．銚子は18世紀末に江戸市場向の産地として成長してきたところである．醬油をはじめ醸造業の労働力は杜氏を頂点とする重層的な編成となっていたが，ここではヤマサ醬油の帳簿から鈴木ゆり子が整理した給金表により，杜氏・頭・若者の加重平均系列を作成した(鈴木ゆり子1990)．「頭」は蔵の責任者，「若者」は一般の蔵奉公人で，年季契約の住込である．これらの賃金は基本給で，賄や特別給付を含まない．この加重平均系列(表A.2欄(5))を本稿で作成した生計費指数でデフレートすると(表A.2欄(9))，図1.5が得られる．

────────────

　3)　草野(1996)も，この『近世後期における主要物価の動態』に新たに収録された日雇賃金データを利用して実質系列を推計している．生計費指数計算の際の品目選定，そのウェイトの与え方，また春秋データのうちどちらかが欠けている場合の処理方法に違いはあるが，2つの系列に大きな相違はない．

38

表1.4 銚子醬油製造業における給金と特別給付，1818-84年

(両＝円，1840-44年価格)

年　　次	基本給	基本給＋飯料	基本給＋特別給付	基本給＋飯料＋特別給付
1818-24[7]	5.3	11.5	5.8	12.0
1825-29[5]	5.3	13.6	6.2	14.5
1830-34[4]	4.4	16.5	5.3	17.4
1835-39[4]	2.7	11.2	6.1	14.6
1840-44[4]	4.8	16.6	5.3	17.1
1845-50[4]	4.3	12.3	4.8	12.8
1864-71[6]	2.5	17.5	3.4	18.4
1875-79[5]	4.0	12.7	4.5	13.2
1880-84[3]	4.2	12.8	5.0	13.6

出所: 鈴木ゆり子(1990)，表11，pp. 164-65．原表には誤記・計算違いなどがあるが，
　　内的整合性をチェックしたうえ訂正した．
註: 年次のあとの[　]内はデータの得られる年次数．

1818年より70年へ向かって傾向的な低下をみせた後，回復局面に入り，1890年代初めに1830年頃の水準へ戻すというのがそのパターンである．

　ヤマサの蔵奉公人のうち「若者」については，基本給のほか，「飯料」と記された賄および特別給付(「芝居銭」，「骨折」，「別段心付」など)の支給状況が判明する．判明する年次は少し減少するが，基本給のみの場合，それに賄が加算された場合，基本給に特別給付を加えた場合，3項目を合算した場合を，1840-44年価格表示で，ほぼ5年の時期に区切って比較すると表1.4の如くである．ここから，蔵奉公人のような住込の場合は賄を加えると基本給の3倍以上になったこと，それゆえ賄込の系列では1870年へ向かっての傾向的低下とその後の回復というパターンはみられないこと，また，基本給に特別給付を加算した系列でもそのパターンは不明瞭になることが読みとれる．実際，基本給に賄と特別給付の両方を加算してみると，インフレの激しかった1864-71年の時期が18.4両で最高となる．特別給付や飯料，とくに後者は，物価上昇のときに労働者の生活水準の実質的目減りを防ぐ機能をもっていた．前者には個人的な心付が含まれているので必ずしも明瞭ではないが，それでも，物価騰貴の激しかった1865年のヤマサの帳簿には，世帯持の奉公人が難渋しているため「骨」(特別給)を支給してほしいと杜氏が言ってきたので，「仲間一同」(醸造家組合)で相談の上，1人当り金2朱宛支給することが決定された旨の記載があるという

(鈴木ゆり子 1990, p. 166).

　以上から明らかなように，都市においても農村においても，また関西においても関東においても——程度の差はあれ——1820年代以降は実質賃金の趨勢的低下の時代であった.

幕末における賃金格差の動向

　次の検討事項は，1820年代以降の時期における賃金格差の動向にかかわる. 図1.2は熟練・不熟練間におけるその拡大を示していたが，もし三井文庫のデータによって越後屋の雇用した建築職人(旧データ)と日雇(新データ)の間の格差を計算すると，前者の貨幣賃金は固定的であったから，それは逆に縮小したことになるはずである. 実際，草野正裕はそのような計算を行い，その結果を図示している(草野 1996, p. 26). しかし，これまでに検討してきたことを総合すれば，京坂大工手間賃系列を京都日雇賃金系列で除した図1.2の格差指数のほうが，草野の計算した熟練・不熟練の賃金比よりもはるかに現実に近いはずである.

　格差拡大は江戸においても見出される. 図1.6は『我国商品相場統計表』による建築職人賃金と三井文庫日雇賃金とから計算される格差指数であるが，1830年代から50年代にかけて縮小傾向はまったくみられない. 1860年代のインフレに伴って，貨幣賃金上昇のタイミングの違いから，最後の10年は激しい上下動を示すが，それ以前にかんするかぎり，傾向は明瞭である. すでに議論したように，"協定"賃金と思われる前者よりも別系列の大工賃金のほうが市場の実勢に近かったとすれば，幕末維新にむかっての格差拡大はいっそう明瞭となるのである.

　さらに，都市と農村，農村内部における男女間の格差も開いたと思われる. ここでは，武蔵国平山村の年季奉公人給金と大坂近郊農村の日雇賃金によって，江戸および大坂の建築職人の手間賃と比較する. 1820年代前半と1850年代後半とをとると，いずれの場合も都市建築職人の賃金の変化率のほうが農村のそれよりも高い. さらに平山村にかんしては，男女間の給金格差が，19世紀初頭にかけて一度縮んだのち再び拡大したことも観察されている. わずかな事例だけから強い結論をだすことは危険である

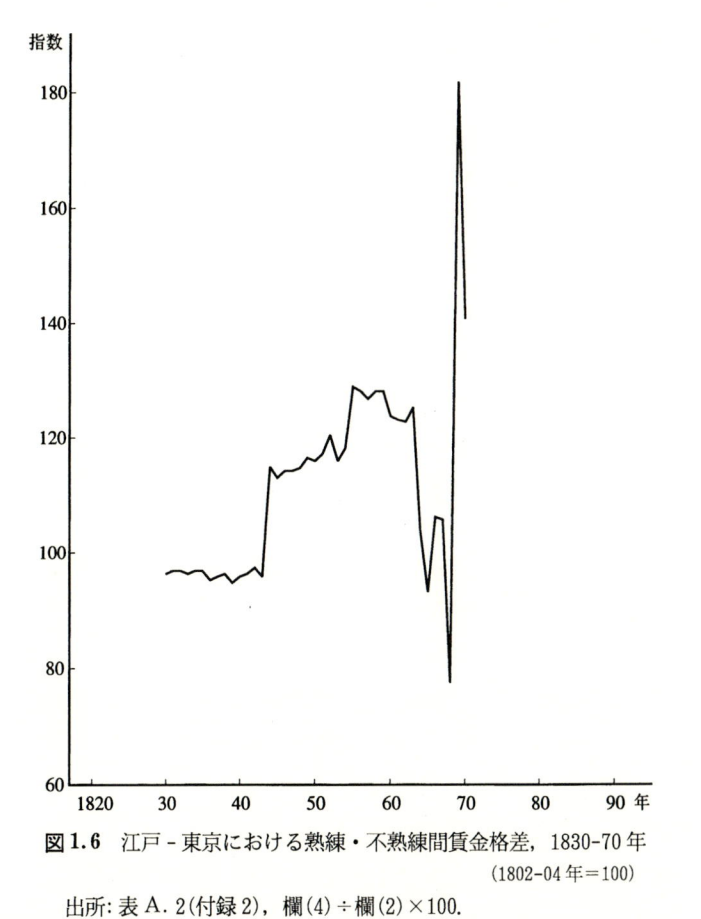

図1.6 江戸 – 東京における熟練・不熟練間賃金格差，1830-70 年

(1802-04 年＝100)

出所: 表 A. 2(付録 2)，欄(4)÷欄(2)×100.

が，農村内部においても，幕末に向かって賃金格差拡大への圧力が働いて
いたと思われる．

　最後に，ヤマサの事例で明らかとなった飯料・特別給付支給の事実が，
(契約賃金率ではなく)実収入の面からみた賃金格差の動向にたいしてもつ含
意につき記しておきたい．銚子の醬油醸造業では，飯料の総賃金支払いに
たいする割合が非常に高いので，基本給の実質系列が低下傾向を示すとき
でも飯料込の系列はまったく異なった動きをしたこと，額はそれほどでは
ないが，特別給付も物価上昇期に多く支給される傾向があり，結果として

基本給の購買力低下を和らげる機能をもっていたことが明らかとなった．これは年季奉公人の場合であるが，後者のような配慮は，たとえ日割計算で支払っていたとしても，お抱え契約の職人にたいしてならなされたであろう．それは現金でなくとも，現物給付のかたちをとったかもしれない．他方，スポット・マーケット的な労働市場を通じて雇入れられる日雇や類似の労働者の場合には，そのような配慮は期待できなかったに違いない．それゆえ熟練・不熟練労働者の賃金収入上の格差は，物価が上昇する時期には，資料に書上げられた手間賃にみられた以上に拡大したと思われる．実際，三井京本店に雇用された職人の貨幣賃金がインフレにもかかわらずあれほどまでに固定的であったのも，固定給以外の特別給付の額が増大したからであった可能性がある．

　以上の検討から，草野の言明にもかかわらず，1820年代以降の実質賃金水準低下局面における格差拡大という仮説は棄却できないのである．

2　幕末から明治へ

　前節において，東京あるいは銚子において実質賃金は1870年代初頭から回復したと述べたが，本章での観察のなかでこの部分はまだ弱いところである．また賃金格差の動向については，三井江戸本店の日雇データが1870年で切れるため，明治に入ってからの動向はわからない．実質賃金が回復する課程で，東京と東日本における熟練・不熟練間の格差は再び縮小したのかどうか，検討されねばならない．

江戸 - 東京の系列

　最初に，幕末から明治にかけて実質賃金がどう変化したかを検討しよう．二つの時代をブリッジする指数は，いまのところ『我国商品相場統計表』による江戸 - 東京建築職人賃金しかない．その7か年移動平均値によって循環変動のなかの谷から谷，ピークからピークの年平均変化率を算出した表1.5をみると，明治維新を境に低下局面から上昇局面へと転じたことがわかる．この系列は協定賃金をもとにしているので，すでにみたように安

表 1.5 幕末維新の江戸 - 東京におけ
る建築職人の実質賃金変化率

期　　　間	年変化率 (%)
1853-1868年 (T-T)	-3.9
1857-1875年 (P-P)	-0.8
1868-1882年 (T-T)	1.8
1875-1886年 (P-P)	0.2

出所: 表 A. 2(付録2), 欄(6).
註: 'P-P'は循環変動におけるピークと
　ピークの, 'T-T'は谷と谷の比較であ
　ることを示す.

政大地震の際の相場はまったく不十分にしか反映していないが, それでも
そのピークを避けて1853年の谷から1868年の谷を結ぶと, 年率マイナス
3.9パーセント, 1868年から次の谷である1882年がプラスの1.8パーセ
ントである. ただ, 明治にはいってからのピーク(1875年)からピーク(1886
年)への上昇率はわずか0.2パーセントなので, 全体に回復傾向は弱かっ
たように思える. ただ, 東日本にいては畿内とは異なって, 1860年代に
おける落込みが浅かった点は指摘されるべきであろう. 開港後の金流出に
よる1860年代の急激な金銀比価の変化, すなわち銀建インフレ率が両建
インフレ率を大幅に上回るようになった分だけ, 実質賃金の下落率は西日
本で高く, 東日本で低くなるからである. さらに, 江戸の特殊性も指摘さ
れねばならない. 安政大地震という, 労働市場にとってはまったく外生的
な要因によってもたらされた"巷間"相場の下止り傾向も, 建築業にかん
するかぎり, 幕末インフレの効果を相殺する方向に働いた要因であった.

地方の動向: 東日本の場合

　ただ, 開港から松方デフレが始まるまでの時期における真の変化は, 江
戸 - 東京の賃金系列には反映していない可能性がある. 地方, とくに農村
の労働市場では少なからず異なった様相がみられたかもしれない. そこで,
資料の性格は異なるが, 1881年の農務局調査「各種日雇賃銭古今比較
表」を利用する. この「比較表」は旧国ごとに「十年前」と「二十年前」
を現在, すなわち1880年頃の賃銭と比較したもので, 過去を振りかえっ

表 1.6 幕末維新期の農村賃金: 東日本，1860-80 年

（単位：銭/日）

	男　子			女　子		
	1860 年	1870 年	1880 年	1860 年	1870 年	1880 年
耕作	4.14	9.78	21.29	2.55	6.30	13.86
SD	1.73	1.92	3.36	1.03	1.45	2.87
N	21	21	28	21	21	27
製茶	7.71	17.97	33.55	4.09	8.25	16.99
SD	4.64	6.55	8.62	1.97	2.45	3.89
N	11	14	22	11	11	21
養蚕	7.10	16.65	27.58	4.10	12.98	20.63
SD	2.95	2.56	7.23	1.06	1.51	7.18
N	4	4	8	4	4	8
製糸	3.87	10.30	21.03	3.34	8.68	17.03
SD	1.97	2.21	2.58	1.79	2.01	2.37
N	6	7	14	12	13	19
諸職	5.34	13.71	26.66	3.27	8.49	15.73
SD	2.50	3.33	4.52	1.85	2.55	4.52
N	14	15	23	14	14	21
諸雇	4.71	12.53	25.36	3.31	10.09	17.94
SD	1.83	3.94	4.94	1.52	2.02	2.25
N	9	9	9	8	7	8

出所:「各種日雇賃銭古今比較表」.
註: "SD" は標準偏差を，"N" はデータの存在する国の数を表す.

て調べた結果は相当程度に不確かと考えなければならない．この統計のもうひとつの難点は貨幣単位である．1880 年の「二十年前」は徳川時代であるから，換算が必要なはずである．しかし統計表では，すべて円表示となっており，どのようにして換算がなされたのか不明である．とくに銀建の西日本の場合，統一的な基準によって換算されたという保証がないかぎり，意味のある計算をすることは難しい（岩橋 1996, pp. 62-63 参照）．ただ，両建の東日本では 1 両＝ 1 円で計算されたことは間違いないと思われるので，ここでは東日本の国々についてのみ集計を行った．

　6 職種の職工雇夫賃金はいずれも「農産物ヲ製造シ及ヒ農家ニ於テ常ニ使役スル」場合であるから，農村部の相場を反映しているといってよい．表 1.6 をみると，調査年次から遠くなるほど平均値に比して標準偏差の値が大きいことに気づく．耕作の場合について変動計数を計算すると，男子

表 1.7　東日本における幕末維新の実質賃金変化率

(年率, %)

期　間	江戸 - 東京職人	銚子醸造業	耕作(男女平均)	輸出関連		諸職・諸雇	
				男子	女子	男子	女子
1860–70 年	-5.2	-8.1	-3.2	-2.2	-1.3	-2.2	-1.4
1870–80 年	-0.2	6.1	5.1	4.5	4.8	0.4	3.5

出所: 表 A. 2(付録2), 欄(6), (9); 表 1. 6.

では 0.42, 0.20, 0.16, 女子は 0.40, 0.23, 0.21 となって,「二十年前」の値がとくに不安定であることがわかる. この点に留意しながら, 1860年から 1870 年, 1870 年から 1880 年の賃金変化率をみてみよう. 耕作賃金は男女加重平均とし, 安政開港の影響を考え製茶・養蚕・製糸を輸出関連として一括, 諸職・諸雇も括って, それぞれ男女別に平均をとり, 江戸 - 東京生計費指数でデフレートした.

表 1.7 はその結果を, 江戸 - 東京建築職人および銚子の醸造業の数値とともに示す. この計算のもとになった数字はいずれも問題をかかえているものなので, あまり強い結論をだすことは控えなければならないが, それでも, 明治初年の実質賃金上昇は都市東京が一番低率であったことは明らかである. 農務局データでは 1870 年からの倍率のほうが相対的により信頼できることを考慮すれば, 地方, ないしは農村部における回復過程はしっかりしたものであったといえる. 次にいえることは, そのなかでも養蚕製糸業と茶業, さらには農業において上昇が明瞭であった. 仮に 1860 年からの倍率もある程度利用可能とすれば, 諸職・諸雇の男子を除くすべて職種カテゴリィにおいて, 1880 年の実質賃金率は 1860 年のそれよりも高くなっている. とくに輸出関連女子の増加率がもっとも顕著である. 外生的に生じた海外需要の増大が養蚕製糸と製茶の産地を潤し, 女子の雇用拡大と農家経済の所得向上をもたらした様子が窺える.

諏訪の事例

表 1.8 に, その養蚕製糸地域の代表として諏訪の例を示す. 徳川時代の数時点は今井村今井家の, 明治維新の頃より中期までは同家と真志野村金子家の経営記録により, 後期になると前者に代わって長野県統計書からの

第1章　賃金の3世紀 —— 45

表1.8　諏訪における農業日雇賃金，1788-1920年

(単位: 両＝円)

時　期	男　子			女　子		
	高	標準	低	高	標準	低
1788年	0.0078	—	—	0.0075	—	—
1796-99年	0.016	0.011	0.008	0.011	—	—
1820-21年	0.015	0.011	0.007	0.015	0.005	0.002
1850,54年	—	—	—	0.019	—	—
1866-70年	—	0.052	0.030	—	0.038	—
1871-75年	0.112	0.081	0.046	0.073	0.062	0.028
1876-80年	0.233	0.178	0.093	—	0.104	—
1881-85年	0.266	0.175	0.100	0.181	0.117	0.039
1886-90年	0.250	0.188	0.098	—	0.125	0.030
1891-95年	0.320	0.274	0.114	0.180	0.150	—
1896-1900年	0.417	0.333	0.119	0.187	0.157	—
1901-05年	—	—	—	—	—	0.100
1906-10年	0.452	—	0.150	—	—	0.100
1911-15年	0.550	0.350	0.150	0.300	0.200	0.100
1916-20年	1.290	0.980	0.685	0.925	0.751	0.565

出所: 斎藤(1973a)，p. 184．原データは，(イ)今井村: 中村吉治他
(1962)，pp. 413，415，426-27，452-58，539，岩本(1964)，pp.
188-99，205-21，(ロ)真志野村: 金子長内家「日雇帳」慶応3，
明治2，4，6-9，11-30年，(ハ)上諏訪:『長野県統計書』1878，
1894-98，1913-20年度．

註1)　"高"とは田植賃または県統計書の"上"，"標準"とは稲刈・
稲扱賃または県統計書の"中"，"低"は最低水準を表すと思わ
れる数値または県統計書の"下"をいう．なお，女子賃銭の下
限を示すものとして金子家の「ワタムキ」を加えた．

2)　新貨幣制度以前の諏訪地方では金銀銭が併用されており，金
銀は公定相場通りの換算が行われていた，ここで換算に使用し
た銭相場は次のとおり．

1788 年	金1両につき銭6貫400文	(推定値)
1796-99 年	同	6貫400文	(今井家)
1820-21 年	同	6貫720文	(今井家)
1850,54 年	同	6貫600文	(推定値)
昭和初年	同	10貫文	(金子家)

なお，金子家の資料を貸付してくださった高山隆三氏に感謝する．

数字が利用されている．時系列資料としての連続性には難点があるが，そ
れでも一見して，維新以降における貨幣賃金の高い上昇率が印象的である．
1870年前後においても1880年前後においても標準レートでは農務局「比
較表」にみられる水準を下回っていたが，1866/70年から1876/80年の10
年間における増加倍率を計算してみると，男女それぞれ3.4と2.7である
から，表1.6から計算される耕作賃金の増加倍率2.2(男女とも)を大幅に

46

上回る．開港以後の変化は，養蚕製糸に従事する村々においてとりわけ急激であったのであろう．しかし表1.8は，その変化の芽が開港以前にすでにあったことをも示唆する．1820-21年において諏訪郡今井村の田植賃は男女とも0.015両で，三井の江戸店が日雇に支払った額と同じであったが，1850-54年となると，三井の賃率にはほとんど変化がなかったのにたいし諏訪の田植賃は——女子のみしかわからないが——0.019両へと上昇していた．この年次にかんしては他の作業にかんする賃率も不明なので明確なことはいえないが，興味深い事実である．

結果として，都市・農村間の格差は縮小し，在来産業のなかでも再編成が進んだのであった(斎藤・谷本1989)．それゆえ，東西の経済圏におけるパフォーマンスの違いが賃金水準と格差の動向に反映していたとしても，それは1820-50年代のことではなく，また江戸と大坂といった都市経済にかんしてでもなかった．1860年代以降，開港による貿易の開始が農村経済に与えた影響の相違に起因した変化こそが，その根底にあったのではなかろうか．

3　明治以降

明治以降における実質賃金の推移を追うことは，企業勃興期以後ならそれほど難しくない．『長期経済統計』の作業過程あるいはそれとの関連でなされたいくつかの推計によって，細かな点を除けば，戦後にいたる変化の軌跡が明らかにされているからである．ここでは，南亮進と小野旭によって推計された製造業賃金(男女込)を前後に若干外挿した系列を利用しよう(Minami and Ono 1979)．

実質賃金

図1.7は男女込みの7か年移動平均を示す．それによれば，戦前の半世紀は，第一次世界大戦から1920年恐慌までの，短いが急激な賃金水準上昇期を挟んだ，2つの時期に区分される．明治から第一次世界大戦までの期間と両大戦間期とにである．

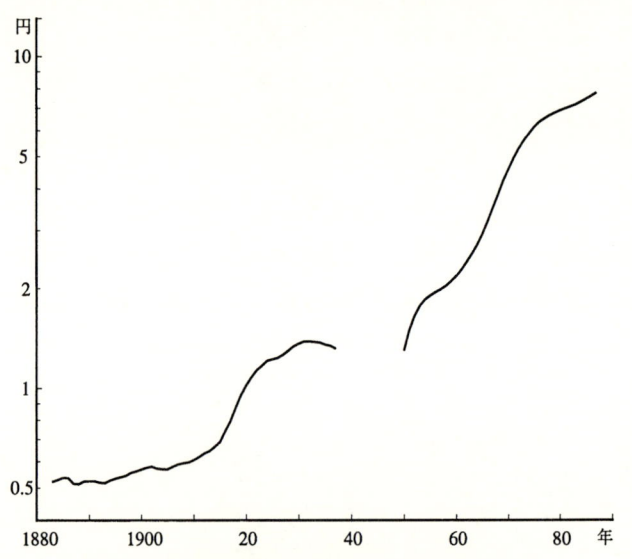

図 1.7 製造業労働者の実質賃金，1880-1989 年
(7 か年移動平均，円/日，1934-36 年価格)

出所: 貨幣賃金……製造業の1日当り平均実収賃金，男女別(単位，円). 1880-1939, 1952-72年.
　　デフレータ……1885-1939 年は消費財物価指数，1952-1972 年は個人消費デフレータ. 基
　　準年は 1934-36 年 (Ohkawa and Shinohara 1979, Tables A 50-52, pp. 387-91).
註 1)　1880-85 年の消費財物価指数は，『長期経済統計』の総合消費者物価指数(家賃を除く)
　　を上記系列にリンクした (*LTES* 8, p. 135).
　　2)　敗戦直後の 1947-52 年における実質賃金は，同じ『長期経済統計』の工業賃金と消費
　　財物価指数から計算された実質系列をリンクした (*LTES* 8, pp. 136, 246).
　　3)　1972 年以降の時期は南亮進の推計による. 全産業年間平均雇用者所得を利用した延長
　　推計である. ワークシートを貸してくださった同氏に感謝する.

　第一次世界大戦までの趨勢は上向きではあるものの，その上昇率は緩や
かであった. 7 か年移動平均系列上で左端の 1882 年と大戦勃発の 1914 年
とを結んで年平均増加率を算出してみると，0.7 パーセントである. これ
は表 1.1 に示されている 18 世紀の上昇率と等しく，徳川時代の他の数字
のどれよりも高いけれども，維新以後の社会変化と比べるとゆったりとし
た印象を与える増加であった. さらにそれ以降の時期と比較すれば，1914
年から 20 年が 7.5 パーセントという驚異的な騰貴，その後 1937 年までの
年増加率でも 1.5 パーセントであったから，確かに明治年間の実質賃金上
昇は緩やかであったということができる.

48

　図1.1や表1.1でみたように，幕末のインフレ期に大幅な実質賃金の低落があったので，文政改鋳前の1810年前後の水準を回復するのは日清戦争直前になってからではなかったかと梅村又次は推測しているが（梅村1961b），本章の諸系列から推測すればもう少し遅かったようだ．とくに江戸－東京の場合には，1860年代の落込みは浅くともその後の回復が遅々としていたので，仮に江戸－東京の修正建築職人指数と図1.7の製造業賃金指数とを1880-84年でもってリンクすると，1820年頃の実質賃金水準は第一次大戦ブームの成果を俟たねばならなかった計算になる．けれどもすでに論じてきたように，1870年代の微弱な回復基調という現象は東京

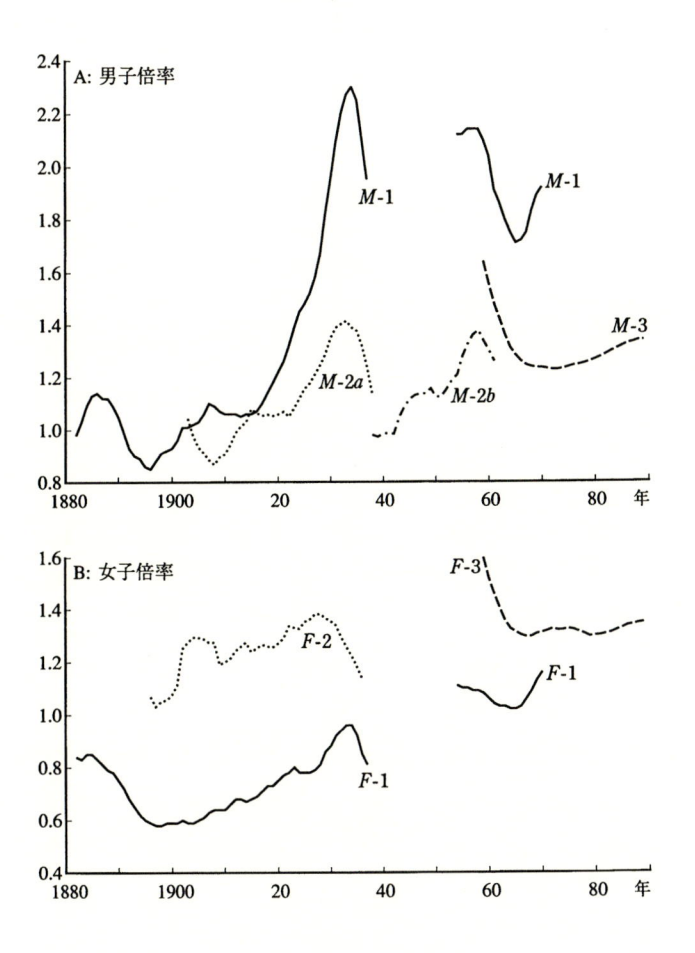

にしかみられないことであって，他の東日本諸地域，とりわけ地方における回復は順調であった．そこで銚子の醸造業系列を利用してリンクを試みると，1880年代前半の実質賃金は1820年前後のそれを25パーセント下回る水準にあったので，全国製造業系列から1880年代前半のレベルを25パーセント上回る年次を探すと，ちょうど1914年となる．もっとも，労働市場の東西比較のほかに，梅村の計算は銀匁と円との換算によっているのにたいし江戸 - 東京の接続は両建と円という相違があり，厳密な比較は難しい．いずれにせよ，文政改鋳とともに始まった物価上昇と幕末のインフレとによって著しく低下した実質賃金は，明治維新から松方デフレの直前までのあいだに水準をかなり戻すことができたが，その後はゆっくりしたテンポでしか上昇しなかったので，明治年間には文政の実質水準を大きく上回ることはなかったのである．

第一次世界大戦のブームにより未曾有の賃金上昇があった後の両大戦間期には，貨幣賃金の動きをみるならば，大恐慌を底とし，30年代の上昇

図 1.8　製造業・農業間(*M*-1,　*F*-1),　大企業・一般間(*M*-2,　*F*-2),
　　　および大企業・中小企業間(*M*-3,　*F*-3)の賃金格差，1880-1989 年
(7 か年移動平均)

出所: *M*-1　工業賃金……図1.7の製造業賃金に同じ.
　　　　　農業賃金……睄付の日雇賃金(いずれも Ohkawa and Shinohara 1979,
　　　　　Table A 52, pp. 389-91).
　　　M-2a　大企業賃金……八幡製鉄所・神戸造船所・長崎造船所の平均賃金(円/
　　　　　日), 1902-39年. ただし, 1902-04年と1937-39年は2事業所の平均.
　　　　　伝統職工賃金……福岡の造船工, 神戸の機械工, 福岡の機械工(円/日),
　　　　　1902-39年(いずれも尾高 1984, pp. 301-02, 304-05).
　　　M-2b　大企業賃金……旧三菱重工平均(円/月), 1936-63年.
　　　　　一般賃金……旋盤工(円/月), 1936-63年(いずれも尾高 1984, p. 309).
　　　M-3　大企業……従業員 1000 人以上男子(きまって支給する現金給与, 円/月),
　　　　　1958-90年.
　　　　　中小企業……従業員 10-99 人男子(きまって支給する現金給与, 円/月),
　　　　　1958-90年(ともに『日本長期統計総覧』第4巻, 表 16-10, 1986 年以
　　　　　降は『賃金構造基本統計調査報告』各年版).
　　　F-1　*M*-1に同じ.
　　　F-2　大企業賃金……大日本紡績連合会加盟企業織布工平均賃金(銭/日), 1894-
　　　　　1937年(*LTES* 11, p. 277, 表 38 右欄の平均値).
　　　　　一般織布工賃金……綿力織女工(銭/日). 1894-1937年(*LTES* 8, p. 243).
　　　　　欠年(1920年)は, 1918-19, 1921-22年の製糸女工賃金から補間. 1905
　　　　　年の 13 銭は, 原資料(『帝国統計年鑑』)により 18 銭に訂正.
　　　F-3　*M*-3に同じ.

50

局面を含むる波動が観察される．しかし実質ベースでは 30 年代初頭まで微増が続き，それ以降に低下が起こっている．全体としては，労働者の賃金収入が伸び悩んだ時期と特徴づけてもよいであろう．

敗戦後は，戦前の水準を大きく下回るところから再出発した．図1.7 にみられるように，製造業の賃金が戦前水準に戻ったのは 1950 年後のことであった．敗戦後の激しいインフレのため賃金・俸給生活者の購買力が著しく低下したからである．しかし，1950 年代後半の高度成長の開始とともにすべての部門で高い賃金上昇が始まった．第一次世界大戦のときは短命であったが，今度は 20 年近くにわたって，年率約 8 パーセントのテンポでの年収増加が実現したのである．1974 年の第一次石油危機を契機にそれは減速したが，1980 年代後半における水準は第一次世界大戦勃発時の 12 倍に，明治前期の 1880 年代からみると約 15 倍にたっした．その増加分のほとんどが，高度成長期に生じたものであったことはいうまでもない．

賃金格差

図1.8 は，同じ期間における賃金格差の動向を示す．明治以降では，徳川時代とは異なり，部門間，企業規模間の賃金格差を男女別にみることにする．戦前期にかんしては，製造業と農業との格差(M-1, F-1)，および大企業の職種別賃金とその職種に対応する"伝統"的職工の市場賃金率との格差をみる．戦後については，農工間格差に加えて，従業員 1000 人以上の企業と 10-99 人の企業との格差を算出する(M-3, F-3)．戦前期にかんしても戦後の企業規模別統計があればよいのであるが，年次変化を追うことのできるデータはないので，大企業の賃金の代表として，男子の場合，尾高煌之助の調査にかかる神戸造船所・八幡製鉄所・長崎造船所の平均を(M-2a)，女子については大日本綿糸紡績同業聯合会加盟会社の織布工平均賃金を利用し(F-2)，各地商工会議所が調査した「諸傭賃銀調」による伝統的職工の賃金率と比較する．なお，戦前と戦後の規模別格差の趨勢をリンクするために，男子のみではあるが，尾高の発掘した，旧三菱重工における1936 年から 1963 年までの機械工賃金を利用する(M-2b)．いずれも，

第1章　賃金の3世紀──── 51

表1.9　静岡県浜名郡の賃金統計，1894-1914年

(単位: 円/日)

年　次	農　業		織　布　工		帝国製帽	
	男子	女子	一般	工場	男工	女工
1894年	0.120	0.100	0.100	—	—	—
1895年	0.130	0.080	0.080	—	—	—
1896年	0.200	0.150	0.150	—	—	—
1897年	0.300	0.200	0.250	—	—	—
1898年	0.250	0.180	0.200	—	—	—
1899年	0.300	0.200	0.250	0.145	0.300	0.160
1906年	0.400	0.180	—	—	—	—
1907年	0.450	0.250	0.250	0.185	0.350	0.250
1908年	0.450	0.250	0.250	0.167	0.500	0.270
1909年	0.400	0.250	0.250	0.223	0.500	0.270
1910年	0.450	0.250	0.250	0.236	0.500	0.270
1911年	0.450	0.250	0.300	0.237	0.500	0.270
1912年	0.450	0.270	0.300	0.247	0.500	0.260
1913年	0.550	0.300	0.300	0.250	0.500	0.270
1914年	0.450	0.300	0.300	0.250	—	—

出所:『静岡県統計書』各年度.
註 1)　農業および織布工の賃金系列において，1895年から97
　　　年の間に大きなジャンプがみられる．95年あるいは96年
　　　以前は賄付の値，それ以降賄なしの可能性がある.
　　2)　農業および織布工の"一般"は各種賃金表による．織布
　　　工の"工場"系列は，個々の工場における14歳以上の賃
　　　金の加重平均(1899年にかんしては年齢別の職工数が不明
　　　なので，1907-14年の比率を利用した)．帝国製帽も14歳
　　　以上の賃金である.

これまでと同様7か年移動平均をとった系列である.

　まず農工間の動向をみよう(M-1, F-1)．1920年代までは，男子の場合，
製造業平均賃金は農業のそれの1.2倍から0.8倍の間で安定していた．女
子は0.8強から0.6の間であった．もっとも，ここで利用されている賃金
系列は賃金所得であって，仮に1日当りの賃金率でみると，女子の場合も
1前後の値となる．すなわち，男女とも1920年代以前においては賃金率
は農工間でほとんど差がなかったのである.

　この事実は二つのことを意味していた．第一は，その非農業部門におい
て特別なスキル形成を要するような職種はまだ多くはなかったであろうと
いうことである．第二は，農業が最大の労働供給源であったときには，非
農業部門における賃金ランキングの最低水準は農業賃金に等しくなる傾向
をもっていたという点である．これらはいずれもすでに指摘されているこ

とであるが(梅村 1961a, chs. 8-9; 同 1962; 中村隆英 1971, ch. 3), 具体例として, 静岡県における各種工業労働者と, 小学校教員および政府職員というホワイトカラーとをみてみよう.

静岡は輸出産業としての製茶を有する農業県であったが, 西遠には工業が根づいていた. そこは遠州織物として知られた在来産業の一大産地であったが, その拡大のなかで浜松には帝国製帽や日本楽器に代表される洋式の工場も設立された. このような性格をもった地域における諸工業賃金の推移を農業賃金と比較して示すのが, 表1.9である. いま女子の賃率を農業と織物業とで比べると, 1894年から1914年までの比較可能な14年次のうち9年分は値がまったく等しい. また, 男子の農業日雇を帝国製帽の男工と比較しても差が小さいことがわかる. これは, 上記の第一のポイントとかかわり, 特定の地域労働市場を前提にしなくとも, また製造業だけではなく, ホワイトカラー職種とのあいだにも観察されることである.

そこで教員と政府職員の給与をみよう. この点にかんしてはすでに犬飼一郎の研究がある. 彼は, 全国の小学校の正教員と准教員, 中央政府の判任官と雇用職員, 市史書記, 町村史書記の年俸を調べ, 工業および農業賃金と比べたのである(以下, 犬飼 1968 による). その結果, 小学校正教員の給与を大きく下回る無資格教員の年俸は, 官吏のなかでは最低ランクに位置づけられる町村史書記の給与とほぼ等しく, かつ准教員給与の工業賃金にたいする格差水準が農工間のそれに著しく近くて, その変動の傾向自体も類似したところがあったことを見出した. ここで同じ統計から若干異なった計算をすれば, 仮に農業の就業日数を年間300日として農業日雇賃金から年収を算出すると, 1886-87年には名目で43.5円, 1895-99年73.8円, 1905-09年111.6円となる[4]. 同じ期間の准教員年俸は45.0円, 80.6円, 111.4円, 町村史書記の年俸は47.7円, 64.8円, 108.9円であるから, 教育部門, 行政部門, 農業部門の最低ランクの賃金水準は確かに均衡していたのである.

---

4) 犬飼は, 農業における月間就業日数を28日として比較計算をした. これでは年間の日数が336日であったということを含意してしまい, やや過大である. ここでは, 年間就業日数を300日と抑えて計算をしてみた. もっとも, 年間労働日数がどのレベルにあったかは, それ自体本書第 III 部のテーマである.

以上の諸事例は，これら職種のあいだに均衡を達成させるメカニズムが明治の労働市場にはあったということを示唆する．それも，たんに同一農家内部で，あるいは同一村落内部で農業と農産加工業が並立していたがゆえに農工間賃金格差が生じなかっただけではなく，移動をも含めて考えないと理解しきれないような範囲での均衡が成立っていたのではないであろうか．第2節の表1.8で，幕末から明治初年にかけての諏訪では他の地方を上回る賃金上昇を経験したことをみた．しかし同じ表1.8は，明治の中期から末期においては貨幣賃金の騰貴がなかったことをも示している．1890年代前半の標準賃金と1910年代前半のそれとを比較すると男女とも1.3倍程度の増加であったが，これでは（図1.3で使われたデフレータから計算される）この間の消費者物価上昇倍率2.4を下回っている．表1.8におけるこの時期の数字は，個別農家の経営記録と県統計書記載の数字を繋いでいるので正確な変化率を計算するには問題が多いかもしれない．しかし仮に実質賃金上昇率ゼロとなる貨幣賃金変化率であったとしても，全国平均の値よりは低位であり，他地域からの潤沢な労働力流入なしには理解できない現象である．

　1920年以降になると，製造業における男子の平均賃金は農業に比較して大きく上昇した．女子にかんしてはそれほど大幅な拡大は生じなかったが，それでも30年代の前半までは上昇傾向がみられる．図1.8におけるM-2aとF-2とによって大企業の職工と伝統的職工との比をみると，大企業の賃金率が男女とも第一次世界大戦頃を境に相対的に上昇していったことがわかる．すなわち，1920年代中に近代工業部門における雇用は伝統部門の労働市場と切れて，いわゆる二重構造が発生した．別な指標をとれば，1914年と1932年のあいだのどこかの時点で初めて企業規模別の賃金格差が生じたのである(梅村 1955, pp. 256-59)．借りてこられた技術(borrowed technology)に負うところの大きかった重化学工業化が本格的に進行し始めると，それに必要な技能をもった労働力は不足しがちであったから，それを「調達しかつ統率するため，大企業の内部には人的資源を格付けし配分する機能が発達した」(尾高 1984, p. 278)．大企業における“内部労働市場”の確立である．それにともなう企業の官僚制化は，ホワ

イトカラーへの新たな需要と学歴主義的な階層秩序とを生ぜしめ（菅山 1989），結果として年功賃金体系と内部昇進制とが組合わされた，"日本的"としばしば形容される新しい雇用制度がブルーカラー労働力をも含めて形成されたのである[5]. この制度が確立したのはもっぱら男子についてであったから，男子労働力にしめる新しい雇用形態の比重は急速に高まったのにたいし，女子にかんしてはその割合が依然として小さかったため，農工部門間格差にみられるような男女間の動きの違いが現れたのである（尾高 1989 a 参照）.

この格差構造は，戦時経済の開始とともに一度解消したかの様相を示したが，M-2b の動きからわかるように敗戦から 1950 年代末にかけて再び拡大に転じた.「戦後日本経済の回復の速かさには誠に万人の意表外にでるものがあつた. ……もはや「戦後」ではない」(p. 42) と，1956 年度の『経済白書』が述べた翌年，同じ『白書』は「経済の二重構造」について 1 節をあて，「労働市場も二重構造的封鎖性をもっている. すなわち，大企業で新しく労働力を求めるときは新規卒業者のなかから優先的にとり，急に雇用をふやさなければならないときには臨時工や社外工を採用する. 大企業の労務者が解雇されて中小企業に流れることはあるが，中小企業の労務者が大企業に就職するときは臨時工の形をとる. 中小企業と農業間にも特殊な均衡関係が存在する. 農業の所得は農業およびそれ以外のものを含めると都市中小企業労務者の所得と世帯単位ではほぼ等しい. ……このような経済の不均衡的発展は所得水準の格差拡大を通じて社会的緊張を増大させている」(1957 年度, p. 36) と論じた. それに見合う現実があったからである. けれども，これも 1960 年代に入ると急速に低下し始めた. 二重構造の残存に強い懸念が表明されてからわずか 4 年後には，『白書』も「低生産性を低賃金でカバーしてきた小零細企業の存在基盤が喪失しつつある」(1961 年度, p. 44) と書くこととなる. 1960 年には，1000 人以上を雇用する大企業の男子賃金は従業員 10-99 人の企業における賃金の 1.6 倍弱

---

5) 内部労働市場の起源自体は，徳川時代にまで遡る. 商家の奉公人制度にである（斎藤 1987 参照）. この 1920 年代に出来上がった制度が新しいのは，それがブルーカラー労働力にまで適用されたところにあった. それ以前にあっては，内部昇進制をともなった職工養成がなされたことはなかった.

であったが，60 年代中に 1.2 倍台にまでなった．高度成長が終息し，石油危機をへて産業構造の転換が始まった 1980 年代には，その趨勢が再び上向きとはなるが，それでも 1.3 倍の線をこえた程度である．1960 年代における 1.2 という倍率は明治における製造業平均と農業との比率とあまり変わらない．すなわち，1970 年前後の男子賃金にみられる格差水準は，賃金の二重構造が解消した状態といってよい．そして，この変化パターンは——両大戦間とは異なって——女子についてもほぼ同じであった．全体として，高度成長の過程で賃金水準の底上げが強烈に働いたことを窺わせる．

　これらは世帯所得の分布の変化にも現れている．最近における南亮進や溝口敏行等の計測が明らかにしたように，戦前日本では所得分布のジニ計数は一貫して上昇を続け，1940 年頃には現代ラテン・アメリカ並の水準に達したが，戦後民主改革をへて大幅に下落，50 年代の一時的上昇の後，1960 年代から 70 年代にかけて平等化が実現した（南 1996; 溝口・寺崎 1995）．賃金格差と所得分布とからみた戦前 - 戦後の推移は，まったく整合的なパターンを示しているといってよい．

4　結　　語

　図 1.1-1.8 からの観察事実をまとめると，表 1.10 のようになろう．

　本章が扱った 3 世紀近い長さの過程において，歴史の大きな節目となる時期が二つあった．明治維新と戦後改革の時期である．これらは労働の面においても同様に重要な画期だったのであろうか．これまでにみてきた指標に照らして，何か違いをもたらした変革だったのであろうか．

　明治維新の諸変革は，すでに触れたように，労働の移動，職業間の異動という点で無視できない出来事であった．また，安政開港の結果，広大な海外市場が拓けると同時に国内産業の再編成も進んでいた．けれども，それらを契機として，実質賃金の趨勢や賃金格差の動向に変化が生じたということはなかった．確かに 1860 年代を境に，実質賃金指数は下降から上昇へと，賃金格差指数は上昇から低下へと転じた．けれども明治年間を通

表1.10　実質賃金と賃金格差の変化パターン

	18-19世紀初	幕末	明治	戦　　間	戦後(-1960)　　戦後(1960-)	
賃金水準	上昇	低下	微増	上昇→停滞	上昇	
格差	縮小	拡大	なし	拡大	拡大	縮小

じて，実質賃金の増加が加速するということはなく，農業と工業の賃金水準もほぼバランスのとれた状態にあった．それらの指標の背後にある労働市場のあり方に大きな変化がなかったからであろう．この面での実質的な節目は第一次世界大戦後にきた．仮に産業革命を――T. S. アシュトンを拡大解釈して――労働者の生活水準をめぐる楽観説と悲観説の双方が成立しうる状況が現出した時期と定義するとすれば，その意味での"革命"のレッテルは，通常いわれる企業勃興期でも日露戦後でもなく，工場制工業化が本格的に立ち上がり，勤労者の実質的な収入を押しあげると同時に，彼らのあいだの所得格差を顕著に増大させる力が強まった，両大戦間の時代にこそふさわしい．

　これにたいし，労働からみた戦後改革は労働三法の制定に集約される．それは，制度変革としてみたとき，明治のそれよりも大きな画期であったといってよい．とくに，労働組合が制度的にビルトインされたことは重要な意味をもつ．その結果として，組合組織率は戦前の 10 パーセント未満という低水準から，(敗戦直後の 50 パーセント以上は例外としても)30-40 パーセントへと跳ねあがったのである．けれども，戦後の労働組合と高度成長との関連へ眼を転ずると，問題は異なった様相を呈す．労働者が組合に組織されたことが，経済成長の果実である所得増加と所得平準化をもたらしたとは必ずしもいえないからである．むしろ，いわゆる日本的雇用制度(終身雇用と年功賃金)を認めてもらう代わりにベースアップを企業業績とリンクさせることを容認する，それゆえ結果として賃金の伸縮性を保証するということが，戦後の労使関係とその賃金交渉方式の象徴である"春闘"の機能であったからである(橋本 1989; 尾高 1993 参照)．戦後労働者の生活を革命的に変えたのは，組織の力ではなく，経済の実体の変化，すなわち高度成長そのものであった．

第II部　労働市場の働き：幕末から明治大正へ

第2章　農家の労働供給様式と労働市場

　第Ⅰ部でみてきた徳川時代から現代にいたる実質賃金と賃金格差の変化パターンは，経済史における労働市場機構という問題を考える上で興味深い実例を提供してくれる.

　先進諸国における近代の経験は，熟練・不熟練間の賃金格差が長期的に縮小傾向にあること，とくに景気循環のなかでの好況局面にその傾向が顕著に現れることを教えてくれた(Reynolds and Taft 1956, pt. 2; Phelps Brown 1977, ch. 3). その説明として有力な考え方は，ブームのときには雇用者が熟練度の低い被雇用者を格上げすることによって増大する労働需要に応えようとするために，不熟練労働力の完全雇用，ひいては労働予備軍の消滅が起こる. 結果として底辺労働者の賃金水準を引上げ，熟練・不熟練間格差を縮小させるというものである(Reder 1955). この場合，労働需要を生みだすのが製造業である必要はない. 都市のサービス業であっても農村工業であってもよい. ここで必要な理論的な但書は，「労働需要が労働予備軍を吸収するに十分なほど大きく増大する」(Reder 1955, p. 838)ということだけである. しかし事実としては，このような図式が有効性をもつのは近代経済成長をへた経済だけと一般には思われている. 実際，類似のアイディアを近代以前の都市と農村の"プロレタリア均衡"に適用して論じたヒックスは，「産業革命以前の状況においては，こういったことはめったに起こらなかった」であろうと述べているのである(Hicks 1969/95, pp. 228-29).

　この方向を押し進めると，ルイス流の"無制限的労働供給"のモデルに行きつく. 農村は過剰人口を抱え，労働予備軍のプールとなっている. 農村部門における彼らの労働は農業にたいしては限界生産力以下の貢献しかしないので，外の部門から需要があれば追加賃金を払うことなしに，つまり"無制限"に労働供給を引きだすことができる，というものである. そのような労働予備軍が汲みつくされてしまって初めて，農業と非農業部

60

門における底辺労働者の実質賃金上昇が生じうるのであり，したがって賃金格差の縮小も起こる．すなわち"転換点"である(Lewis 1954, 1958)．日本にかんしても経済学者のあいだでは，いつこの"転換点"が到来したかが議論されてきた．しかし歴史家からみて問題なのは，多くの場合，転換点までの経済は無制限的労働供給の段階として一括されていることである．あるいは，暗黙のうちにそのような歴史観をしのび込ませているといってもよい．第1章でみてきたように，工業化が始まる前でも，賃金格差の縮小が実質賃金の上昇に相伴って生ずるということは——「めったに起こらなかった」かもしれないが——起こりえないことではなかった．実際，18世紀の畿内ではそれが観察されたのである．

それゆえ，この観察事実の背後にあった労働市場のワーキングスはどのようなものであったか，あらためて検討してみなければならない．また，それとの関連で農家の労働供給様式が検討されねばならない．

1 農家世帯

ここで農家の労働供給様式に着目するのは，農家人口はごく最近にいたるまで賃金労働の最大の供給源だったからである．無制限的労働供給モデルによる転換点論争も(Fei and Ranis 1964, ch. 4; Jorgenson 1966; 南 1970; 安場 1980, ch. 5)，他方では歴史家によってしばしば使われる出稼型という性格規定も(このネーミングは，大河内 1952 に由来する)，ともにその段階の時代にかんするものである．農村が農家の次三男と女子からなる低賃金のプールであり，帰農というかたちで景気変動のクッションになっていたというイメージが，それらの用語法の背景にはある．事実，あまり厳格な概念と考えさえしなければ，そのようなイメージに近い状況が過去の歴史のなかで現出したことは疑いえない．とくに昭和恐慌と称される時期の東北農村は，その典型的な場合であったといってよい．

直系家族世帯

けれどもそこから，わが国の農村がたえず過剰労働力をかかえ，次三男

と女子の"掃出し"を行う一方，失業して戻ってくるものはいつでも包容できる，大家族的なエートスを有していたと即断してはならない．実際，徳川時代以来，わが国の家族世帯の基本型は直系家族(stem family)のそれである．直系家族システムは構造的に，一方では西欧で支配的な核家族(nuclear family)とも，他方ではロシアや中国のような合同家族(joint family)とも異なっていた(斎藤 1988, 1992)．すなわち，成人した子供のうちひとり(跡とり)は家に留まり，結婚後も両親と同居する．"家の永続"にプライオリティが与えられ，それは家督と家産の相続というかたちをとって実現する．これが核家族型の場合と異なる点で，彼の結婚と世帯形成のあいだに労働市場が介在し，その市場動向によって跡とりの就業行動が影響を受け，結果として離村するということは，戦前昭和期まではほとんどなかったのである．

　これにたいして跡とり以外の要員には，いずれは家を出なければならず，かつまた結婚後も同居を続けることは許されないという家族形成上のルールが存在した．合同家族の社会とは違って，次三男はいつかは必ず家を離れなければならない存在であったから，彼らにかんしては農家から労働市場への供給圧力がたえずあったことになる．しかし，農家に残った未婚の非跡とりがすべて非自発的失業者であったわけではない．彼らが労働可能年齢に達してから結婚して別世帯を形成するまでのあいだ，いつ家を出て労働市場に参入するかは，その労働市場を通じて提示される賃金などの労働条件と，一方では当該農家の農業生産力の水準とに応じて変わりえたからである(後述)．他方，不況期の"帰農"といっても，それは未婚のものが一時的に身をよせるということであり，家族世帯形成の原理からいうと，そう頻繁にあってはならないことであった．

農家人口と非農業部門
　このような直系家族システムのもとでは，1)農家数と農業人口は比較的固定的である，すなわち家を挙げて離村することは，農村人口移動の主要形態ではありえなかった．2)農家から商工業部門へと供給される労働力は農家の非跡とり人口規模に近似する，という命題が導かれる．

第一の命題は，逸見謙三の「農業人口の固定性」論に代表される．戦後すぐに公表された農業有業人口にかんするこの推計は，戦前になされた既往の推計系列とは異なって，1870年代から1940年まで「比較的コンスタントな傾向」を示す．それは農家戸数が550万戸前後で変わらず，1戸当り農業有業者数がごく緩やかにしか変化しなかったという推定から生じたものである(逸見1956)．もっとも，後に梅村又次が明らかにしたように，農家戸数の固定性の背後には西日本の減少と東日本の増加という地域差が存在した(梅村1961a, ch. 6)．しかしそれは，東日本では分家による世帯の新設が可能なところがあったからであり，西日本，とくに畿内とその周辺では離農しうる条件が若干なりとも出始めていたからである．後者における戸数減少は，商品経済の浸透度の高いところで没落−賃金労働者化−挙家離村のケースが発生したためとも解釈できるが，現実には兼業農家の多さが結果として非農業就業世帯を増やした可能性のほうが高かったようである(中村隆英1971, pp. 101-08)．全体としてみれば，戦前期についてみるかぎり，直系家族型農家経済の論理は強く維持されていたといってよい．

第二の命題に目を転じよう．農外就業予備軍としての非跡とり要員の人口規模は，人口学的因子によって決定される．出生率と死亡率とによってである．婚姻出生力と出生後成人に達するまでの死亡確率とによって就業可能人口のサイズが決定し，さらに死亡率からは跡とりの座に空ポストが生ずる確率が計算される．後者から，次三男のうち養子縁組を通して農家部門に留まるものの割合が確定，その結果として，非跡とり要員の1世帯当り規模が決まるのである．

この要員規模は，かつて筆者が行った試算で明らかなように(斎藤1992)，予想以上に小さかった．それには，徳川−明治の出生力水準が西欧などと比較して低位であったこと，すなわち1夫婦当りの出生数を表す合計特殊婚姻出生率が7-8人に達することなく，6人前後のレベルにとどまったこと，また乳幼児死亡率の水準は必ずしも高くはなかったが，1歳未満の乳児死亡率が1920年頃までほとんど低下の傾向をみせなかったことが効いていた．すなわち，どの農家にも次三男が必ずいるということは，人口学的にみてありえないことだったのである．もっとも，農家婦人の出生力は

第 2 章　農家の労働供給様式と労働市場——— 63

明治以降低下したのではなく逆に微増したこと，1 歳以上の子供の死亡率は徳川時代から着実に低下し続けていたので，その相乗効果を無視することはできない．実際，第一次世界大戦以後ともなると，非跡つぎ要員のサイズは小さいとはいえなくなっていた．いま仮に 15-59 歳を労働力人口とし，その増分をみると，1890 年から 1910 年にかけての 20 年間には 510.7 万人（男子 238.2 万人，女子 272.5 万人）の増加であったのが，1920-40 年には 891.9 万人（男子 391.4 万人，女子 500.5 万人）となっていた．年当りになおせば，25 万 5000 人の増加から 44 万 6000 人の増加へと変化したのである（*LTES* 2，表 1-2 より計算）．男子の絶対数には農家の跡つぎが含まれており，また農家の女子がすべて非農業部門への労働供給者となったわけでもないが，年々，部門間労働市場へ参入するものの数が 2 倍近くになったという事実は無視しえないシフトであった．両大戦間に農村からの労働供給圧力が高まったことの背景には，このような人口学的な要因もあったのである（人口学的変数の推移については，斎藤 1996a 参照）．

2　農家の労働供給様式

　人口学的要因が所与となれば，次は家族経済の文脈で考えることができる．一般的にいって，労働供給の主体は個人ではなく世帯ないしは家計（household）である．とくに多くの農業社会においては，家族労働を中心とした自営業世帯が労働市場の供給側を特徴づける．すなわち，家族世帯は消費単位のみならず，生産の単位でもあったのである．

余暇 – 労働の選好図式

　勤労者世帯の労働供給行動にかんしては，"ダグラス – 有沢の法則"と呼ばれる経験法則がある．すなわち，世帯のなかの中核的所得稼得者の所得が高い世帯群における他の世帯構成員の有業率は，その所得が低い世帯群の有業率よりも低いというのが"ダグラス – 有沢の第一法則"であり，所与の所得水準にある世帯群の有業率は，世帯構成員に提示される就業機会とその条件が好転すれば上昇し，悪化すれば低下するというのがその

"第二法則"である(小尾 1971). これは現代産業社会における勤労者世帯だけではなく(日本のデータによる第一法則の検出は, 有沢 1956), 工業化初期における労働者世帯についても妥当することが確められている(イングランドの歴史データによる検証は, Saito 1981).

ここでの問題は, 中核的所得が自営農業経営からもたらされる場合に, 当該農家の世帯員の農外就業機会への従事はどのように決定されるかである.

まず最初に, 外部に雇用機会がないときに, その農家がどのように労働投入量を決定するかをみてみよう. この場合には, 所得－余暇の無差別曲線と農業所得曲線のみが考慮されればよい. 図 2.1 では, 所得あるいは財の量が縦軸にそって計られ, 横軸 OT は家族就業者の利用可能総時間を表す. OT は労働時間と余暇とからなる. 農家の選好関数は U_0, $\cdots$, U_n で表され, 労働投入量の変化による農業生産量の軌跡は Y_0 で示されている. 均衡点は両曲線の接する P_0 で, そこにおいて労働の限界生産力は無差別曲線の勾配に等しい. そして, OL_0 が農家にとっての最適労働投入である. もし農家が――たとえば, 家族周期の次の局面に入って養育しなければならない子供数が増えたという理由により――以前よりも多く消費財を選好するようになったとすると, U_0, $\cdots$, U_n は右方に変位し, 均衡点も右に移動する. すなわち, 農家の就業可能年齢にある世帯員は, 従前より余暇を犠牲にして長時間働かねばならなくなるのである.

次に, 農外にとくに熟練を要しない就業機会が生じた場合を検討しよう. 図 2.2 において, 新たに引かれた直線 AA の勾配がその雇用条件, すなわち賃金率を示している. このときは, その直線が無差別曲線と所得曲線に接する P_1 と P_2 とが均衡点となる. OL_1 が農作業に, $L_1 L_2$ が農外就業にあてられる. ここでは, 農業賃金が農作業の限界生産力に一致するだけではなく, 非農業不熟練労働の賃金率も農業限界生産力に等しくなることに注意しよう.

いかなる世帯にとっても, それ以下では就業しないという賃金率の最低限があるはずである. これを労働の最低供給価格と呼び, いま世帯員にたいして提示される賃金率がその最低供給価格以上に引きあげられたとしよ

65

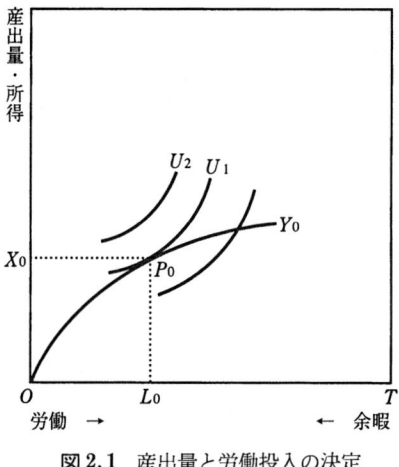

図 2.1 産出量と労働投入の決定

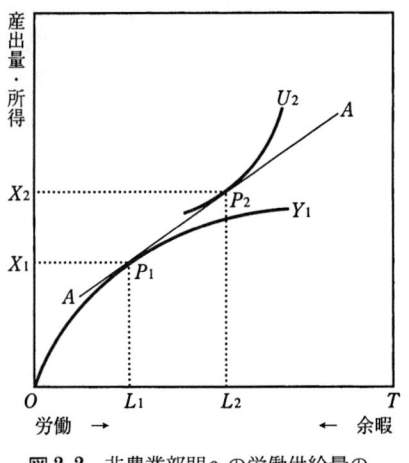

図 2.2 非農業部門への労働供給量の
決定と賃金率変化の効果

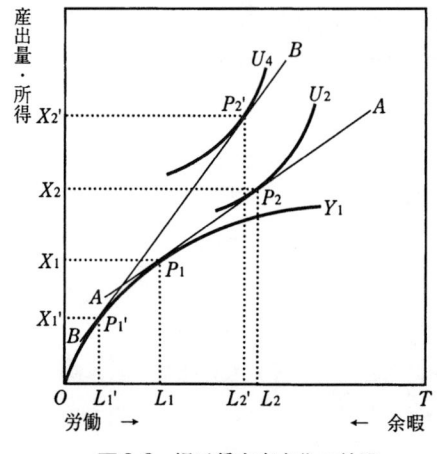

図 2.3 提示賃金率変化の効果

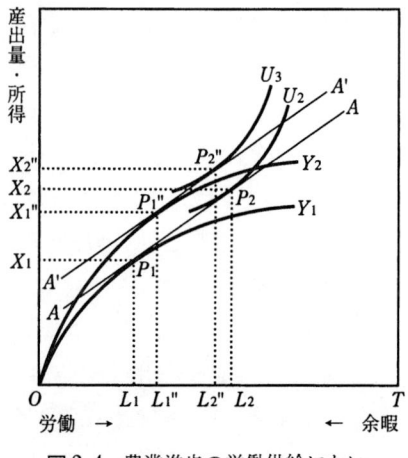

図 2.4 農業進歩の労働供給にたい
する効果

う．図2.3における直線 AA から BB へのシフトがそれである．この場合，農作業への労働投入は OL_1'，農外就業は $L_1'L_2'$ となるので，農業生産は縮小し，非農業への就業はおそらく増加するであろう．厳密な効果の測定は効用関数の形状に依存するけれども，相対的にみて農外就業へのシフトが起こることは間違いない．これは，ダグラス‐有沢の第二法則と本質的に同じ関係を記述しているといえる．

しかし，農家経済に変化をもたらすのは農外就業機会の拡大や賃金率の上昇だけではない．すでに示唆しておいたように，農業生産性の上昇も農家世帯員の就業パターンに影響する．図2.4に示されている Y_1 から Y_2 への変位は，その生産性上昇を表す．いま農外就業の賃金率は変わらないとすれば，それは直線 AA に平行に引かれた直線 $A'A'$ によって示すことができるので，新たな均衡点は P_1'' と P_2'' である．すなわち，農作業への労働投入は OL_1'' へ増加し，農外就業は $L_1''L_2''$ へと減少する．逆に——図示は省略するが——農業生産関数が Y_1 より低位にあれば，農作業労働への投入は減少し，農外就業が増加する．より長期にみれば，その農家世帯が脱農化するか否かはこの生産関数の形状と位置とに依存するであろう．小尾恵一郎のいう "自営業家計の転換法則" であり，この関係はダグラス‐有沢の第一法則と完全に整合的である（小尾1971）．

この考察が含意していることは，農業からの所得が十分に大きくなれば，出稼や兼業化の必要は減るということである．三浦梅園がいっていたように，「余業を捨てゝ本業に帰らん」とする傾向が生じたであろう（序章，p.10参照）．このとき，非農業部門が農家からの雇用を不変に保とうとすれば，賃金率を上げなければならない．換言すれば，農業の生産性上昇率が高ければ高いほど，農家人口の労働の最低供給価格は高くなるであろう．通常，農業部門から出てゆくのは不熟練労働力であるから，それは非農業部門における賃金階梯の最底辺が底上げされることを意味する．すなわち農業生産力の向上は——他の事情が変わらなければ——賃金格差を縮小させ，かつまた実質賃金水準を上昇させる方向に働く要因なのである（もっとも，農村労働力をすべて不熟練と仮定するのは過度の単純化であろう．たとえば，市川1996, ch.9参照）．

歴史的妥当性

　この図式を現実の歴史に適用する際にあたっては，留意しなければならない点が若干ある.

　第一は，賃金と農業限界生産力の関係をどう考えるかである. 上の図式では，無制限的労働供給の状態とは，図2.2における農業生産関数 Y_1 が水平となったところに均衡点がくることである. しかし，徳川 – 明治の歴史的現実はそのような状態として記述できるのであろうか. 農家の非跡とり要員が賃金労働のプールを形成していたという事実のみをもって，その証左とすることはできない. それだけでは，その労働供給が限界生産力ゼロの状況下でなされたかどうかはわからないからである. 農業限界生産力と非農業賃金の均等があったかどうかがテストされねばならない.

　幸い，1840年頃に長州藩によって作成された『防長風土注進案』という類稀な資料を利用した西川俊作の優れた研究が存在する. それは，生産高と要素投入量とがわかる村別データから農業生産関数を計測し，そこから労働の限界生産力を計算，他の資料より判明する農外就業の賃金と比較するというものである. その結果は，平野部の村落について計測された農業限界生産力を1日当りに直すと，その地域の農民に日雇稼の機会を提供していた塩田の男女不熟練賃金に一致する. 正確にいえば，男子の増水取が1.6匁，寄せ女0.8匁で，単純平均では1.2匁であるが，加重平均をとると1匁となるのにたいし，それら塩田村が含まれる三田尻地域における農業限界生産力値は176匁，年間労働日数で除せば1匁弱となるのである. もっとも同じ長州藩でも，山間部の農村では農業限界生産力曲線の位置は低位で，生存水準ぎりぎりであったと推計されている. ただ，そこでも過剰労働が発生していたわけではなく，余業である家内製紙業に労働力が配分されていた. 山間部でも，農業限界生産力と非農業(潜在)賃金率との等価関係は成立していたと推定されているのである(籠本・西川 1975; Nishikawa 1978; 西川 1985, ch. 3). これは一例にすぎないが，図 2.1-2.4 でもって徳川 – 明治の農家の労働供給行動を考えるのも，決して的はずれではないことを示唆している.

68

限界生産力をきちんとした手続によって測定することは，他の歴史的事例にかんしては難しい．次善の方法としては，上の図式から導出される命題“農外労働への就業時間は農家の農業付加価値産出高が大きければ大きいほど減少し，それが低ければ低いほど増加する”が成立するかどうかを，データに即して検討することが考えられる．これは次章で試みられる．

3　全員就業と農間余業

　一般に農家の労働供給というとき，農家世帯員のうち誰が働くかは曖昧なままである．賃金労働者の世帯であれば，夫の就労を前提としたうえで妻と労働可能年齢に達した子供のうち誰が追加就業するかと考えればよいことが多いが，小農家族経営の場合はどうであろうか．上でみた農家人口固定論は，生産年齢にある農家人口は全員就業していたと前提していたように思われるが，それはデータによって確かめられるであろうか．

農家人口の有業率プロファイル

　この問題には，農家世帯員の性・年齢別有業率プロファイルを明らかにすることによって答えられる．そして，そのプロファイルを描くために必要な統計データは通常は国勢調査の施行を俟たねばならないのであるが，幸いにして，1879 年末に山梨一県を対象に，近代統計学の先駆者杉亨二によって実施されたパイロット・センサスがある．この人口調査の結果表は，太政官統計院より 3 年後に『甲斐国現在人別調』として刊行されており，それを使って農村人口の有業率を検討することができる．

　それによれば，1870 年代末における山梨県一円の就業状態は次の通りであった．(A)「有業者」25 万 8184 人，(B)「無業者」13 万 6520 人，(C)「職業知レサル者」2603 人，ここから A÷(A＋B＋C) として有業率を計算すれば 65 パーセントである．これには町場である甲府が含まれているので，それを除いて年齢別の有業率を男女別に描けば，図 2.5 のカーヴとなる．

　ただ注意をしなければならないのは，ここにいう「有業者」の定義であ

第2章　農家の労働供給様式と労働市場──69

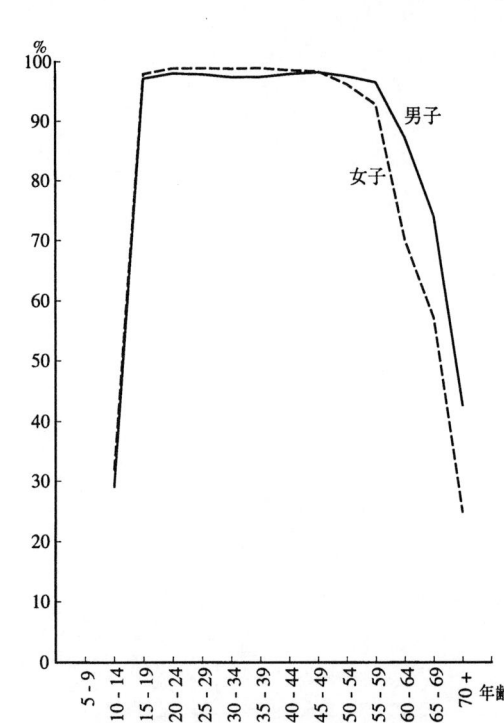

図2.5　山梨県郡部における男女別有業率カーヴ，1879年
出所:『甲斐国現在人別調』，「甲斐全国」および「甲府」の部より計算.

る．それが現在の定義と同じかどうか，検討をしておかなければならない．
その検討の詳細は付録3(pp. 193-96)に譲るとして，結論を記せば，(1)
出稼人は就業地ではなく，本籍地において書上げられているため，農村か
ら都市への住込奉公稼は農村の就業者としてカウントされる．これは通常
の調査手続と異なるが，経済主体としての農家の労働供給行動を明らかに
しようという本章の観点からは，逆に好都合といえる．(2)「一人前ニ足
ラサル者」，「自宅ノ用ヲ足ス者」という「自分ノ職業ヲ以テ其身ノ衣食ヲ
賄ヒ得ル者」以外のカテゴリィが含まれており，それを「有業者」から控
除するのが望ましいが，公表された集計表からはそれができない．(3)同
様に，不労所得者である「……主」と書かれた「職業者」も「有業者」の
定義から外れるが，これらの人びとも含まれてしまっている．

70

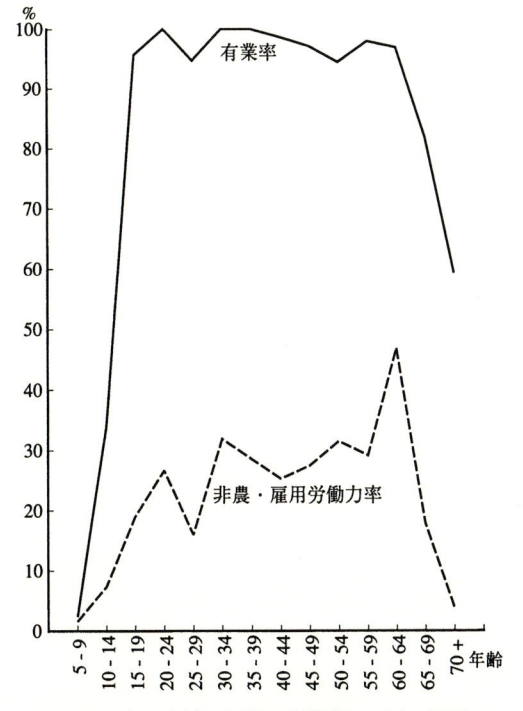

図2.6 A　山梨4か村の有業率カーヴ: 男子
出所: 南八代村, 北八代村, 岡村, 増田村「家別表」(山梨県東八代郡八代町役場所蔵文書).

　これらの結果として有業率プロファイルにどの程度の歪みが生じたかを
知るためには,「家別表」と呼ばれた個票にあたらねばならないが, 約11
万枚に達する全県分の「家別表」は東京に送られ, 集計ののち破棄された
ものと思われている. しかし幸いにして, 筆者は東八代郡4か村(現東八
代郡八代町)の「家別表」控書を発見することができた. ここは明治初年の
物産資料から判断すると米と養蚕の農村地帯で, 正確な意味での県全体の
縮小版とはいえないが, 穀作農業以外の生産活動を欠いた単作地帯でもな
かった[1]. そこで, この貴重な資料によって有業者の再集計を行ってみた
い.

　図2.6 Aと図2.6 Bにおける実線のグラフは, 東八代郡4か村をプー
ルし,「一人前ニ足ラサル者」,「自宅ノ用ヲ足ス者」および「……主」を

第 2 章　農家の労働供給様式と労働市場 ―― 71

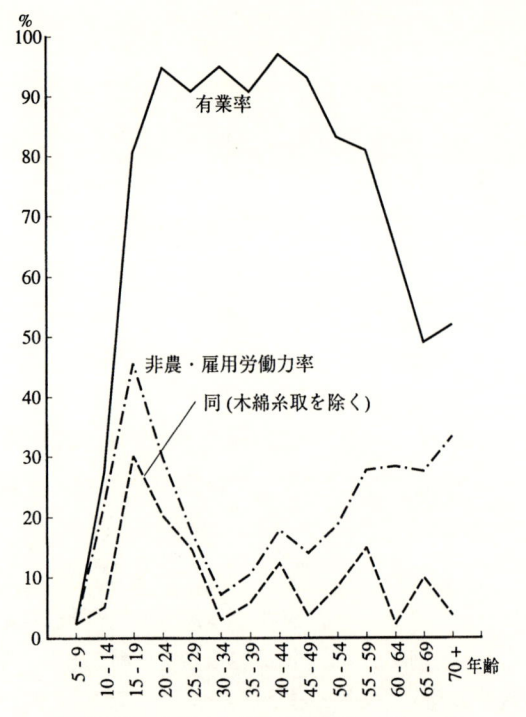

図 2.6 B　山梨 4 か村の有業率カーヴ: 女子
出所: 図 2.6 A に同じ.

有業者から除いて年齢別の有業率を計算した結果である．これをみると，
10-14 歳で 32 パーセントであった男子の有業率は 15-19 歳で 96 パーセン
ト，20-24 歳で 100 パーセントとなり，それ以降 60 歳代前半まで 95 パー
セントの水準を割ることなく，65 歳以上となってようやく低下し始める．
全体の形状は現在のそれと大差ない．ただ就業開始年齢と退職年齢は大き
く変化している．また産業革命期までのイングランドと比較しても大きな
違いはないが(Saito 1979, 1996b)，10 歳代前半における水準の低さがむし

---

1)　東八代郡は，甲武信ヶ岳に源を発した笛吹川が甲府盆地にはいって左岸に位置する．
　1880 年調査の『山梨県地誌稿』および同年度『山梨県統計書』から推計すると，東八代
　郡 4 か村の物産構成は，養蚕割合が県と同レベルか若干高目(9 パーセント)，米の割合は
　大きく(22 パーセント)，逆に生糸は著しく低レベル(1 パーセント，工産物計でも 7 パー
　セント)であったことがわかる．なお工産物としては，わずかながら縞木綿も織出してい
　た．詳しくは，斎藤(1985)，p. 20 参照.

ろ印象的である (斎藤 1997, ch. 7).

女子の有業率に目を転ずると, 10 歳代前半における水準の低さは男子同様に観察されるが[2], グラフの形状が現在の女子のそれと非常に異なっていることが際だった特徴である. いわゆるM字型ではない. また, 産業革命期のイングランドにみられた片流れ型のカーヴでもない. それは, 男子とよく似た高原型である. その点では現在の自営業世帯女子にみられるタイプと同じであるが, その"高原"の標高には驚かされる. 30 歳代, 40 歳代の女子の有業率が 90 パーセントを超えているのである.「自宅ノ用ヲ足ス」ための労働を除いてもなおこの水準であるということは, 既婚女子も男子と同じくほとんど全員就業したといってよいであろう. ただひとつ男子と顕著に異なるのは, 労働力から撤退する年齢が 10 歳以上早いということだけである. それ以外の点では, 基本的パターンは男女ともに同一であった.

女子の有業率プロファイルにかんするこのような特質は, ひとつには生活水準の低さ, もうひとつにはこの時代の農家世帯の特性によるものと考えられる. 前者の要因にかんしていえば, 通常は勤労者世帯の女子有業率は高原型とはならないと考えられているが, 18 世紀末英国において救貧問題が深刻であった一農村における農業日雇労働者世帯の女子有業率カーヴが高原型あるいはそれに近似した形状を示していたことから明らかなように, たしかに貧困が 30 歳前後の主婦の有業率を押し上げ, 既婚者の有業率水準も未婚者のそれと変らない状態をつくりだす可能性は否定できない (Saito 1979, 1996b). しかしその場合でも, 東八代郡 4 か村の全体の水準が 90 パーセントを超えていたという事実には別の要因が考えられなければならない. それは家族労働に依存した, 労働多投型の農業に特有の事情に根ざす要因であり, そこに自営業農家である小農世帯のひとつの特質があったのである. のちの内閣統計局長によって指摘されたように,「女

---

2) 1907年, 杉亨二 80 歳のとき内閣統計局長の花房直三郎が「寿詞」に代えて行った講演のなかでは,『甲斐国現在人別調』の結果表を分析して,「女子は早く業に就き 男子は晩く業を捨つるの傾あり」といわれている (花房 1907 (3), p. 429). その後半は正しい観察であるが, 前半部分は正しくない. この違いは「自宅ノ用ヲ足ス者」を控除しえたことから生じたものである.

子の有業者の多数なるは　他に女子に適当すべき職業の有無に拘はらず主として其の農業に従事する者の多きに由る」ものであった(花房 1907(3), p. 427).

農間余業

　農家人口は全員就業の状態にあったのであるから，その有業率が変数であったとはいい難い．逆にいえば，農村部における農業以外の経済活動は兼業という形態で行われたということを示唆している．それは，何よりも農業労働には季節性が顕著であったことに由来する．しかし同時に，この兼業への就業率は，個人のライフサイクルないしは世帯上の地位によって，さらには世帯の経済的状態によって，かなり弾力的に変化をする変数でもあったと考えられる．このことは，理論図式にいう非農業就業とは現実にはどのような形態をとっていたのかを明らかにする糸口を与えてくれる．それが他の農家への日雇労働や出稼，あるいは工場への通勤というかたちをとっていたのであれば，話は単純である．けれども，前章においてすでに指摘したように，徳川から明治の農村における非農業就業の少なからぬ部分は農家兼業という形態をとっていた．ひとりの農家世帯員が，農作業とともに他の職種に従事することは決して珍しいことではなかったのである．

　徳川時代において，この兼業労働は"農間余業"と呼ばれていた．農民は本来農作業に従事すべき身分であるが，その合間の閑なときに行う業という意味である．それゆえ"農閑余業"と書かれることも少なくなかった．当時の記録をみていると，この徳川時代的な文脈における余業には次の3種類があったようである(Saito 1986, pp. 405-11; 深谷 1979; 深谷・川鍋 1988, 第1部).

　第一は，家内副業として営まれる非農業生産活動である．"余稼"ともいわれ，糸取，機織，縄ない，籠作りなどから，それら生産物や農作物の販売活動まで，その範囲は広い．職人もかなりは農家兼業であった．四月朔日良秀は，福岡県の筑紫郡是や町村是から諸職人の年間労働日数を検討して，屋根屋や木挽職はほとんど兼業，大工・左官職にもかなりの兼業者

74

が含まれること，また町村における農家比率が高いところほど年間平均の労働日数が短い，したがって兼業が多いことを指摘している（四月朔日1987）.

第二は，工芸作物の栽培と養蚕・養畜である．これらは農業の一部であり，兼業と看なすのは不自然と思われれるであろうが，五穀の耕作以外は余業といわれることが多かった．第一の余業と区別していえば，深谷克己と川鍋定男のいう"余作"である．これは徳川時代において，石高の計算に入れられていたのは主として五穀であったという事情と，市場向けの園芸作物や養蚕が比較的に新しい生業であったこととによるのであろう．この点は，17世紀後半における藤堂藩や和歌山藩の「桑木」「綿」「うるし」「蜜柑」の栽培奨励策によく表れている（深谷・川鍋1988, pp. 39-41）.明治初年の生産統計をみても普通物産と特有物産とに分類されており，園芸作物や繭は他の工芸品とともに特有物産に分類されていた．余業とは特有物産を生産する活動であった．この観念は，政策担当者および農民によって予想以上に長くもち続けられたらしい．明治末の1911年に広島県内務部勧業課が行った農家副業調査をみると，養蚕が果物・茶・煙草・麻の栽培とともに奨励すべき"副業"にあげられていた（『広島県史』近現代資料2, pp. 352-61）.そして翌年には，このような内容をもつ「副業の奨励」が農商務省の正式な施策となった[3]．それだけではない．昭和恐慌の下，養蚕業の凋落に直面した長野県下伊那郡の農民のひとりは，養蚕偏重からの脱皮を図ろうとする改善案にたいして，「今の副業中養蚕程金の纏まる事業が他にありますか」と述べたという（宇佐見1990, p. 4）.徳川時代の"余作"の観念は，米麦の生産額を大きく上回るにいたった養蚕村の農家にとっても生き続けていたのである．

第三は賃稼あるいは手間取，すなわち雇用労働である．それも未婚の子女の年季奉公をそう呼ぶことはなく，冬季などにおける季節あるいは短期の手間稼と出稼をいうことが多かった．相模国愛甲郡半原村の1728年の

---

3) 荒幡（1997）は，この副業奨励策に検討を加えている．そこでは，農外就業である家内工業と園芸・養蚕・養畜を一括して"副業"と捉える考え方は新しく，余業から副業へという言葉遣いの変化がそれを表していると述べられているが，それは徳川時代における"余作"概念からの連続性を軽視しているように思われる．

第2章　農家の労働供給様式と労働市場 —— 75

「差出帳」には，「当村山方農業之間ニ，男ハ薪取或ハ江戸近所江日用ニ罷出申候，女ハ綛糸仕候事」とあるが，女子の「綛糸」とともに，近場への「日用」すなわち日傭取も「農業之間」の稼と観念されていたことがわかる（野村 1949，資料編，p. 512）．賃稼のなかには江戸の海苔稼とか賃機日雇という特定化された職種も含まれていたが，一般的にはコモン・レイバーに従事することが多かったようである．

　第三のカテゴリィと年季奉公のみが，農家の労働市場への関与チャンネルではなかった．農家の活動からみて，第一，第二の余業のもつ重要性もきわめて大きかった．このうち第二のカテゴリィは，通常の労働市場には登場しない．第一の余業は目にみえるかたちで労働市場に出てはゆかないが，第二タイプとともに，それへの就業は労働市場の需給バランスに影響してくる要因であった．

余業就業率のプロファイル

　それでは家内副業としての非農活動（第一タイプ）と雇用労働（第三タイプ）への就業は，農家世帯員の性と年齢によってどのように変わったのであろうか．先ほどと同じく，山梨県東八代郡4か村の「家別表」によってみてみよう．

　図 2. 6 A と図 2. 6 B には，有業者のうち——主業としてであれ副業としてであれ——雇用労働と非農業的職業に就いているものの総人員にたいする割合もグラフとして描かれている．両図から明らかなように，男女ともそのレベルは高くない．この地域が米と養蚕に特化した純農業村落だったからである．

　しかし興味深いのは，その水準よりは形状である．それは高原型の有業率カーヴとは異なり，また男女間でも明瞭な差を示している．男子の非農・雇用労働就業率は，仕事からの撤退が始まる 65 歳までは年齢とともに上昇する傾向をもつ．これにたいして女子の場合は，15-19 歳にピークをもち 30 歳代にトラフがきたあと，再び上昇する形状となっている．全体として，工業化の初期段階でみられる賃金労働者世帯の有業率プロファイルに近い．ここでの"非農"には木綿糸取が含まれているが，このうち

76

表2.1 A 性・婚姻状態・年齢階層別有業率プロファイル: 男子

	有業率	有業者のうち下記に就業するものの総人数(N)にたいする%			N
		養蚕	雇用労働	非農・非雇用	
未婚者					
5-14歳	18.6	1.1	3.4	1.1	263
15歳以上	96.2	9.6	15.8	9.1	209
計	53.0	4.9	8.9	4.7	472
(10歳以上)	(71.6)	(6.7)	(11.9)	(6.1)	345
有配偶者					
35歳未満	97.8	14.1	3.8	18.4	185
35-49歳	98.5	14.4	5.4	13.4	202
50歳以上	92.3	11.2	2.8	20.3	143
計	96.7	13.4	4.2	17.0	530
離死別者					
50歳未満	100.0	12.5	0	18.8	32
50歳以上	81.4	11.6	2.3	23.3	43
計	89.3	12.0	1.3	21.3	75

出所: 図2.6 A に同じ.
註1) 次に該当するものを除く:
 イ) 「年齢知レス」
 ロ) 「身上〔婚姻状態〕知レス」
 ハ) 「職業知レス」
 ニ) 「不具者」
 2) ここでは,「自宅ノ用ヲ足スモノ」および「……主」は有業者と看なしていない.
 3) 非農・非雇用の欄は"非農または非雇用労働"ではなく,"非農かつ非雇用労働"である.非農業的職業をもつ自営業従事者に対応する.
 4) したがって,この欄は,非農業就業者すべてと農業における雇用労働者を含むことになる.

かなりは「自宅ノ用ヲ足ス」だけの手仕事であった可能性がある.そこで木綿糸取を除いた場合が破線のカーヴであるが,中年およびそれ以降の上昇傾向が消滅し,右に長く裾をひく片流れ型になっている.ここで注意すべきは,20歳前後のピークから急激に就業率が低下する原因が結婚と出産ではないことである.トラフは30歳代前半にあり,乳幼児がいるライフサイクル段階の母親のほうが,それ以降よりも余業就業率の水準は高かった.これもまた,19世紀前半の英国において観察されたことであった(Saito 1979).

表2.1 A と表2.1 B は,性・年齢の他に配偶状態別をも考慮し,さら

第2章 農家の労働供給様式と労働市場 —— 77

表2.1 B　性・婚姻状態・年齢階層別有業率プロファイル: 女子

	有業率	有業者のうち下記に就業するものの総人数(N)にたいする%					N
		養　蚕	雇用労働	非農・非雇用			
未婚者							
5-14歳	14.2	1.2	3.7	0		(8.1)	246
15歳以上	82.9	29.1	13.7	17.1		(34.2)	117
計	36.4	10.2	6.9	5.5		(16.5)	363
(10歳以上)	(55.1)	(15.8)	(9.4)	(8.8)		(25.6)	234
有配偶者							
35歳未満	93.6	79.7	2.0	6.8		(10.0)	251
35-49歳	94.8	79.2	0.6	2.9		(17.9)	173
50歳以上	75.7	56.3	1.9	2.9		(23.3)	103
計	90.5	75.0	1.5	4.7		(15.2)	527
離死別者							
50歳未満	82.9	53.7	8.5	19.5		(28.0)	82
50歳以上	60.9	23.2	3.3	6.6		(30.5)	151
計	68.7	33.9	5.2	11.2		(29.6)	233

出所: 図2.6 A に同じ.
註1)　"非農・非雇用"欄の( )内は木綿糸取を含む場合.
　　2)　その他については, 表2.1 A の註を参照.

に余業の第二のタイプである養蚕就業の欄も加えてみている.

　ここから第一に, 男女とも有配隅者はほぼ全員就業の状態にあったことがわかる. 男女の有業率プロファイルがともに高原型となる理由は, ここにある. とくに女子の場合, 50歳未満の有配隅者のほうが15歳以上の未婚者よりも多数就業しているという事実は印象的である. 第二に, 雇用労働に目を転ずると, 男女とも未婚の若年層に集中している. ただし既婚者にかんしては男女差があり, 男子では離死別者より有配隅者のほうが雇用労働就業率が高く, 女子の場合はその逆である. また, 35歳未満のおそらくは乳幼児をもっているであろう妻に, わずかではあるが, しかしネグリジブルとはいえない数の日雇従事者がいることに注意しておきたい. 第三に, 雇用労働ではない非農業就業についてみると, 男子の場合, 既婚者は未婚者よりも就業率が高く, 既婚者のなかでは離死別者よりも有配隅者のほうが高い. 図2.6 A において, 非農・非雇用労働就業率が年齢とともに上昇する傾向をもったのはここに理由がある. 女子にかんしては, 15歳以上の未婚者と離死別者において高い就業率がみられるが, 35歳未満

の有配隅女子にも少なからぬ就業者がいる．女子の余業就業プロファイル
のトラフが結婚・出産直後にではなく，30歳代中頃にきたのはこのため
である．

　最後に養蚕についてみよう．これは図2.6 A, Bではわからなかった点
であるが，それが女子の仕事であったことが目を惹く．しかも有配隅者に
従事者が多いことが特徴で，50歳以上を除く妻の実に80パーセントが養
蚕に携わっていた．夫や子供の協力は桑園の管理や四眠のあとの作業にお
いて欠かせなかったであろうが，養蚕は何よりも主婦の仕事であった．そ
して，農業の一分野であるにもかかわらず"余業"と徳川時代以来看なさ
れてきたのも，このことと無関係ではないかもしれない．

　養蚕のみならず，雇用労働も商工業も，また機織や紡糸などの家内手工
業も，農家にとっては"余業"であった．実際に2つ以上の業を兼ねるも
のの割合は，この4か村の場合，男子23パーセント，女子43パーセント
であって，女子のほうが高かった．これは養蚕がカウントされているから
であるが，男女とも有配隅者に多かったのである．男子兼業者の4分の3
が世帯主であり，それ以外でも5分の3が既婚者であった．女子の場合は，
有配隅者64パーセント，離死別者20パーセント，未婚者16パーセント
であった．男女の違いは，むしろ余業の種類に現れていた．たとえば，自
小作の男子兼業者が何を副業としていたかをみると，穀商，生糸商，小間
物商，雑品商，菓子商，酒屋，水車業，旅籠屋，大工，草屋根葺と，実に
多様な業名があがってくる．自作と小作農家についてみると，このリスト
はさらに長くなる．これにたいし女子兼業者の場合，農作あるいは養蚕を
主業とするケース（全体の98パーセント）のうち農作－養蚕の組合せが64パ
ーセント，残りは木綿糸取19パーセント，機織11パーセント，その他6
パーセントとなる．この地域が仮に木綿織物業を余業としていたとすると，
養蚕の代わりに糸巻や機織が副業として書上げられたことであろう．実際，
1901年に大阪府農会が実施した『大阪府農家経済調査書』の残存する16
の個票をみても，この点は確かめられる．そこでは，農家主婦の本業は農
作だったのであり，木綿織や糸繰も家事（「衣服の洗濯並びに炊事」）も，とも
に余業と看なされていた（谷本1997も参照）．いずれにせよ，女子の余業リ

ストの内容は単調だったのである．それは兼業者の大部分が家庭をもつ既婚者であったからであるが，しかし，未婚の男女が出稼に出ても事情はあまり変わらなかったことは，第4章でみるであろう．

4 結 語

以上，農家世帯を就業面から分析してきた．明治初年の実態にも触れたが，分析の主眼は農家世帯員の労働供給行動を理論的に解明することにあったので，労働市場の構成という点からみたその主要な含意をまとめておきたい．

第一に，農民の非農業活動への参加は農家兼業というかたちをとって行われることが圧倒的に多かった．"農間余業"である．その大部分は，男子に典型的にみられるような家業としての兼業であったり，女子に多くみられる内職的な兼業であり，雇用労働市場へ直接参加する形態は量的には多くはなかった．家業としての副業には種々の職人職が含まれ，女子の内職的副業には紡糸，機織などの問屋制的に組織された職業が重要な部分をしめていた．いずれにおいても，既婚者のウェイトは小さくなかった．

第二に，そのことは，未婚の若年者が主な供給者となる雇用労働市場の規模は意外と大きくはなかったということを含意する．農閑期だけの日雇稼や，江戸の海苔屋への冬季出稼のように，世帯主である男子もまた雇用労働には参加したが，量的にみると未婚の青少年男女が主体であった．ただ，人口学的にみた彼らのサイズは決して大きくはなく，また直系家族システムの下では，跡つぎの存在と死亡状況から生ずる空きポストの可能性とが，実際に雇用労働市場に参加する男子数を人口学的マクシマムよりは常に小さくする要因となったのである．女子の場合，そのような問題は存在しないが，彼女らの出稼奉公は未婚のあいだだけであり，結婚後は内職的な副業者となるのが一般的なライフコースであった．それゆえ人年でカウントすれば，彼女らの比重はそうでなかった場合に比べて小さかったはずなのである．もっとも男子非跡つぎのなかには，年季を決めて離村するのではなく，初めから町場の不熟練労働市場を転々とし，世帯形成後も都

市の雑業層に留まったものもいたはずである．しかし，彼らが量的にどの程度のウェイトをしめたかを知る手がかりは，いまのところない．徳川時代から明治になるとそのようなグループが急速に拡大した可能性は高いが，それでも，イングランドのような，工業化以前から単純核家族世帯が支配的で，賃金労働者世帯が圧倒的に多い農村社会と比較すると，雇用労働市場の規模は格段に小さかったことは間違いないところである．

　最後に，賃金データとの突き合わせを考えると，図2.1-図2.4から演繹される命題が適用可能なのはどのタイプの余業であったのか，はっきりさせなければならない．"農外労働への就業時間は農家の農業付加価値産出高が大きければ大きいほど減少し，低ければ低いほど増加する"という命題が第三タイプの雇用労働に当てはまることは自明であるが，第一タイプの職種すべてにも適用可能であろうか．女子の内職的な手工業兼業と，男子の職人的兼業では現れ方が異なっていたのではないか．さらに，第二タイプの余業，すなわち養蚕などは本来"農業"限界生産力の計算に含まれるが，それが他の余業就業に与える効果はどのようなものであったか．これらはいずれも実証的にしか答えられない問題である．そこで章を改め，これらの問題の検討を試みる．

第3章 実証の試み

　本章では，前章での理論的考察から導きだされた農家の労働供給行動にかんする命題を明治から昭和初年のデータによって実証し，併せて他にどのような経験的規則性が観察されるかをみたい．

1 『農家経済調査』にみる農家の就業行動

　通常の歴史研究において，農家レベルの経済行動を実証的に明らかにするための資料的な制約は大きい．時代を遡ると，ミクロデータは利用可能であっても，理論枠組から要請される変数情報すべてを揃えることが難しいからである．他方，ここでの問題からすると，大正以前の資料であることが望ましい．しかし曲がりなりにも両方を充たす資料は存在しないので，本章では最初に，昭和初年のミクロデータである『農家経済調査』を利用することとする．

データ

　この農林省による調査は農家の経営的側面を把握することを目指したもので，農家の労働供給行動の分析に使われたことはあまりなかったように思われる．しかし，"農外労働への就業時間は農家の農業付加価値産出高が大きければ大きいほど減少し，低ければ低いほど増加する"という命題を検証するためには，生産費を控除した農業の付加価値生産量を知ることが必要である．『農家経済調査』は生産面にかんしては詳細なので，農産物の出来高だけではなく，生産費を控除した付加価値ベースの農業所得が判明する．しかも1925年から1930年までの報告書には，付録として個々の農家のデータが一覧表のかたちで載せられている．それゆえ，もし農外就業の記録が併せて得られるなら，ここでの目的にとって理想的なデータベースとなる．

そこで調査報告をみると，農業以外の収入として兼業と勤労が別項目として調べられている．すなわち「兼業及勤労収入」とは，「勤労収入とは自家の農業経営以外の為になしたる勤労に基く収入にして，俸給労賃及之に類するもの例へば出稼労賃，賃仕事の労賃，俸給，給料，年金，本省よりの農家経済調査手当……等を謂ひ，兼業収入には，農業経営に附属せざる林野収入，商業収入等を謂ふ」(p. 36)．俸給や年金などが含まれているのは定義上困るが，だいたいのところは兼業も含めた就業機会を表すものと看なせる．しかし，より正確な就業データとしての労働時間のところをみると，農業労働と家事労働以外には「其の他」があるのみである．

しかし「其の他労働時間」とは，「農業以外に於て収入を得るために要したる労働時間，例へば大工，左官，行商，農産加工以外の加工業に要したる労働時間の如し」(p. 55)とあるので，この説明を読むかぎり両者は概念上対応しているはずである．そこで，この「其の他労働時間」が個々の農家における農外就業の指標と看なしうるかどうか，最初に検討しよう．

1928年度の調査報告から農家経済と家族の周期的律動を分析した沼田誠によれば，「其の他労働時間」は家事時間も含む総労働時間の7パーセントであり，自作農家より小作農家に多いという関係がみられる(沼田1987, p. 152)．しかしそこでは「兼業及勤労収入」との突合せはなされていないので，報告書の付録データから両者の数値を丁寧にみると，まず，兼業及勤労収入が書上げられていて，其の他労働時間はゼロという農家が14戸あることがわかる．これらは年金生活者，農林省よりの農家経済調査手当のみのもの，あるいは労働時間がきちんと記入されなかったケースと考えられ，データの利用可能性を疑わせるものであるが，その14例(および北海道の3戸)を除いた計193戸を対象として，両変数の相関をとってみる．

すなわち，兼業及勤労収入額を其の他労働時間数に切片なしで回帰させると，次の式をえる．

$$収入 = 0.139 \times 労働時間 \quad (R^2 = 0.49).$$

決定係数は統計的には十分有意な値である．回帰係数0.139は時間当りの

第3章　実証の試み —— 83

表3.1　調査農家の自小作別特性(1)：土地・労働・生産・消費と農外就業

階層	耕作地 (反/戸)	世帯員数 (人/戸)	就業者数 (人/戸)	農業所得 (円/戸)	家計費 (円/戸)	農外就業	
						収入 (円/戸)	労働時間 (時間/戸)
自作	17.1	7.5	3.4	1,013	1,276	139	672
自小作	16.2	7.0	3.2	856	993	192	1,095
小作	16.0	6.7	3.1	628	855	219	1,055

出所：昭和3年度『農家経済調査』付録調査別表.
註1)　北海道の3戸,「勤労及兼業収入」が計上されていて「其の他労働時間」がゼ
　　ロの農家14戸を除いて集計.
　2)　就業者数は能力換算値.
　3)　農業所得は農業総収入マイナス農業経営費.
　4)　農業所得・家計費・農外就業収入と労働時間はいずれも年間計.

収入を意味するから，いま1日の労働時間を10時間とすると，日当1円39銭であったことになる．これは，奇しくも『農商務統計表』による1928年の農業日雇賃金に等しい．もっとも，決定係数0.49の大きさから判断すると，収入の多寡は就業時間数によって半分しか説明されない．『農家経済調査』における兼業収入には，俸給・給料や商業収入などが含まれていたことの反映であろう．農外就業は決して均質な労働ではありえなかった．それゆえ時間当りの収入率は，個々の農家が享受しえた就業機会の種類に応じてかなりばらついていたと思われる．その影響を制御できないのはこの『農家経済調査』の欠陥であるが，平均の賃金率が『農商務統計表』の数値とそれほどかけ離れていないので，全体としてみるかぎり，『農家経済調査』付表に掲げられた個別農家の「其の他労働時間」を当該農家の農外への労働供給量データと看なしても大過ないかもしれない．

　193戸の調査農家を自作・自小作・小作の3階層に区分し，年間の「其の他」労働時間とともに他のいくつかの指標につき平均値を掲げれば表3.1のとおりである．

　耕作地面積をみると，すべての階層で1町6反歩を超えており，当時の平均以上である．戦前期の『農家経済調査』には，農家経営的にみて上方バイアスがあるといわれる所以である．世帯員数も7人前後であるから，3世代家族が少なからず含まれていると考えてよい．就業者数は男女等を考慮にいれた能力換算値で，上層ほど多いという傾向はあるが，階層間の

表 3.2　調査農家の自小作別特性(2)：農業生産の構成

階層	総農業収入にしめる割合(%)				
	耕種	養蚕	養畜	農産加工	林野
自作	70.8	13.6	5.9	3.3	3.2
自小作	73.1	13.7	5.8	3.3	1.7
小作	76.1	12.1	4.0	3.3	1.3

出所: 表 3.1 に同じ.
註 1)　「耕種」には桑葉, 果実, 種苗の類も含む.
　　2)　「養畜」には養鶏, 養蜂, 養魚なども含む.
　　3)　「農産加工収入」とは「自家生産物の加工収入なるも
　　　　之が補助原料又は自家生産の不足を補ふ為他より原料を
　　　　得て為す加工収入」をいう.
　　4)　その他については, 表 3.1 の註をみよ.

差は決して大きくない. すなわち, サンプル中の農家は, 小作といえども
農業経営的にみて健全な農家がほとんどといえるであろう. ただし, 小作
農家は小作料を支払わなくてはならない. それは生産費の階層間格差とな
って現れるので, それを控除した付加価値ベースの農業所得の額に階層間
の違いは明瞭に現れる. その点は家計費総額についても同様である.

　表 3.2 は, 農業収入の構成を示す(項目ごとの生産費は明らかではないので,
ここでは総出来高にしめる構成を計算している). 耕種農業の比重は 70 パーセ
ント前後と圧倒的であるが, 養蚕以下の項目からの収入も無視できない割
合を保っている. これらの項目の特徴は, 耕種農業以上に市場志向的とい
うことであろう. それは徳川時代であればいっそう顕著であったと思われ
る. とくに養蚕が農業の商業化の強力な推進力であったことは, 多くの経
済史家が説いてきたことであった. 平均は 14 パーセント程度であるが,
小作農家の平均値でも 12 パーセントと他の階層と大きく異ならないこと,
またサンプル中には養蚕を営まない農家が 3 分の 1 (自作および自小作)か
ら半数(小作)存在するので, 養蚕に従事する農家では収入割合が 30 パー
セントを超えるケースが少なからずみられることは注目される.

　自作農家の平均「其の他」労働時間は年間 672 時間, 自小作農家 1095
時間, 小作農家 1055 時間である. 就業者 1 人当りでは, それぞれ 197,
345, 337 時間となる. 自作農家の農外就業時間が短いのは予想されたこ
とであるが, 自小作と小作層では有意な差はない. これは表中の他の変数

とどのように関連しているのであろうか.

変　数

　いま需要側の事情を所与とすれば, 前章図 2.1-2.4 に示された分析枠組が前提としていたことは, 農家の労働供給は, 消費者としての家計需要, および自営生産者としての所得創出能力によって決定されるということであった. また, そこでは横軸の長さを一定としていたが, 現実の農家では労働可能な要員の数は変化する. それゆえ, ここでの分析では

1) 農家の就業者人数(能力換算数)——調査の仕方から判断すれば農業就業者を意味するが, 農外への労働供給の観点からは供給可能な要員のサイズを表す
2) 家計費——家計の消費需要を表す変数
3) 農業所得(生産費控除済)——農業における所得創出能力を表す変数

を説明変数として取りあげる.

　このような“労働 - 消費”の内的関連の視点から小農家族経済を分析した先駆者としてチャヤノフがいる. 彼は“家族の消費欲求と労働能力”の関係の変化が“労働の自己搾取”に与える影響を分析の中心に据えた. 上記の 3 変数を使って表せば, 1 人当りの家計費が 1 人当り農業所得を規定するという関係である(Chaynov 1923/57). しかしここでは, このチャヤノフの定式化は採らない. それは第一に, 彼の分析の出発点であったロシアの歴史的現実においては, 家族の周期的律動によって変わる 1 人当り消費欲求の変動は耕地面積の伸縮と労働強度の調整によって相殺されると考えられていたからである. それにたいし土地が制約的な小農社会では, たとえ家族周期の影響が農家経済に色濃く認められるとしても, 兼業や農外就業による調節の役割はチャヤノフが想定していた以上に大きいはずである. 本章の分析では, チャヤノフ流の労働 - 消費の内的均衡論に農外就業を明示的につけ加えたいのである[1].

---

1) 沼田(1987)は 1928 年度の『農家経済調査』を使った論文において, 大正期の農家経済でも労働 - 消費の内的均衡の論理が働いていたことを示した. 一方, 友部(1988)は, 同様の図式を徳川時代の村落民に適用するなかで, 兼業の重要性を指摘している.

第二の理由は，より技術的なものである．チャヤノフとその後の小農経済論者の多くは1人当りの変数で議論することを好んだ(Sahlins 1972/84参照)．けれども計量経済学的にいえば，それは一次同次の関数型を仮定するに等しい．そこでここでは家計費と農業所得を1人当りとせず，農家の就業者人数も独立の説明変数として扱う．図2.1-2.4の図式から，変数(1)はプラス，変数(2)もプラスの，変数(3)はマイナスの符号をもつと期待される．被説明変数は，すでに述べたとおり当該農家の年間「其の他」労働時間である．

回帰分析

以上の検討をふまえて回帰分析を行う．推定は通常の最小二乗法により，回帰式は線型とする．

その結果は表3.3の欄(1)に示されている．就業機会の種類の違いをコントロールできないので決定係数は低いが，3つの説明変数の符号はいずれも予想どおりで，それらの係数もすべて有意に推定されている．すなわち，3変数はそれぞれ独立の決定要因と考えるべきだということであろう．t値の大きさから判断すると，家計費よりは農業所得の影響のほうが重要である．全体として，家族周期の律動のなかで家計費が膨張すると農外労働に費やされる時間数は増加し，逆に農業の付加価値産出高が高まれば短縮することが証明できたのである．

次に，前章の図2.1-図2.4では明示的には考慮されなかった農家経済上の要因を取りあげよう．表3.2は，農家の農業といってもその生産構成は少なからず異なっていたことを示唆する．このうち養蚕は商業的農業の代表であったから，その割合の多寡が農外就業にどのように影響したかは興味のあるところである．そこで，表3.3の欄(2)から(5)には，欄(1)の式に養蚕割合・養畜割合・農産加工割合・林野割合をそれぞれ加えた回帰式の推定結果も示してある．

これによれば，養蚕・農産加工・林野がマイナスの効果，養畜の場合はプラスの効果となっている．ただし農産加工と林野の係数は統計的にまったく有意ではなく，多少なりとも効果が認められるのは養蚕と養畜の場合

表3.3　農外就業の決定要因: 1928 年度『農家経済調査』

被説明変数(Y): 農外就業(時間)	回　帰　式				
説明変数:	(1)	(2)	(3)	(4)	(5)
切片	−46.6 (−0.14)	87.6 (0.25)	−196.0 (−0.56)	−30.4 (0.09)	24.7 (0.07)
X_1: 就業者数(人)	496.6 (4.36)	499.1 (4.40)	485.0 (4.26)	500.0 (4.39)	485.4 (4.23)
X_2: 家計費(円)	0.67 (2.26)	0.65 (2.21)	0.71 (2.38)	0.66 (2.22)	0.69 (2.32)
X_3: 農業所得(円)	−1.58 (−4.92)	−1.54 (−4.84)	−1.59 (−4.98)	−1.52 (−4.69)	−1.57 (−4.89)
X_4: 養蚕割合(%)	−	−11.4 (−1.83)	−	−	−
X_5: 養畜割合(%)	−	−	30.2 (1.59)	−	−
X_6: 農産加工割合(%)	−	−	−	−18.8 (−1.10)	−
X_7: 林野割合(%)	−	−	−	−	−28.5 (−0.96)
決定係数(R^2) 自由度	0.171 189	0.186 188	0.182 188	0.177 188	0.175 188

註: ( )内はt値.

である. 両者は効果において正反対で, 農業所得のレベルが同じでも, 養蚕収入の割合が高い農家は農外への労働供給が少なく, 逆に家畜飼育農家では多くなるというのが結果である. ただ, 養畜割合の t 値は十分に高くないので強い結論をだすことは控えたほうがよいであろう. いずれにせよ, 幕末から昭和初年まで農村経済にダイナミックな力を付与し続けてきた養蚕の農外就業抑止効果が測定されてきたことは, 前章における観察事実を解釈するうえで重要な意味をもつ.

　最後に, 弾力性のかたちで各要因の効果にかんする測定結果をまとめる. 表3.4 に階層別に計算した値を示す(各変数の平均値で推定した). 弾力性値はいずれも自作農家で大きく, 小作農のそれは小さい. 他方, すべての階層で農業所得の弾力性は絶対値で家計費のそれを上回る. すなわち, 農家の農業付加価値産出高が上昇することによって農外就業が抑止される効果は, 小作農においても観察されるということである. 最後に, 養蚕割合の

表 3.4 農外就業決定要因の弾力性値: 1928 年度
『農家経済調査』

	自作	自小作	小作
X_1: 就業者数	2.53	1.45	1.48
X_2: 家計費	1.24	0.59	0.53
X_3: 農業所得	−2.32	−1.20	−0.92
X_4: 養蚕割合	−0.017	−0.010	−0.011

註1) 表 3.3 欄 (2) の回帰係数に $\bar{X}_n / \bar{Y}$ を乗じ,
$(\varDelta Y / \bar{Y}) / (\varDelta X_n / \bar{X}_n)$ を計算して求めた.

2) 養蚕割合は単位がパーセンテージなので, $1/\bar{Y}$
を乗じて $(\varDelta Y / \bar{Y}) / \varDelta X_4$ のかたちにして表す.

弾力性値は他の要因と比較して小さいが, これは農業所得に変化がない場合の効果を計ったものである. 養蚕の導入は通常, 農業所得の増加を伴ったことを考えれば, たとえばその小作経営に与えた影響は決して無視しうるものではなかった. 逆に, 養蚕業衰退のインパクトもそれだけ大きかったのである.

2 余業就業率の決定要因

『農家経済調査』の最大の欠陥は, 世帯のなかの誰がどのような農外就業に従事していたかが一切不明なところにあった. 養蚕のような"余作"は区別されていたが, 近隣における日雇稼も出稼も商工活動も, 一括して「其の他労働」とされていた. 農家成員個人のレベルではそれらが本業であって農作が副業であった場合でも, それらへの就業は世帯との関連においてなされたからであるが, どのタイプの余業であるかによって世帯要因との関連のあり方は異なっていたはずである. また, 世帯上の地位に応じて誰がどのタイプに就く確率が高いかも, ある程度決まっていた可能性がある. そこで本節では, 個人の属性と余業の種類が詳しくわかるミクロデータである山梨県東八代郡 4 か村の「甲斐国現在人別調家別表」を再び利用して, この点を検討しよう.

「家別表」には生産や所得情報は含まれていないが, 農家の自小作別は判明する. ここではそれを農業所得の代理変数とする. 前掲表 3.1 から明らかなように, 農家の付加価値耕種生産価額は土地所有階層と明瞭な正の

相関をもっていたからである.

　まず最初に，個人について定義された，このタイプ別余業就業率への世帯要因の影響を分析する．次いで，余業タイプ間の相互作用，すなわちあるタイプの余業を行うことが他の余業への就業率にどのような効果をもっていたかを考察する.

農家階層の影響

　ここでは世帯要因として，個人の世帯上の地位と，本業である農作からの所得とを考える．前者は，戸主であるか否か，戸主でない場合には姓・婚姻状態といった個人の属性によって決まってくると考えてよく，すべて「家別表」から判明する．後者にかんしては直接情報はない．しかし，上述の理由で，農家の土地所有階層別の余業就業率をみることによって，農作の影響を考察することができよう.

　最初に，直接農作に従事する農家の余業就業のあり方が，他の職業階層の世帯のそれと比べてどのような特徴をもっていたかについて一瞥しておく（表3.5 A, B）．年齢・職業等が不詳のものを除く930名と960名のうち，養蚕従事者は男子103名，女子505名であったが，そのほとんどが農家世帯の構成員であった．すなわち男子では101名，女子では474名がそうであった．しかし，両表によって就業率という面からみると，地代生活者である農作主を戸主とする（しかしその多くは商業を余業とする）世帯の女子も多数，養蚕には従事していた．実際，就業率は，標本数が小さいので有意な差ではないが，農家の平均を若干上回っていたのである[2].

　雇用労働従事者は，この4か村では多くはない．男子64名，女子39名で，その半分以上は農業経営世帯以外から供給されていた．とりわけ，数のうえではマージナルな農作雇を戸主とする世帯に集中していた．これらの世帯は，老母と未婚の戸主と甥といったような不完全な家族構成によっ

---

2)　もっとも，これは養蚕に特有のことかもしれない．1901年の大阪府農会調査の対象となった「地主にして所有地の約二分の一を自作」する南河内郡の農家では，常雇を5人雇用して，男子に農作，女子には機織に従事させ，主婦と彼女の姑は「屋外業務に従事せず」と記されている．しかしそれでも，「二季収穫に際し籾麦等の乾燥の手伝をなし，又春季は専ら養蚕に従事す」とあるのである．『大阪府農家経済調査書』，pp. 104-05.

表3.5 A　階層別余業就業率: 男子

個人が属する世帯の戸主の職業階層	有業者のうち下記に就業するものの総人数(N)にたいする%			
	養　蚕	雇用労働	非農・非雇用	N
非農業	0	30.0	66.7	30
農作主	1.7	1.7	58.9	56
農家: 自作	20.6	0	10.7	214
自小作	11.1	0.9	9.3	225
小作	8.5	6.1	12.2	376
農家　計	12.4	3.1	11.0	815
農作雇	3.4	100.0	0	29
合　計	11.1	6.9	15.4	930

出所: 南八代村, 北八代村, 岡村, 増田村「家別帳」.
註1)　次に該当するものを除く:
　　イ)　10歳未満
　　ロ)　「年齢知レス」
　　ハ)　「職業知レス」
　　ニ)　「身上(婚姻状態)知レス」
　　ホ)　属する世帯の戸主が無業,「職業知レス」, あるいは耕地所有の状態が不明のケース
　　ヘ)　「不具者」
　　2)　パーセンテージの合計が100をこえる場合があるのは, 1人で2つの業を兼ねるものがいるからである. これはどの階層についてもいえることで, 3欄の合計は全余業就業率に等しくなるとはかぎらない.

て特徴づけられるが, このグループでは実に10歳以上の男子はすべて, 女子の4分の3が, 日雇あるいは他世帯への住込奉公人のかたちで雇用労働に携わっていた.

　非農業的余業に目を転ずると, 男子143名のうち90名が農家世帯からであったから, その意味で"農間余業"のウェイトはこのように純農業村落であったところでも無視できないものがある. ただ就業率という面からいえば, その水準は決して高くはなく, 10パーセント前後であった. 不耕作農家である農作主階層では, 10歳以上男子の60パーセント近く, もし既婚者のみをカウントすれば72パーセントが非農業(そのほとんどが商業)に従事していた. この事実は, 戸主あるいはそれに準じた世帯上の地位にある男子が"農間渡世"として商業活動を行うようになるということが, 農業経営者をして農作主化させるひとつの契機であったことを示唆していよう. これにたいして女子の場合, 大部分の非農・非雇用的余業従事者は農家世帯から供給されていた(176名中の166名). しかも就業率の点で

第3章 実証の試み──── 91

表3.5 B　階層別余業就業率: 女子

個人が属する世帯の戸主の職業階層	有業者のうち下記に就業するものの総人数(N)にたいする%			
	養　蚕	雇用労働	非農・非雇用	N
非農業	9.9	22.6	19.6	31
農作主	62.2	0	8.9	45
農家: 自作	57.4	0	13.0	223
自小作	60.2	0.8	20.1	249
小作	49.6	4.3	22.0	395
農家　計	54.7	2.2	19.1	867
農作雇	0	76.5	0	17
合　　計	52.6	4.1	18.3	960

出所と註: 表3.5 Aをみよ.

　も, 農家階層は非農階層と肩を並べる水準にあった. そして, このカテゴリーにおける男女間にみられた顕著なパターンの違いは, 女子のそれがまさに内職的な就業であったということの反映なのである.

　このようにみてくると, 非農はもちろん, 農作雇や農作主階層は, 実際に農作を経営している階層とかなり異なった余業就業パターンをもっていたことがわかる. それゆえ, 農作の余業就業への影響を農家階層別余業率によってみようとする場合, 農作主および農作雇世帯を農のカテゴリーに含めないのが適当であろう.

　表3.5 A, Bは, その狭義における農家階層と余業就業率の関係をも示している. 一般に, 勤労者世帯の所得階層と有業率の間には負の相関がみられるが(ダグラス-有沢の第一法則), 農家の余業就業率の場合はどうであろうか. 両表によれば, 男女の雇用労働および女子の家内手工業就業にかんしては, 農家階層が下がると就業率が上昇するという関係がみられることがわかる[3]. これにたいして養蚕および男子の商工兼業の場合, そのような明瞭な関係がみられない. 関係がみられるとしても, 男子の養蚕のケ

---

3) 表3.5 Aで, 農作主世帯に男子の雇用労働従事者がいることに奇異の念をもつひとがいるであろう. しかし, この階層のすべてが富裕な地主であったわけではない. 世帯内に働ける男子労働力が存在せず所有地が貸付けられ, 年少者が名義上戸主となったため彼の職業は「農作主」と書かれたケースもあった. たとえば, 戸主は12歳, 世帯内に彼より年長の男子は父と祖父がいたが, 父の職業は「筆耕雇」, 祖父は無職であった. 何らかの理由で父は農作業をすることができず, また戸主の責も果たせなかったのであろう.

表3.6 A 性・婚姻状態・農家階層別の余業就業率: 農家の男子

個人の婚姻状態 戸主の階層	有業者のうち下記に就業するものの総人口数(N)にたいする%			
	養　蚕	雇用労働	非農・非雇用	N
未婚者(10歳以上)				
自　　作	12.5	0	2.7	72
自　小　作	7.1	1.4	0	70
小　　作	5.9	6.7	2.2	135
有配偶者				
自　　作	26.0	0	15.4	123
自　小　作	12.0	0	14.8	142
小　　作	10.1	6.3	18.3	208
離死別者				
自作＋自小作	18.8	3.1	6.3	32
小　　作	9.1	3.0	15.2	33
既婚者計				
自　　作	24.6	0	14.8	142
自　小　作	12.9	0.5	13.5	155
小　　作	10.0	5.8	17.8	241

出所: 表3.5 A をみよ.
註1)　既婚者＝有配偶者＋離死別者.
　2)　その他の点は, 表3.5 A をみよ.

ースのように逆の関係にあったようにさえ思われる.

　表3.6 AとBは, 農家階層の影響を婚姻状態の影響を制御して計っている(その影響の統計的検定の詳細は補節をみよ. 以下の議論もすべてその結果を踏まえてなされている). 人数の点では多くないが, 農家階層の就業率への影響がもっとも明瞭にみられるのが雇用労働の場合である. 個人の属性カテゴリィのどれをとっても, 就業者は小作農家に集中している. 自作ではゼロ, 自小作では男女合せて4名にすぎないが, 小作農家からの就業者は40名に達する. すでに前章でみたようにその半数以上が未婚者であったが, その多くは, とりわけ炊雇・子守雇と書かれているときは出稼の住込奉公人であったと思われる.

　男女の雇用労働に次いで農家階層の影響が明瞭なのは, 女子の非農業就業である. 表3.6 Bから, 未婚者についても既婚者についても, 下の階層ほど就業率が高いという関係が読みとれる. ただ注意しなければならないのは, 雇用労働のときに比べてその関係がはっきりしていないというこ

第3章 実証の試み —— 93

表 3.6 B 性・婚姻状態・年齢階層・農家階層別の余業就業率: 農家の女子

個人の婚姻状態・年齢階層・戸主の階層	有業者のうち下記に就業するものの総人口数(N)にたいする%			
	養　蚕	雇用労働	非農・非雇用	N
未婚者(10歳以上)				
自　作	19.0	0	24.1	58
自 小 作	21.2	3.8	23.1	52
小　作	14.0	11.8	31.2	93
有配偶者(35歳未満)				
自作＋自小作	91.3	0	7.9	126
小　作	75.5	1.0	11.2	98
有配偶者(35歳以上)				
自作＋自小作	75.2	0	8.8	137
小　作	69.7	0	16.5	109
有配偶者計				
自　作	82.8	0	4.9	122
自 小 作	83.0	0	11.3	141
小　作	72.5	0.5	13.5	207
離死別				
自　作	37.2	0	20.9	43
自 小 作	39.3	0	39.3	56
小　作	34.7	5.3	31.6	95
既婚者計				
自　作	70.9	0	9.1	165
自 小 作	70.6	0	19.3	197
小　作	60.6	2.0	19.2	302

出所と註: 表 3.6 A に同じ.

と，就業率に差を生じさせる階層間の境界が小作と自小作の間ではなく，自作と自小作の間にあるように思われること，また既婚者のほうが，未婚に比べて影響が明瞭な点である．事実，統計的にみて一応は有意と認められる差は，既婚者の場合の自作と自小作の間においてのみ観察されるのである．なぜ未婚者の場合には有意な差が現れないのか，既婚者についても自小作と小作の間では差が生じないのはなぜか，理由は必ずしも明らかではない．機織や糸取は，ある年齢に達した農家の娘なら階層とは関係なく習い覚えなければならないという面があったかもしれないし，また，自作や自小作層の木綿糸取には「自宅ノ用ヲ足ス」だけの場合が相当数あったのかもしれない．しかし，これらの点を念頭においても，農家階層の女子家内手工業就業率への影響を否定できないように思われる．

表 3.7　農家戸主の非農業兼業: 男子

| 農家階層 | 農家戸主 (N) のうち下記を兼業するものの% | | | |
	商	工	計	N
自　　作	11.7	0	12.8	94
自 小 作	12.1	3.4	15.5	116
小　　作	6.2	5.2	11.4	211
計	9.7	3.6	13.5	421

出所: 表 3.5 A に同じ.
註 1)　商のカテゴリーの大部分は「……商」と書かれた職業で
　　　あるが，質渡世，旅籠業も含む.
　　2)　工のカテゴリーの多くは職人であるが，その他に水車業，
　　　黒鍬，綿打をも含める.
　　3)　計は商工の他に「神教導職」1名を含む.

これにたいして，非農業就業の場合でも男子については，そのような影響を表 3.6 A から認めることはできない．未婚者の就業率はネグリジブルなので，いま考察を既婚者に集中するとしても，階層間に明瞭なパターンは浮かび上がってこない．このカテゴリーに入るのは大部分，商業および職人的活動であるが，商と職人的手工業という意味での工との間にパターンの相違があったことが考えられる．そこで戸主のみについて，商工別に就業率をみたのが表 3.7 である．このように区分すればはっきりするように，商にかんしては階層が上なほど就業率が高く，工についてはその逆の関係がみられる．すなわち，両者を合わせると相殺しあって階層の影響が不明瞭となったわけである．ただ商の場合，自小作と小作との間には有意な関係が認められるが，自作と自小作の間には差がないこと，工の場合には，黒鍬と綿打を除くと有意な差があるとはいえなくなることには注意をしておきたい．純粋の職人職については，やはり影響が不明瞭となるのである．逆に，商のなかでも穀商，質渡世，工の場合には水車業といった，営業上の必要資金量が大きい職種は上層に多くみられる．結局，戸主あるいは男子既婚者の商工兼業にかんしては，農作所得補充の必要度と営業上の必要資金の多寡という相異なった要因があり，商については後者の要因が強く，工にかんしては前者の要因がやや強く作用していたと考えることができよう．

ふたたび表 3.6 A, B に戻り，養蚕についてみよう．ここでは，個人の

属性のどのカテゴリーをとっても階層が上なほど就業率が高いという傾向がみられる．その意味で，雇用労働あるいは家内手工業の場合と対照的である．けれども，その関係は未婚者よりも既婚者において明瞭に現れており，有意な差が観察される場合でも，それは男子においては自作と自小作の間で，女子の場合は自小作と小作の間でみられるという相違がある．養蚕といっても，大別して桑園の管理，蚕の世話，繭の出荷・販売という3つのプロセスがあるが，最初と最後が主として男子の仕事，蚕の世話が女子の，とりわけ主婦の仕事であったので，男女間にみられるパターンの微妙な差は，あるいはこの点と関係があるかもしれない．また，女子有配偶者を35歳未満と以上に区分してみると，階層の影響が端的に現れるのは若い年齢層においてであることもわかる．自作および自小作におけるその年齢層の主婦はほとんどすべて(91パーセント)，農作と養蚕との双方に従事していたわけであり，その意味でも農作のあり方との正の関連が明瞭である．養蚕もまた，男子の商業兼業とならんで，農作所得の負の効果でもって考えることのできないタイプの余業であったといえよう．

相互作用

　養蚕と商業兼業とが農家階層と正の相関をもっていたという事実発見は，小作農家の余業就業機会がそれだけ少なかったことを意味しているように思える．しかし東八代郡のこの地域の場合，実際には，総戸数220戸の小作農家のうち約4分の3が養蚕に従事していた．商あるいは工を兼業する小作人も24戸存在していた．後者の比率(11パーセント)はそれほど高い値ではないが，この地域にかんするかぎり，小作農家の余業選択の幅が現実にはそれほど狭くはなかったといえよう．

　これらの事実から次のような問題がでてくる．養蚕農家の場合，兼業しない農家と比較して他のタイプの余業就業率は高かったのであろうか，低かったのであろうか．別ないい方をすれば，農作のあり方が余業就業に影響を与えたというだけではなく，あるタイプの余業への関わり方によって他のタイプの余業への就業が影響をうけるということがあったのではないだろうか．すなわち，余業就業の間に相互作用があったと考えられないで

96

表 3.8　養蚕と余業就業率との関連: 小作農家の場合

個人の性・婚姻状態, 養蚕農家の別	有業者のうち下記に就業するものの総人数(N)にたいする%		
	雇用労働	非農・非雇用	N
A　男　子			
未婚者(10歳以上)			
養蚕農家	3.6	1.8	112
非養蚕農家	21.7	4.3	23
既婚者			
養蚕農家	2.7	17.6	187
非養蚕農家	16.7	18.5	54
B　女　子			
未婚者(10歳以上)			
養蚕農家	8.6	32.9	70
非養蚕農家	21.7	26.1	23
既婚者			
養蚕農家	1.7	14.8	237
非養蚕農家	3.1	35.4	65

出所: 表 3.5 A に同じ.
註 1)　ここで養蚕農家とは, 世帯内の少なくとも 1 人が主業であると副業であるとを問
　　　わず養蚕に従事している農家をいう. したがって非養蚕農家とは, 養蚕に従事する
　　　ものが 1 人もいない農家である.
　 2)　その他の点については, 表 3.5 A の註をみよ.

あろうか. そこで以下では, 農家階層の影響をコントロールするために分
析対象を小作農家に絞り, そのなかで養蚕を兼ねる世帯と兼ねていない世
帯とを分け, 二つのグループ間で余業就業率に差があるかどうか, あると
すればどちらの就業率が高いかをみてゆくことにする.

　表 3.8 が, 養蚕への従事の有無が雇用労働および非農・非雇用労働就業
率へどのような影響を与えていたかを示す. そこでは養蚕農家を, 戸主あ
るいはその妻の養蚕就業の有無によっては定義せず, 世帯内に少なくとも
1 人の養蚕就業者がいるか否かによって定義している. また, 前表 3.5-
3.6 と比べて標本数が小さくなっているので, 有配偶者と離死別者を区別
せず, 既婚者として一括することにする.

　まず雇用労働就業率への影響をみる. 事例数が少ない女子既婚者の場合
を別とすれば(6 例), いずれも非養蚕農家の就業率のほうが養蚕農家のそ
れよりも際立って高い. 明らかに, 養蚕への従事は雇用労働への就業を抑
える効果をもったのである. ここで興味深いのは, 男女間の相互作用であ
る. すなわち, 養蚕が主として女子の家族労働を需要したがゆえに女子の

雇用労働就業を抑制したというだけでなく，それ以上に，男子の雇用労働への労働供給を抑制したという点である．それは，主婦の仕事であった養蚕からの所得効果と看なすことができよう．類似の結果は，非農・非雇用労働への就業についても観察される．男女の未婚者，男子既婚者については就業率に有意な差がみられないが，女子の既婚者にかんしては非養蚕農家のほうが就業率が高いという関係がみられ，その差も十分に有意な大きさである．いいかえれば，養蚕への従事は女子の家内手工業への就業を抑制する効果をもったが，その効果が端的に現れるのも既婚者にたいしてであって，未婚者ではなかったのである[4]．

　このように，『甲斐国現在人別調』個票データが明らかにした養蚕の効果は，雇用労働あるいは非農業就業にかんするかぎり，第1節において『農家経済調査』から見いだされた農業収入にしめる養蚕割合の効果と基本的に同一であった．

3　要約と含意

　本章では農家の就業構造と世帯員の労働供給のあり方を，個票データを利用して検討してきた．データの作成年代は明治初年と昭和初年であって，徳川から明治大正という本書の対象時期に完全に重なるわけではなかったが，目的が農家の人びとの行動様式をめぐる経験的規則性の確認にあったので，観察結果が頑健であれば徳川時代にも十分適用可能であると思われる．

---

4)　同様の方法で小作農家戸主の商工兼業が雇用労働および非農業就業率へ与えた影響を検討すると，雇用労働にかんしては商工兼業農家と非兼業農家との間に就業率の差はないが，女子の家内手工業就業にかんしてははっきりとわかる差があることが判明する．この女子家内手工業就業への抑制効果は，したがって，農作，養蚕，商工兼業のすべてについて実証されたことになる．雇用労働の場合，商工兼業にかんしてはなぜ効果が認められなかったのかはわからない．たんに事例数が少なすぎることからくることかもしれないし，また事例数が少ないにもかかわらず，ここでいう商工があまりにも雑多な職業を含んでいることが影響しているのかもしれない．小作戸主の商工兼業は24例あり，商は穀商(2例)，醬油商，青物商，繭商，牛馬商，古鉄商，雑品商(6例)の13人，工は大工，石工(2例)，畳刺，草屋根葺(2例)，木挽，黒鍬(2例)，綿打(2例)の11人である．

全員就業と余業

　農家の就業構造にかんしてまず最初に指摘すべきは，生産年齢にある農家構成員は支障ないかぎり全員何らかの生産活動に従事するのが常であったことであろう．全員就業である．

　もっとも，何歳から生産年齢となるかは固定しておらずに変数であった可能性がないわけではない．とくに工業化の開始とともに，その年齢が低下し，児童労働が増加したということは，英国やベルギーにかんして指摘されていることである．しかし，他の機会に明らかにしたように，児童労働が目にみえるようなかたちで使用されたという事実は日本の場合ない．むしろ，年長の子供と母親の労働を酷使することはあっても，慣習的な就業開始年齢を守ろうという力が働いていたように思える．伝統的な小農家族経済にそのような凝集力が働いていたがゆえに，工場制工業が登場しても，年少労働の搾取という事態が社会問題化するほどには生じなかったのではないか (斎藤 1997, ch. 7; Saito 1996b)．

　それは，逆の面からみれば，大人が必要とあれば――本業である農作のほかに――副業にも従事することを厭わなかったということである．農家人口にかんしては，個人の属性と世帯上の地位，さらに世帯の経済状態によって変化する変数は余業就業であった．

　ここで農家の余業という場合，その農業付加価値産出高との関連でいえば，生産力水準が高い農家群ほど就業する確率が高くなる余業タイプと，生産力水準が低い農家群ほど就業確率が高くなるタイプとがあったことを認識することが重要である．表 3.9 は『甲斐国現在人別調』の「家別表」データから明らかとなった事実をまとめているが，ダグラス–有沢の第一法則と類同の関係が観察されるのはこのうちタイプ B であった．雇用労働者や機織工女が小作農家から多く供給されたのは，そのためであった．ただしその同じ経験則は，小作農の農作生産力が一般的に向上すれば，彼女たちの供給量が減少するか，あるいは供給価格(留保賃金)が上昇することをも意味していたのである．

　農家についてさらに特記すべきは，養蚕の農外労働への就業抑止効果である．養蚕は農家階層でいえば上層のほうが導入する確率の高い生産活動

第3章 実証の試み —— 99

表3.9 個人の属性・農家階層・余業タイプ

A　上位の階層ほど就業率が高い場合

就業タイプ	個人の属性
養蚕	男子既婚
養蚕	女子有配偶
商	戸主(男子)

B　下位の階層ほど就業率が高い場合

就業タイプ	個人の属性
雇用労働	男子未婚／既婚
雇用労働	女子未婚／既婚
機織・糸取等	女子既婚
工(不熟練)	戸主(男子)

C　養蚕農家と比較して非養蚕農家の
　　就業率が高い場合(小作農家のみに
　　かんする分析結果)

就業タイプ	個人の属性
雇用労働	男子未婚／既婚
雇用労働	女子未婚
機織・糸取等	女子未婚／既婚

註: 表3.6–表3.8による.

であったが，小作農家にその機会が排除されているということはなかった．それゆえ，商業的農業がもともと雇用労働への就業性向の高い小作農にまで及んだとき，雇用労働への就業抑止効果は無視しえぬほどの大きさとなったのである．養蚕はなによりも主婦の仕事という性格をもっていたので，小農家族経済において，妻の余業就業が夫も含む他の世帯員の日雇稼や工場労働への就業を抑えたという関係を読みとることができよう．

商業的農業の抑止効果

　養蚕は，農業の商業化を促進するひとつの原動力であった．とくに明治以降，地域によってはほとんど唯一の力として作用したと考えられている．けれども徳川時代においては，その内容は多彩であった．養蚕に加えて棉作，菜種作，藍作などがあった．これらはいずれも輸入に押されて姿を消すこととなるけれども，幕末開港以降もしばらくのあいだは農業の商業化

と成長を支える有力な営みであった．昭和初年にかんする『農家経済調査』の分析では（前掲表3.3），穀種農業以外では養蚕しか農外就業抑止効果が認められなかったが，国内棉作などが衰退する以前にあっては事情が異なっていたかもしれない．そこで，明治初年の大阪府地域統計を利用して棉作・菜種作の効果を調べてみよう．

　この地域は，幕末までに全国でも最高度に農村の市場経済化が進んだところとして知られている．米自体の商品化も進んだが，市場向けの作物としてもっとも重要であったのは綿と菜種であった．この結果として，農民層の分化が進行し，非農業世帯が農村内に析出されてきたともいわれている．たとえば中村哲は，幕末における村落研究のサーヴェイと明治初年の『大阪府統計書』による郡別統計とから，商業的農業の発展したところほど小作地化が高率で，かつまた「無作者率」から推定される賃労働者層の形成も進んでいたという（中村哲 1968, pp. 93-112）．無作者とは，農作に従事しない村民である．もしこの観察が正しいとすれば，棉作や菜種作の成長は雇用労働への就業を促したことになり，養蚕にかんする本章の分析とは相異なる結論である．しかし，それは中村の提出したデータからえられる真の結論であろうか．

　図3.1は，郡別の統計から実綿と菜種の生産価額が農産物総価額にしめる割合を計算し，それと無作者率（総戸数にしめる非農業戸数の割合）の組合せをドットしたものである．27郡全体の散布図としてみれば，たしかに緩い正の相関がある．けれども，そこから大阪市に隣接する3郡（●印）を取除いてみると，正の相関は消滅する．さらに残りの郡を，米の産額が60パーセント未満の11郡（×印）とそれ以上の12郡（△印）とに分類してみると，それぞれのグループ内における実棉・菜種割合と無作者率との相関は負のそれであったようにみえてくる．

　これら二つの解釈のうちどちらが正しいかは，重回帰分析をしてみれば確かめられることである．中村は最先進地帯に属する6郡をあげているので，それをダミー変数として重回帰をとった結果が表3.10の式(1)である．また，説明要因として従来の研究が重視してきた小作地率変数を追加した場合が式(2)である．いずれの回帰式においても実棉・菜種割合の符号は

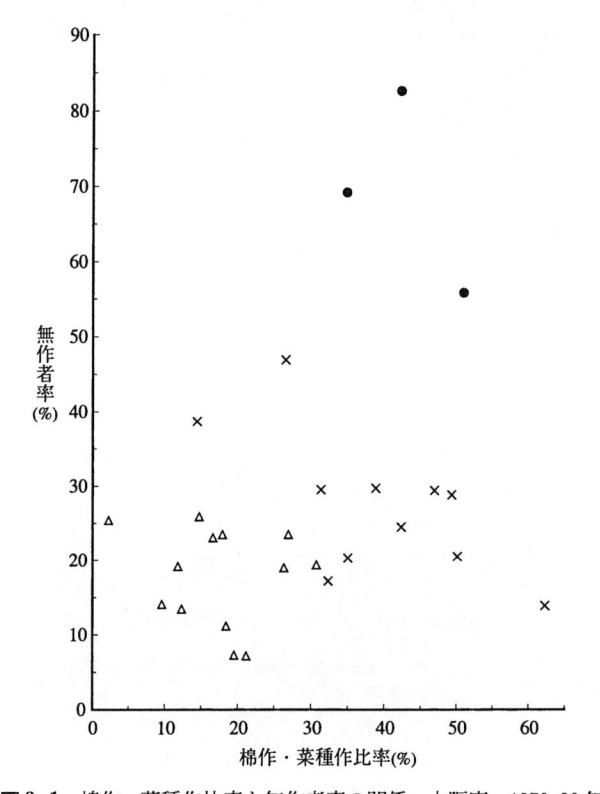

図 3.1 棉作・菜種作比率と無作者率の関係: 大阪府, 1870-80 年代

マイナス, 式(2)の小作地率変化はプラスの符号をとる. これらは統計的に有意といえない結果ではないので, 米作や大阪への近接度などを考慮した地域性を制御すると, 小作地率の効果は正であるが, 棉作と菜種作の効果は負であったことが判明したわけである. すなわち, 農村の市場経済化の結果, 小作農家が増加しても, それら小作農家が商品作物栽培に従事する割合が高ければ, 前者の雇用労働就業促進効果を相殺する力が働いたことを意味する[5].

　以上の検討結果を山梨県東八代郡 4 か村の分析と併せ考えれば, 19 世紀日本における商業的農業には明瞭でかつ一般的な雇用労働抑止効果が認められたといってよい. 図 3.2 はその効果を模式的に描いたものである.

表 3.10 非農化率の決定要因: 明治初年大阪府郡別統計
の分析

被説明変数(Y): 無作者率(%)	回　帰　式	
説明変数:	(1)	(2)
切片	131.1	110.7
	(3.86)	(3.34)
X_1: 小作地変化率(%ポイント)	−	0.71
		(2.11)
X_2: 米産額割合(%)	−1.29	−1.17
	(−3.33)	(−3.20)
X_3: 棉作・菜種作割合(%)	−1.06	−0.86
	(−2.67)	(−2.23)
X_4: 先進地ダミー	15.08	20.62
	(2.20)	(2.99)
決定係数(R^2)	0.524	0.604
自由度	23	22

出所: 中村哲(1968), p. 110.
註 1) 各変数の定義と出所は次のとおり.
　　　無作者率: 非農業戸数の総戸数にしめる割合(1888年).
　　　『農事調査』による.
　　　小作地変化率: 1883年から1887年への%ポイント変
　　　化.『大阪府統計書』による.
　　　米産額割合: 米の総農産物価額にしめる割合(1877年).
　　　『全国農産表』による.
　　　棉作・菜種作割合: 棉・菜種の総農産物価額にしめる
　　　割合(1877年).『全国農産表』による.
　　　先進地ダミー: 西成, 東成, 大鳥, 河内, 若江, 渋川
　　　郡=1, 他郡=0.
　　2)　( )内はt値.

農業生産力の一般的な効果は右下りの関係($S_0 S_0$)として描けるが, その関
数の変位が商業的農業の発展の結果として起こると, 負の勾配は以前より
は緩やかとなって下方にシフトする($S_1 S_1$). 農家の農業所得の増加が Y_0

---

5) これまで多くの歴史家によって, 幕末摂河泉における賃労働の形成が語られてきた. た
とえば, 1840年代の和泉国宇多大津村では3戸に1戸が作付面積ゼロの無作者であり,
そのもっとも顕著な事例のひとつと看なされている(津田1960; 中村哲1968, pp. 93-99;
石井1991, pp. 79-84). しかし原資料にあたってみると, それら不耕作世帯の多くは女性
が戸主となっており, しかもそのうち少なからぬケースは単身世帯であった(『村方作付反
別諸業取調帳』,『泉大津市史』第3巻, pp. 106-41). 絶対数は大きく異なるが, 賃稼を
する不耕作世帯が"不完全な家族構成"によって特徴づけられるという点では, 山梨県東
八代郡の農村と変わりはなかったのである. 無作者率の高低から直ちに賃金労働者家族世
帯の多寡を論ずるのは, 明らかに性急にすぎるであろう. なお, 谷本(1997)も同様の指摘
をしている.

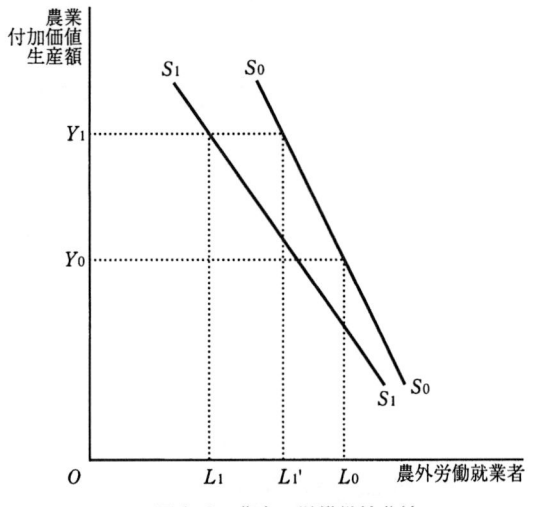

図3.2 農家の労働供給曲線

から Y_1 へと表されるとすると，就業者数の変化は L_0 から L_1 となり，そうでなかった場合の L_1' と比較して抑止効果の大きいことが明らかであろう．逆に，棉作や菜種作が輸入品流入の影響で衰退した地域では，農家からの労働供給圧力もそれだけ強くなったと推測されるのである．

賃金変動への含意

　以上から，賃金水準と賃金格差の動向を解釈するうえで必要な含意を引きだすことができる．

　前章における出発点は，小農経済の場合に観察される実質賃金と熟練・不熟練間賃金格差のパターンを理解するうえで，景気変動の局面に対応する需要側の雇用方針変更よりは供給主体である農家の事情のほうが重要であろうということであった．それにたいして本章が明らかにしたことは，まず第一に，農家が労働を供給したのは日雇稼や糸取といった熟練度の低い職種だけではなく，熟練を要する職人的な職種も含まれていたこと，しかし，前者と後者への就業を決定する要因は，個人の属性の点でも，また農家世帯の経済状態からみても異なっていたということであろう．逆にいえば，それぞれの職種グループ，たとえば不熟練グループのなかでは，家

内で内職的になされる仕事であろうと外へ働きに出なければならない職種
であろうと農家経済との関連からいえば大きな差はなく，したがって農作
雇の賃金と村役場の地位の低い吏員の給料とが連動することも十分にあり
えたのである．

　第二に，農家経済との関連が明瞭なのは不熟練労働への供給であったが，
そこでもっとも重要な変数は農業の生産力であった．すでにみたように，
その生産力が低いほど労働供給量は多くなるので，供給曲線は図3.2にお
けるように右下りとなる．逆に，農業生産量が上昇することは農家の労働
供給価格が押し上げられることであったので，それは非農業部門にとって
も賃金階梯のベースが底上げされることを意味した．他方で，商業，熟練
を要する職人，新しい技能が要求された非農業的職業の供給側に大きな変
化が起こり難かったとすれば，農業生産力が趨勢的に上昇する時期には，
実質賃金水準の上昇と熟練－不熟練間格差の縮小とが相伴って生ずること
となった．そして，これは18世紀の畿内農村で実際に起こったことであ
ったと思われる．この時代に実質賃金の上昇と格差縮小とが同時進行した
ことは第1章でみたが，米の単位面積当りの平均収穫量が増大していたこ
ともいくつかの事例研究からわかっている．たとえば西摂上瓦林村岡本家
の反当収量は1730年前後に1.5石を下回っていたのが，19世紀にはい
ると2石をこえる水準に達した(今井・八木1955, p. 105; 新保・斎藤1989b,
p. 20)．近隣の西昆陽村氏田家では18世紀末にすでに2石水準を上回っ
ており(山崎隆三1961, p. 152; 新保・斎藤1989b, p. 20)，播州野添村の村役人
の日記から推計された系列をみても，18世紀前期にはおおむね2石以下
にとどまっていた反収が次第に2石の水準を上下するようになり，世紀の
変り目からは大きく上回るにいたった(草野1996, ch. 3)．最後の系列は他
と異なり1850年まで及んでいるが，1820年を境に上昇は止み，その後は
停滞ないしは僅かな水準低下が観察される．すでに第1章でみたように，
1820年以降は実質賃金の低下と格差の再拡大が観察される局面であり，
その点でも本章で明らかとなった経験則との整合性が明瞭である．

　米の反収増加は，農業生産力一般を上昇させるうえでもっとも効果が大
きかったことは疑いない．しかし，養蚕などの商業的農業の成長もまた農

家の付加価値産出量を高める役割を果たした．図3.2における労働供給曲線S_0S_0からS_1S_1へのシフトである．この場合は雇用労働供給抑止の効果がいっそう大きかったので，賃金水準の底上げ効果もそれだけ強く働いたはずである．

しかも，換金作物の販売で得た貨幣収入を金肥購入にあてるということがなされれば，それが米作生産性を向上させる力ともなり，その効果はさらに高まったかもしれない．農間余業からの収入が肥料購入にあてられた例は近江国神崎郡金堂村の資料にみられ(原田 1983, p. 198)，甲信地方の養蚕製糸地域である諏訪にかんしては，徳川後期に米作の技術改良が進んだのではないかという推定を筆者も他の機会にしたことがある(斎藤 1982)．同じ甲信地方の甲斐国巨摩郡における坪刈サンプルをみても，幕末にかけての反収上昇が観察されている(佐藤 1987, ch. 5)．いずれにせよ，この相互作用が実際にどの程度広く働いていたかは別として，想定される養蚕の効果は第1章での賃金にかんする観察事実と整合的である．幕末の実質賃金は未曾有のインフレのためどこにおいても大きく下落したが，養蚕製糸業が急成長した東日本は相対的に下落率が小さく，かつ明治初年にかけての回復もまた西日本と比べて速やかであったからである．たとえば，前章で農間余業にかんして言及した相模国津久井の山方の農村である半原村では，享保年間の差出帳によると，農間余業として男子は「薪取」と「日用」稼が，女子は「絹糸」があげられていた．ところが，それより約120年後に作成された「明細書上帳」になると，農間余業にかんする記述は次のように変っている(野村 1949, 資料編, p. 515)．

一　農間蚕織物之儀者川和縞白絹博多織り申候
一　農間大工四拾五人
一　同　杣木挽五拾六人
一　同　桶屋拾弐人
一　同　屋根屋拾九人
一　同　鍛冶屋壱人
一　同　質屋五人

享保年間の「絹糸」は「川和縞白絹博多織」に発展した．養蚕と絹織物業

の飛躍である(深谷・川鍋 1988, pp. 204-18). 女子の雇用と家計収入の増加がそれに随伴したことであろう. その結果, 山稼は残っているものの, 兼業の職人や質屋が多数登場し, 代わって男子の余業としての日傭稼は姿を消した. 家計補充的な成人男子の賃稼は不要となったとみてよい. 東日本における賃金変動の背後には, 養蚕製糸の発展を起動力とするこのような農村経済の変化があったのである.

明治以降も, 米と養蚕の農業は順調に成長した. 粗付加価値ベースで戦前の年平均成長率は 1.6 パーセントであったと推計されている(速水佑次郎 1973, p. 24). 日本の農家に強くみられた直系家族原理の作用の下, この生産力効果が農家をして脱農化させない力として働いたことは想像に難くない. 農業人口の固定性という現象は, 小尾恵一郎のいう"自営業家計の転換法則"が逆に働いた結果と表現することもできよう.

けれども, 明治期をみると実質賃金の伸び率はそれほど大きくなく, また賃金格差が顕著に縮小するという傾向もみられなかった. 「潤沢な労働供給＝低位な実質賃金収入の上昇」と「すこぶる安定的」な格差構造によって特徴づけられるというのは, 梅村又次の明治年間にかんする観察の結論であるが(梅村 1961a, chs. 8-9), 順調な農業成長にもかかわらずなぜそうであったのかは, 少しく異なった角度から検討しなければならない. それが次章の課題である.

補 節　統計的有意性の検定

　表 3.6-表 3.8 に示されたさまざまなグループ間の余業就業率の差が,
どこまで統計的に有意かを確認しておく. 方法は, 2 つのグループについ
て求められる割合の差にかんする正規偏差(z)検定である. すなわち

	余業就業者	非就業者	計	就業率
グループ 1	f_1	(n_1-f_1)	n_1	$\hat{p}_1=f_1/n_1$
グループ 2	f_2	(n_2-f_2)	n_2	$\hat{p}_2=f_2/n_2$
計	f	$(n-f)$	n	$\hat{p}=f/n$

のとき, $\hat{p}_1-\hat{p}_2$ を検定する. この表からも明らかなように, それは 2×2
の分割表を χ^2 検定するに等しい.

　比較されるグループは農家階層別, 養蚕農家の別, あるいは商工兼業農
家の別によって分類され, それぞれ個人の属性(性, 婚姻状態, 戸主か否か)
と余業タイプ別に検定が行われる. なお, 農家階層によるグルーピングに
際しては, 多くの場合, 自作と自小作を統合したグループを小作と対比さ
せているが, 割合の階層間変位の線型傾向に興味があるときは, 標本数が
とくに小さくならないかぎり, 自作/自小作, 自小作/小作という 2 組の
検定をする.

　以下, ケースごとに正規偏差 z の値を示す. 符号がプラスのときは農家
階層において上層のほう(あるいは養蚕兼業農家のほう)が余業就業率が高い
ことを, マイナスの場合はその逆を意味する. 両側棄却域を用いたときの
1 パーセント, 5 パーセント, 10 パーセント, 20 パーセント点に対応す
る z の値は, それぞれ 2.58, 1.96, 1.64, 1.28 であるので, 結果を見やす
くするため, 20 パーセント点に達しない場合はダッシュを付してある.
また * がつけられた値は 5 パーセント, ** は 1 パーセントで有意なケー
スである(なお, z の計算にあたっては連続性の補正をしてある. 検定方法は,
Snedecor and Cochran 1967/72, pp. 210-11 による).

表 3. 補　余業就業率の差にかんする正規偏差検定

表番号	余業タイプ	属　　性	比較階層	z
3.6 A	養蚕	男子未婚	自作＋自小作／小作	—
		男子既婚	自作／自小作	2.462*
			自小作／小作	—
3.6 B	養蚕	女子未婚	自作＋自小作／小作	—
		女子有配偶	自作／自小作	—
			自小作／小作	2.147*
		女子有配偶(35歳未満)	自作＋自小作／小作	3.037**
		女子有配偶(35歳以上)	自作＋自小作／小作	—
		女子離死別	自作＋自小作／小作	—
3.6 A	雇用労働	男子未婚	自作＋自小作／小作	−2.337*
		男子既婚	自作＋自小作／小作	−3.565**
3.6 B	雇用労働	女子未婚	自作＋自小作／小作	−2.616**
		女子既婚	自作＋自小作／小作	−2.283*
3.6 A	非農・非雇用	男子未婚	自作＋自小作／小作	—
		男子既婚	自作／自小作	—
			自小作／小作	—
3.6 B	非農・非雇用	女子未婚	自作＋自小作／小作	—
		女子有配偶	自作／自小作	−1.653
			自小作／小作	—
		女子離死別	自作／自小作	−1.733
			自小作／小作	—
3.7	商	戸主(男子)	自作／自小作	—
			自小作／小作	1.647
3.7	工	戸主(男子)	自作＋自小作／小作	−1.572
3.8	雇用労働	男子未婚	養蚕／非養蚕農家	−2.722**
3.8		男子既婚	養蚕／非養蚕農家	−3.542**
3.8	雇用労働	女子未婚	養蚕／非養蚕農家	−1.324
		女子既婚	養蚕／非養蚕農家	—
3.8	非農・非雇用	男子未婚	養蚕／非養蚕農家	—
		男子既婚	養蚕／非養蚕農家	—
3.8	非農・非雇用	女子未婚	養蚕／非養蚕農家	—
		女子既婚	養蚕／非養蚕農家	−2.153*

第4章 労働市場の働き：
低賃金ポケットと地域間移動

　かつて梅村又次は，明治年間における労働の産業間移動にかんして，「熟練労働者の調達問題が「歴史」からおこったのに対して，不熟練労働者の調達問題は「地理」に発していた．その典型は，製糸女工や紡績女工の募集問題にこれをみることができる」と述べた(梅村 1961a, p. 176)．明治時代は，伝統的な技能とは異なった新しい熟練を要する移植工業が導入され，そのような熟練工を中核とした工場労働力が形成され始めたという点で，また地方の在来産業の発展によって新たな非農業労働市場のひろがりがみられたという点でも，さらには，農業生産の順調かつ持続的な拡大があったという点でも，特別な意味をもった時代であった(中村隆英 1985; 西川・阿部 1990; 西川・山本 1990)．それにもかかわらず，この時代の実質賃金の上昇率は決して高くなく，また賃金格差の縮小はみられず，農工間では賃金率が均衡した状態にあった．梅村の言葉は，その説明上，鍵となるのは地域間労働移動だということを示唆している．

　しかし，明治の労働移動にはいるまえに，徳川時代について実証的に明らかとなっていることをみておきたい．

1　徳川時代の労働移動

一農村の人口流出率

　徳川時代における労働移動を表す言葉は奉公あるいは出稼である．明治以降の出寄留概念が一生のあいだ本籍地を離れていた農家次三男をも包含していたのに比べると，これらの表現，とくに"出稼"という言葉はずっと一時的で帰村を前提とした移動形態であったかのような印象をうける．幕藩制下での人びとの往来は明治におけるよりも不自由であったことは疑いないし，それだけ労働市場の分断性も高かったであろう．しかし，その

時代の農民がどの程度の頻度で"出稼"を行ったかを数字で表すことができる資料はきわめてかぎられている．その点，速水融が美濃国安八郡西條村の宗門改帳から明らかにした研究がいまでも唯一のものであろう．この村の宗門改は"現住地主義"で行われていたので，現住人口と本籍人口の差から流出人口の推移が判明するのである(速水融 1992, ch. 8)．

同村における約100年間中の本籍人口と現住人口をみると，後者は前者よりも常に小さかった．すなわち，人口流出村であった．本籍人口マイナス現住人口を粗流出(逆に現住人口マイナス本籍人口を粗流入)と呼ぶとすれば，それが52人から94人のあいだで変化していたのにたいし，同じ期間中，現住人口は277人から381人の幅のなかにあった(速水融 1992, pp. 194-95)．現住人口5にたいして流出者1の割合である．

これは驚くべき流出率である．さらに最初と中頃と最後の10年間をとって年当り粗流出率を計算すると，1773-82年が現住人口1000にたいして173，1818-27年は284，1860-69年が168となる．徳川時代を通じて，流出者の割合が傾向的に増大するとか低下するということはみられなかったのである．むしろ，実質賃金水準がもっとも高かった18世紀末から1820年代に流出は高水準で，前者の低下とともに流出率は再び初期の水準に戻ったと解釈することもできる．いずれにせよ，これが徳川農村の典型であったのか，あるいは例外であったのかは，慎重に検討されねばならない．

出稼奉公

同村の宗門人別改帳はまた，貼紙による個人の異動記載が詳細である．そのため，徳川時代の資料としては例外的に個人の追跡調査が可能となる．その丹念な作業から速水融は，幾多の興味深い移動パターンを明らかにした(速水融 1992, ch. 10)．

最初に出稼経験率をみよう．1773年から1825年の出生コーホートで数え年11歳に達したもののうち一度でも出稼奉公を経験したひとの割合は，男子50パーセント，女子62パーセントである．サンプルの過半数をしめる持高2石未満層をとりだすと，それぞれ63パーセントと74パーセント

である．2石以上10石未満では28から30パーセントと65から59パーセントである．これにたいし，数のうえでは僅少となるが，10石以上層になると39パーセントと33パーセントへと低下する(速水融1992, p. 263).

　ここからわかる第一の事実は，農家階層が高ければ高いほど出稼奉公というかたちでの労働供給は少ないということである．これは第3章で用いた用語法に従えば，農業の付加価値産出量の大きさが農外への労働供給の第一の決定要因だということにほかならない．

　第二に，女子の奉公経験率が男子のそれを上回っていること，とくに中下層農家でそうであった点が注目される．宗門改は年に1回行われたので，ここでいう出稼には短期の季節出稼は含まれない．これは別な地域の例であるが，江戸の海苔屋は毎年冬季に大量の人手を需要した．ほとんどは農村からの男子出稼人で，とくに信州諏訪からの出稼が知られていた．江戸市中では例外的に年2度の宗門改がなされていたが，町役人はこの冬季出稼人を改の対象としなくてよいように日付を決定したという．かれらは年季奉公人と異なり，家族持の成人男子であった．江戸にかぎらず，どこの町場でも人別帳には載らない滞在者，すなわち「人別外之者」の数が増加するのがつねであった．彼らのあいだでもまた，男子の割合は高かったと思われる(所1973, p. 296; 斎藤1987, pp. 71-73)．それゆえ，西條村においても男子の短期出稼数が過小に申告されていた可能性はある．しかし，それはこの村の宗門人別改に固有の問題ではないので，絶対数で女子の出稼が上回っていた事実は注意されてよい．

　この点にかんし速水は，第一に，この村が天領の大垣藩預り地であったことを指摘している．これはおそらく，村民への規制が相対的に弱かったことを意味するであろう．第二に，この村は大垣城下へ10キロの平場にある農村であり，また名古屋にも京都にも遠くないところに位置していた．徳川時代としては大都市へのアクセスに恵まれた農村のひとつであったといえよう．さらに第三に，19世紀になると名古屋近郊の町村への女子の出稼が増えるという事実がある．とくに美濃の竹鼻と，尾張にはいるがその近隣の中島郡堀津村，須賀村，葉栗郡本郷村への女子の奉公が1820年代以降に増加している(速水融1992, p. 273)．ここが尾西織物業の展開した

ところであることから，西條村は紡糸・機織等の女子労働需要によるプルがとりわけ強く作用する域内にあったと想定されるのである．

次に，出稼奉公のあと帰村したのかどうかを検討しよう（速水融 1992, pp. 276-77）．速水は，奉公経験者のうち終了理由の判明している 329 人を対象として，西條村に帰村したのは「出稼総人数の 3 割弱にすぎない」と結論する．しかし，これは村外への縁付を帰村にカウントしていないためで，実際は——著者もいうように——家に戻ってはきたが，次の宗門改の前に村外へ移動したものが含まれているはずである．帳外，欠落，不明となったものは 11 人（3 パーセント）でしかない．村外縁付の 4 分の 1 をしめる都市出稼者も帰村しなかったと考えたとしても，その数は 33 人（10 パーセント）である．私には，意外と多くのものが帰村したと思える．むしろ興味深いのは男女差である．総数 187 人の女子の場合，2 例を除いてすべて死亡か結婚か，あるいは他の理由なしの帰村で説明がついてしまう．これにたいし男子（142 人）には，養子，分家，引越，懸り人，寺弟子といった理由がつけ加わる．帳外，欠落，不明者も 9 人と，女子より多い．すなわち，彼らの落つき先は"雑多"である．そしてこれは，男子出稼者の過半が次三男であったことと無関係ではないであろう．男子の潜在的移動性向は高かったのである．ただ，嫡子は家を継がなければならず，また，男子が生まれなかったり成人するまでに死亡してしまったときに生ずる空ポストがあるかぎり，非跡とりを供給源とする男子労働市場もありうべき大きさよりは小さくなる必然性をもっていたのである．

2　低賃金ポケット

西條村の事例は，直系家族農家の労働供給パターンとしてみるかぎり，本書第 2-3 章での考察と整合的と考えることができる．しかし，西條における驚くべき高流出率が一般的とすると，経済空間としての労働市場の狭さという，上記の言明とは必ずしも整合的ではない印象をうける．むしろ，徳川時代の労働市場は分節化されていて，西條村のようにきわめて移動性向の高いところから流出率の水準が 1 桁も 2 桁も低いところまで，多様で

あったのではなかろうか．いってみれば，労働市場像はまだら模様であったように思われる．

明治の労働市場

いうまでもなく，徳川幕藩制度のもとで労働の移動は禁じられていたと額面どおり受けとる必要はまったくないけれども，明治の廃藩置県や関所の撤廃，宗門人別制度廃止など，制度変革の意義は決して小さくない．それに加えて新たな交通網の整備があり，人びとの移動量は増大，また徳川時代にはなかった移動のルートも明治時代には出現したものと思われる．その結節点は東京・大阪・横浜などの都市と，長野の諏訪のような地方工業のセンターとであった．

けれども，明治年間に，地域間のまだら模様が完全に解消したわけでもなかった．米ができず農業生産性が劣位，しかも地域内に商工業雇用の口がないという，低賃金ポケットがまだ各地に散在し，企業者はそれをエクスプロイトできた段階であった．たとえば『あゝ野麦峠』は，そのような地域のひとつであった飛騨から，急速に工女の募集地を拡大しつつあった諏訪の製糸工場への物語だったと解釈できる．同書の著者は，岡谷製糸工場における「粗悪な食事，長時間労働，低賃金等が定説になっているが，実際に調べてみると，飛騨関係の工女の中には食事が悪かったと答えたものはついに一人もなかった．低賃金についても同じだ．長時間労働についても，苦しかったと答えたものはたった3パーセントだけで，後の大部分は「それでも家の仕事よりも楽だった」と答えている」と記した．彼女たちが「泣いた」のは製品検査がきつかったことと，病気のときに「冷遇」されたことであった(山本 1972, pp. 336-37; 中村政則 1976, pp.78-86)．飛騨は，労働供給価格の低い，低賃金ポケットの典型だったのである．

その諏訪の製糸家が各地で女工を募集する際の有力な手段は，賃金水準ではなく，親に支払われる手付金であったという．石井寛治の研究によれば，その額は世紀の変わり目以前は1円であったのが，今世紀に入ると1円と5円の「二極集中型」へと変化した(石井 1972, pp. 269-70)．すなわち，賃金率に大きな変化はなくとも手付金の高騰はありえたのである．また製

糸会社の1梱当りデータから募集費の給料にたいする比率を計算すると，最大20パーセントのレベルまで達したことがわかる(梅村1961a, p. 179).

募集人制度

このような事情は綿糸紡績業でも同じであった．同業連合会が1898年に公刊した『紡績職工事情調査概要報告書』の冒頭に，「近来諸種ノ工業日ニ起リ月ニ進ミ労働者ノ需要頓ニ増加シタルヲ以テ　紡績業ノ如キ夥多ノ職工ヲ使用スル工場ハ常ニ職工ノ欠乏ヲ来タシ　其所在地若クハ附近ニ於テ募集シタル者ノミヲ以テ之レガ需要ヲ充タスコト能ハズ　是ニ於テカ山川隔絶シタル地ニ出デ巨額ノ費用ヲ投ジ多数ノ時日ヲ費シ煩雑ナル手数ヲ以テ職工ヲ募集スルノ已ムヲ得ザルニ至レリ」(p. 1)とあるとおりである．この報告書が作成されたころは募集難が昂じて女工の争奪が横行した時期であるが，日露戦後になると「彼方の国で百人の娘を誘拐して伴れて来，散々酷き使って役にたたなくなれば叩き帰してしまい，今度は此方の地方から百人伴れて来る．と，こういった調子ではゆかなくなったから成るべく一定の畑から永く続けて作物を穫ろうと考え出した．……女工募集方法が以前よりも永続的になった」と，細井和喜蔵がいう時代にはいる．「募集地保全時代」である(細井1925/80, pp. 67-68).

この「保全」に貢献したのが幹旋業者で，募集に要する「巨額ノ費用」にはこの"募集人"に支払われる金額が含まれていた．それには1人いくらという幹旋料だけではなく，人数と勤務年数に応じた人頭手当も含まれていることがあった(『紡績業労働事情』, p. 10). 同業連合会の調査報告書には，傘下の諸会社から報告された1人当り募集費用内訳が載せられているので，それをみると，応募者個人に直接かかる費用は平均2.09円と少なくないが，その他の社員出張費1.66円，紹介人費用1.08円と，募集仲介にかかる金額のほうが多いことがわかる．ただ，それぞれの費目の標準偏差は1.65，1.38，1.89と非常に大きいので，会社ごとに，社員出張による直接募集か募集人による間接募集か，あるいは志願工重視かの戦略が異なっていたことを窺わせる．実際，大阪の天満紡では社員出張費4.30円にたいして，紹介人費用ゼロ，応募者費用6円であるが，久留米紡のよう

に出張費はゼロで紹介人が3.72円，応募者3.392円というところもあった．鐘淵では，2.815円，1.595円，4.02円となっている（『紡績職工事情調査概要報告書』，pp. 20-22．N は59，社員出張費のみ未詳が1件あるので58）．もっとも，会社の社員出張による採用であっても，募集地では募集人を「使役して募集をなす」のであり，間接募集との差は工女志望者が不合格のときの「危険負担」をどちらがもつかだけであった（『紡績業労働事情』，p. 9）．それゆえ，いずれの場合も募集人の存在は不可欠であり，彼らへの支払というかたちで需要地と供給地を仲介するために多くの金銭が投じられたのである．

　これは，直接採用であれ間接採用であれ，いったん特定企業と募集地とのあいだに「永続的」な関係が確立すると労働移動の流れがスムースになることを意味する．実際，昭和初年の『出稼者調査』と『募集年報』を利用した西川俊作の労働移動にかんする先駆的な計量経済史研究においても，「過去における募集地盤の確立」を反映していると考えられる，当該2県間の累計移動量を"応募方程式"に加えると，その統計的当てはまりが格段に良くなることが報告されている（西川 1966, ch. 3）．別言すれば，今世紀初頭になっても労働市場における需要と供給を結びつけるために，募集人のような制度を必要としていた．それは経済空間としての労働市場が必ずしも広くなく，しかも地域間の統合が十分に進んでいない場合には必要な制度であろう．その機能上，徳川時代の口入業者となんら変わるところがなかった．渡辺信一もいうように，「資本主義の発展に伴って近代的賃労働関係の拡大せんとするや，彼等はこゝに新しき活躍の場を発見したのである」（渡辺 1938/80, p. 173）．

　地域労働市場にみられたまだら模様は，企業者の技術選択や生産形態の選択にも影響を与えた．たとえば在来織物業において，問屋制的な出機制を続けるか，それとも工場を建てて力織機を導入するかは，明治末から昭和の初めにかけて織元にとっての大問題であった．農家の労働供給価格が上昇すれば，当然，力織機工場を建てる誘因となったのであるが，もし新たな低賃金ポケットを開拓し，そこへ賃機をもってゆくことができれば，他の織元が続々と工場を設立するなかで出機制を強化することもできない

ことではなかった．実際，これは明治末における泉南の一織元の帳簿が示
してくれる行動パターンであった(斎藤・阿部 1987)．在来織物業の産地が
力織機を導入し始めるのは 1910 年頃であるが，そのときは若干の先進地
にかぎられ，各地でいっせいに力織機化が進むのは両大戦間の 1920 年代
だったのである．

3 労働移動のパターン

労働市場に地域的なまだら模様がみられたということは，地域間の人口
移動が生ずることを意味する．しかし，その移動を数字で把握するのは意
外と難しい．本節では，寄留統計を利用することとする．現実の労働移動
を記録する，『出稼者調査』や『募集年報』のようなデータは明治大正期
には存在しないが，維新以降に寄留登録が制度化されたため人口移動の一
端を捉える手だてはあるからである．

寄留統計にみる人口流出率

戦前の法律では，90 日以上本籍地を離れる場合には寄留届を提出しな
ければならないことになっていた．したがって，出寄留者とは 3 か月以上
管外へ出ているものの総数を本籍地からみたときに，入寄留者とは現住地
からみたときにいう．本籍を動かすような移動，たとえば婚姻による住所
の変更は，定義上含まれない．これは寄留統計利用の利点であろう．他方，
出寄留も入寄留もいずれもストックであって，フローではない．移動とは
フローの現象であるから，寄留によってわかるのは移動の結果が累積した
状態である．また，3 か月以下の逗留を目的とした移動は寄留制度によっ
ては捉えられない．これらは欠点ではあるが，それを念頭において明治大
正の農村寄留統計をみてみよう(寄留制度の詳細は付録4をみよ)．

内務省衛生局の農村保健衛生調査と帝国農会の自作農調査には，寄留統
計が載せられている．前者は明治末から大正年間の 80 か村，後者は 1916
年度の 64 か村にかんする調査結果である．内務省の報告書はコメントな
しで付表にデータが提示されているだけであるが，後者では，文字どおり

第4章　労働市場の働き：低賃金ポケットと地域間移動 —— 117

表4.1　明治末 - 大正期の農村における出入寄留の実態：
内務省調査と帝国農会調査　　　　　　（単位：人）

	出寄留	入寄留	粗流入
A　内務省調査，明治末-大正年間			
男女計			
80か村計	29,717	10,427	−19,290
1か村平均	371	130	−241
男子			
80か村計	16,441	5,396	−11,045
1か村平均	205	67	−138
女子			
80か村計	13,276	5,031	−8,245
1か村平均	166	63	−103
B　帝国農会調査，1916年			
男女計			
64か村計	22,033	11,050	−10,983
1か村平均	344	172	−172
男子			
64か村計	12,664	5,897	−6,767
1か村平均	198	92	−106
女子			
64か村計	9,369	5,153	−4,216
1か村平均	146	80	−66

出所：『農村保健衛生実地調査成績』第3表，および『本邦自作農の
　　　状況』，p. 82.
　　註：粗流入＝入寄留者数−出寄留者数.

　に自作農の現状を知るのが目的であったにもかかわらず「単に自作農家に限らず，一ヶ村を単位として」寄留の実態が紹介されており，若干の解釈も加えられている.

　表4.1は，その結果をとりまとめたものである．全体の傾向は近似している．出寄留者は両調査合計で5万2000人，入寄留者はその半分以下の2万1000人であった．流出超過である．この流出超過は男女別にみても観察され，とくに男子において著しい．これを別の観点からみると，出寄留者の性比（女子100にたいする男子）は124と135であるが，入寄留者の性比は107と114でもう少しバランスがとれていたということである．その結果として，超過流出（入寄留マイナス出寄留）における性比は，134と161という高さになっていた．男子6対女子4の割合といってよい.

　1村当りの数字でみると，出寄留者340から370人，入寄留者130から

170人である．帝国農会調査64か村の平均人口規模がどのくらいであったかは記されていないが，内務省調査には人口も掲げられている．80か村の平均は本籍人口2501人，現住人口2260人である．1913年の内閣統計局人口静態調査の結果によれば，全国の村落数1万1887，1村平均現住人口3357人であったので[1]，内務省調査村は平均以下のサイズであったことになるが，もし帝国農会の調査村もその80か村と同規模であったとすると，本籍人口1000人にたいする出寄留者は140人程度，現住人口にたいする入寄留者の割合は60-70人，同じく粗流出の割合は90人前後であったことになる．これはいかにも少ない．とくに，徳川時代の西條村における粗流出率が170から280のあいだにあったことを想起すれば，この明治大正の値は低水準と映る．

　けれども，これは第一に，西條村が例外であったと考えるべきであろう．明治大正の紡績・製糸労働者の調達に過去からの累計移動量が決定的に重要であったとすれば，ほとんど同じことは徳川時代にも当てはまったと思われる．濃尾平野に位置する西條村は何らかの事情で京都や尾西織物業とのつながりをもったがゆえに，1世紀後の水準を大きく上回る流出率を記録したのだと考えられる．そして，西條村の出寄留者は女子が多かったという事実も，このことと無関係ではないであろう．明治末-大正の調査村のなかでも，大都市の近郊であったり，紡績会社などへの就業ルートが確立していたと思われるところでは女子の出寄留が男子のそれを上回ることがあった．西條村でも，徳川社会の枠内ではあれ類似の条件があったのではないであろうか．

　それゆえ第二に，平均値とすれば，1000人に90人という超過流出は決して少なくない．しかも，寄留が一時点におけるストックであって出稼のち帰村したものの数は集計に含まれていないことを考慮すれば，決して無視できる割合ではなかった．

　帝国農会の調査報告書はいう，「之等の中に自作農の子弟が幾何の数を占むるかは之を明言する能はざるも，……自作農家が一般に減退しつゝあ

---

1)　『帝国人口概説』，p. 30. ただし，そこでいう「村落」には人口1万以下の町も含まれている．

第4章　労働市場の働き：低賃金ポケットと地域間移動―― 119

る事実より察すれば，出寄留者中に自作農家子弟の包含せらるゝは明にして，又仮令自作農が一家族として減少せざるまでも農村には一部の家族のみを遺し置き，他は悉く出寄留するものあること想察するに難からず」（『本邦自作農の状況』，p. 83），と．この著者の悲観的な推測が正しいかどうかは別として，「其他の農村住民に比し土着の性質強固な」自作農家であっても，日本の直系家族システムの下では次三男などの非跡とりは必ず家を出なければならなかったので，村内に分家の余地がないかぎり「出寄留者中に自作農家子弟の包含せらるゝは」必然だったのである．

流 出 先

　この帝国農会調査のメリットは，府県統計書や内務省調査に付された寄留統計とは異なり，寄留の目的も調べているところにある．報告書自身が記すその結論を引用しよう．

　　　出寄留者は一般に壮年者多く殊に女子の如きは十七八歳以上廿五六歳の謂所妙齢のもの多く之れは主として職工，鉱山労働者，工女，下女奉公人などとして出稼ぎするものとす．之に反し，農村への入寄留者に於ては特殊の地方に於ける農業労働者を除き一般には老幼者多数を占め，農業的労働に服するの目的を以て来住するものは臨時の出稼人の外甚だ稀にして多くは教員巡査の如き雑貨商の如き或は肥料小麦商の如き或は樟脳製造業の如き小商工業者比較的多数に上るを見るなり．
　　　（『本邦自作農の状況』，p. 85）

ここで述べられているパターンに近い例は，「出ハ北海道及都市ニ出稼，入ハ教育者巡査」という富山県相ノ木村であろうか．「出ハ職工，労働者，工女，下女，入ハ僧侶，下男，下女」という例もある（鳥取県中之郷村）．上記の記述に登場しない職業名をあげれば，出寄留の場合は，台湾，支那，朝鮮，樺太，北海道，米国への渡航，勤人，横須賀海軍工廠ノ職工，学生，酌婦，賤業婦がある．最後は長崎県時津村の例なので，いわゆる"からゆきさん"であろうか．入の場合は，職工，挽材会社ノ職工，大工，植木屋，木炭製造，漁業の他に，無職，居住ノ目的というのも登場する．農村への移動者はやはり，種々の非農業的な職業のほかは「老幼者」が多かったよ

うである.

出寄留について注目しなければならないのは, この時期になると北海道の他に, 植民地や外国への渡航がかなりあったらしいということである. 台湾, 朝鮮, 米国等と明記した村だけでも 11 例になる. そのなかには「朝鮮及樺太等に夫婦連れにて商工業的労働者として出稼」と書かれているケースもあるが, 多くは単身の渡航ではなかったかと想像される. しかし, 量的にみてそれ以上に重要であったのは都市への移動であった. 同じく「都市」「都会」, あるいは「東京」「…市」と明記された場合のみを数えても 20 例に及ぶ. 実際には, ほとんどの村で, 都市が男子移出者の主要な行き先であったと思われる. たとえば, 大都市への流入人口の性比を検討した伊藤繁は, 入寄留人口が一般に男子超過であること, また現住人口の性比は人口規模が大きくなればなるほど高くなることを確認しているが(伊藤 1982), その観察は帝国農会の調査結果と整合的である. 彼らの就業先をみると広範囲にわたっていて, 特定の産業や職種への集中はみられない. 和歌山県見好村では「出ハ雑多」と記されていたが, それは男子に典型的に当てはまる言葉であったろう.

これとは対照的に, 女子が就いた職業はきわめてせまい 2, 3 の領域にかぎられていた. 上のリストをみるかぎり, 製糸・紡績会社の女工のほかは女中しかなかったようである. これらはすべて単身の, 上記引用中の表現を借りれば「妙齢」の女性の職業であった. 出寄留者のなかで女子が男子より 1 人でも多かった村は全調査村中 8 村しかないが, そのうち単に「女工」ないしは「工女」と書かれた場合が 3 か村,「下女」あるいは「奉公」が 3 か村,「工女, 下女」と両方かかれている場合が 1 か村である. 前者のうち 2 か村は大都市近郊で, 女子の職業がとくに記されていない 1 村も東京の郊外なので, 事情は同じであったと思われる. 就職のチャンネルがないかぎり女子の労働移動は少なかったが, それがひとたび開けると彼女らの他出離村は顕著に増加したのであろう.

4　地域間人口移動

　以上は，移動といっても，どこからどこへという具体的な地域がはいらない話であった．寄留統計には寄留先が載らないので厳密な意味での地域間移動の検討は難しいが，本節では中部地方に限定して寄留統計をみることにより，ひとつの地理空間内におけるどこからどこへという問題と，その時間を通じての変化を探ってみたい．中部地方は，名古屋という大都市と新潟という人口流出県とのあいだに養蚕製糸地域が存在し，その他にもいくつかの在来産業地域が点在するという点で，前章における理論的な考察の含意を探るうえからも興味深い事例研究となると思われる．

データ

　利用するのは，各県の統計書に記載されている郡別出入寄留者数である．対象とする県は愛知，静岡，山梨，長野，新潟の中部5県である．岐阜県も考慮したが，1900年以降の寄留統計を欠くので対象から外すこととした．残りの5県でも，不定期ないしは一定の間隔でしか載せないところもあり，また前後の年の数値と比べて異常と思われる谷があったり，非連続なジャンプがある場合もある．これらをすべて点検したうえで，表4.2にある年次を選んだ．基本的には5年毎に統計をとったが，5年目の数値が不安定と判断されるためその前後の値を採用した場合が少なからずある．しかしそれでも，郡内他町村へ，およびそこからの寄留についての統計記載様式の変化にともなう不連続性の問題は生じうる(寄留の概念とその統計記載様式にかんする詳細は，付録4をみよ)．そこで，当該郡内の出入は相殺される粗流入(＝入寄留－出寄留)を指標とする．ある郡において，郡内の町村から郡内他町村への出寄留者数の合計は，届出漏れがないかぎり郡内他町村からの入寄留者数の合計と一致するはずだからである．量的にはこの郡内の移動が隠されてしまうが，粗流入のかたちにすれば時系列上の不連続という問題は回避できる．

　ところで，ある年度における出寄留者数の内訳は，もし届出の遅延や本

122

表 4.2 中部地方における流入人口, 1888-1918 年

地　　域	粗　流　入(人)							粗流入率 (‰)
	1888	1893	1898	1903	1908	1913	1918	1913/18
愛　知								
A1　東・西春日井			-3,234[c]		-3,602	-1,880	1,645	-11.1
A2　丹波,葉栗,中島,海部			-15,482[c]		-22,133	-26,567	-40,990	-70.0
A3　知多, 碧海, 幡豆			-18,478[c]		-25,485	-32,770	-39,787	-80.8
A4　渥美, 額田, 宝飯			-1,180[c]		9,373	16,357	24,013	51.4
A5　東・西加茂,南・北設楽, 八名			-1,643[c]		-3,750	-7,299	-13,140	-41.7
A6　愛知, 名古屋市			89,768[c]		129,525	166,449	130,205	411.9
静　岡								
S1　賀茂, 田方	-706	153	-793	-2,300	-4,956	-7,712	-9,438	-38.2
S2　駿東, 富士	-3,990	-1,929	597	2,817	7,444	6,329	4,879	26.9
S3　庵原, 阿倍, 志太	-2,308	-7,844	-3,277	-5,648	-9,241	-10,711	-7,332	-27.2
S4　榛原,小笠,周智,磐田	-2,562	1,218	3,578	115	-4,776	-13,771	-26,782	-35.0
S5　浜名, 引佐	-3,915	-3,595	412	807	3,293	1,257	11,603	4.9
山　梨								
Y1　東・西山梨, 東八代, 中・北巨摩	3,610	6,102	5,754	2,669	1,500	-4,192	-14,281	-11.0
Y2　西八代, 南巨摩	-1,587	-1,701	-2,168	-4,057	-5,821	-9,127	-13,338	-89.6
Y3　南・北都留	1,320	2,871	3,827	3,692	3,438	543	-5,077	4.4
長　野								
N1　南・北佐久, 小県	4,052	8,411[b]	10,777				925	2.9[h]
N2　諏訪	-1,838	4,132[b]	6,243[d]				10,357	87.8[h]
N3　上・下伊那	-2,446	-2,423[b]	-503				-6,077	-20.1[h]
N4　東・西筑摩,南・北安曇	1,161	3,729[b]	6,421				2,005	5.6[h]
N5　更級, 埴科, 上・下 高井, 上・下水内	2,055	7,847[b]	7,469				-22,645	-48.4[h]
新　潟								
G1　北・中・西・南蒲原, 岩船	-21,449		-24,662[d]	-57,453[e]	-63,008[f]	-63,440	-98,747	-83.2
G2　三嶋, 古志, 刈羽	-12,714		-17,167[d]	-31,194[e]	-30,081[f]	-34,729	-50,436[g]	-95.1
G3　北・中・南魚沼, 東蒲原	-1,470[a]		-5,083[d]	-13,456[e]	-15,623[f]	-19,319	-25,506	-81.3
G4　東・中・西頸城	-8,046		-13,700[d]	-26,767[e]	-30,042[f]	-29,010	-55,385[g]	-80.5
G5　佐渡	-1,045		-1,643[d]	-6,514[e]	-7,891[f]	-8,500	-10,901	-72.8
G6　新潟市	1,104			-115[e]	-89[f]	-3,437	6,055[g]	-52.3

出所: 当該年度の各県統計書.

註 1)　粗流入＝入寄留者数−出員数. 出員数＝出寄留者数＋朝鮮・台湾・樺太・外国在留者＋陸海軍在 営者等.

2)　a: 1889 年, b: 1894 年, c: 1897 年, d: 1899 年, e: 1904 年, f: 1909 年, g: 1919 年.

3)　愛知・静岡・長野・新潟の 4 県については斎藤(1973b)の第 2 表に示したことがあるが, そこでい う粗流入とは(入寄留者数−出寄留者数)であった. ここでは, (現住人口−本籍人口)に概念上一致す る上記の定義に改めた.

4)　粗流入率＝粗流入÷現住人口×1000. h: 1918 年, 他は 1913 年.

第 4 章 労働市場の働き：低賃金ポケットと地域間移動 —— 123

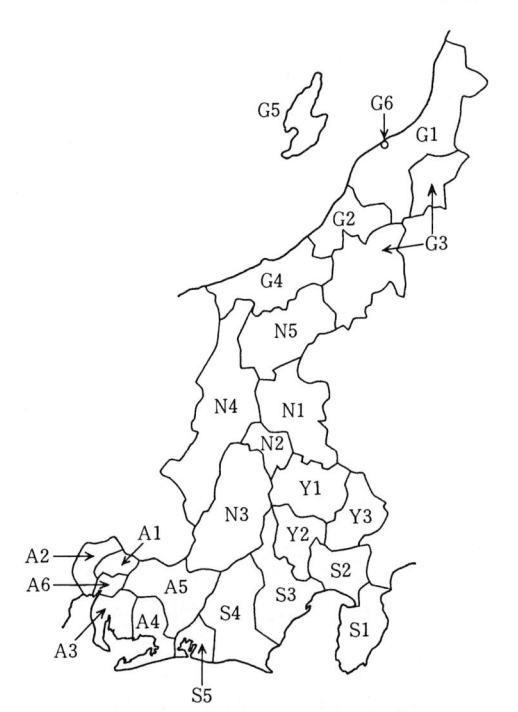

図 4.1 中部地方の地区区分地図
註: 各地区に属する郡名は，表 4.2 をみよ.

籍の移動がなければ次のようになっていたはずである.

　　　当該年度出寄留者数＝前年度出寄留者数＋（当該年度中の出寄留者数
　　　　　　　　　　　　−当該年度中に寄留地から本籍地へ戻った者の数）.

右辺の（　）内は純出寄留，すなわちフローである．入寄留者数についても
同様に

　　　当該年度入寄留者数＝前年度入寄留者数＋（当該年度中の入寄留者数
　　　　　　　　　　　　−当該年度中に本籍地へ戻ったか他へ移った者の数）.

やはり右辺の（　）内が純入寄留である．それゆえ粗流入は，朝鮮・台湾等
在留者や陸海軍在営者がいなければ

当該年度粗流入＝(前年度入寄留者数－前年度出寄留者数)＋{(当該年
度中の入寄留者数＋当該年度中に寄留地から本籍地へ戻った者の
数)－(当該年度中に本籍地へ戻ったか他へ移った者の数＋当該年
度中の出寄留者数)}

となる. { }内はやはりフローである. 最初の( )内は前年度の粗流入で
あるから，それを左辺へ移項して増分をとれば{ }の部分に等しい. すな
わち純流入(net in-migration)である. 以下では粗流入とともに，この純
流入をも指標として活用する.

なお，統計に不連続性をもちこむもうひとつの要因がある. 町村の吸収
合併である. 1896年に郡の合併が行われた際に，一部では境界の変更も
あった. またその後でも，市が周辺の町村を吸収する場合があった. この
点は，県内の郡市をいくつかの地区にグルーピングすることによって回避
した(図4.1). これはまた，中部地方の全体的な傾向を浮かび上がらせる
うえでも効果的であろう[2].

流出地域と流入地域

表4.2は1888年から1918年にかけての粗流入の推移を男女計で，表
4.3が1913年(長野県のみ1918年)一年次における男女別の粗流入を示す.
表4.2に対応する純流入の値は表4.4に掲げられている.

表4.2からは4つの類型化が可能であろう. 第一は人口流出地域，第二
は流入地域である. 第三は早い時期に流出から流入へ転ずるところ，そし
て第四が逆に流入から流出へ変化するところである.

第一類型，すなわち出寄留者数が入寄留者数をたえず上回っているとい
う意味での流出地域は，新潟県で目立つ. 新潟市(G6)を除くすべての地
区(G1-G5)で粗流入が全期間通じてマイナスであり，明治後半には新潟市
すらもマイナスを示すことが看てとれる. 現住人口1000人にたいする割

---

2) 明治初年に統計上「区」として別掲されていた都市は，名古屋と新潟である. そこで新
潟は独立の地区としたが，名古屋市は1907年に愛知郡より熱田町を編入したので，それ
による不連続を避けるため愛知郡と合わせてひとつの地区とした.

表 4.3　中部地方における男女別流入人口, 1913/18 年

地　　　域	粗流入（人）	
	男　子	女　子
愛　知		
A1　東・西春日井	-1,590	-290
A2　丹波, 葉栗, 中島, 海部	-17,915	-8,652
A3　知多, 碧海, 幡豆	-18,803	-13,967
A4　渥美, 額田, 宝飯	5,718	10,639
A5　東・西加茂, 南・北設楽, 八名	-4,551	-2,748
A6　愛知, 名古屋市	94,653	71,796
静　岡		
S1　賀茂, 田方	-4,611	-3,101
S2　駿東, 富士	616	5,713
S3　庵原, 阿倍, 志太	-7,411	-3,300
S4　榛原, 小笠, 周智, 磐田	-8,307	-5,464
S5　浜名, 引佐	-627	1,884
山　梨		
Y1　東・西山梨, 東八代, 中・北巨摩	-4,537	345
Y2　西八代, 南巨摩	-5,361	-3,766
Y3　南・北都留	-25	568
長　野		
N1　南・北佐久, 小県	-4,086	5,011
N2　諏訪	3,252	7,105
N3　上・下伊那	-5,981	-96
N4　東・西筑摩, 南・北安曇	-210	2,215
N5　更級, 埴科, 上・下高井, 上・下水内	-14,833	-7,812
新　潟		
G1　北・中・西・南蒲原, 岩船	-37,577	-25,863
G2　三嶋, 古志, 刈羽	-19,908	-14,821
G3　北・中・南魚沼, 東蒲原	-11,286	-8,033
G4　東・中・西頸城	-18,007	-11,003
G5　佐渡	-5,336	-3,164
G6　新潟市	-987	-2,450

出所: 表 4.1 に同じ.
註 1)　粗流入＝入寄留者数−出員数.
　　2)　長野県各地域は 1918 年, 他の 4 県は 1913 年.

合をみると，1913年における郡部の流出超過は80-90人に達していた．表4.4の純流入をみると，とくに1899年と1904年のあいだで顕著な流出増加があったことがわかる．大正にはいってからの増加はいっそう顕著であったが，県外流出の最初のうねりは世紀の変り目前後にあったのである．"裏日本"という概念が成立したのは明治30年代といわれているが（古厩1994），表4.2はそれを人口流出の面から浮彫りにしている．この裏日本からの流出を性比の面からみると，1913年における新潟県内郡部の値が146となる（表4.3）．男子6対女子4である．典型的な人口流出地帯の男女構成比は，前節でみたとおりの割合であった．

　新潟ほど地域的なまとまりはないが，粗流出が一貫してプラス（粗流入がマイナス）の値をとるところには，他にも山梨県の川内地方（地区Y2），名古屋の周辺地域（地区A1，A2，A3，A5）がある．前者（地区Y2）でも超過流出者の性比は142，後者（地区A1，A2，A3，A5）では男子の割合がそれより若干高かった．

　その名古屋市（地区A6）の吸引力が第二類型のポイントである．ここは全期間を通じて粗流入が正の値をとるだけでなく，その絶対値が他の地区より格段に大きい．1908年以降では1桁上回っている．伊藤繁による1920年以前の都市人口推計によれば，都市化のスパートは1895年頃にあったこと，そのなかでもとくに六大都市の比重が高まっていったことがわかっている．名古屋市は六大都市のなかで際立って増加力の高かったところではないが，それでも増加率は観察期間を通じて全国平均都市人口増加率を上回っていたのである（伊藤1982; *LTES* 2, ch. 5）．ここでは，流出地域の男子人口流出超過に対応して男子の流入が女子のそれを上回っていた．表4.3から計算される，名古屋市と愛知郡を合わせた地区A6の超過流入性比は132であった．

　第三に，名古屋のような大都市とは異なったタイプの人口流入地域もあった．明治前期ではわずかながら流出超過であったところが，その後急速に人口吸収地域へと転換したケースである．愛知県では豊橋とその周辺（地区A4），静岡県の浜名・引佐郡（地区S5），長野県の諏訪郡（地区N2）がそうである．諏訪における粗流入率は1000分の90に達していた．これら

表4.4 中部地方における純流入，1888-1918年

地　　　域	純　流　入(人/年)					
	1888-93	1893-98	1898-03	1903-08	1908-13	1913-18
愛　知						
A1　東・西春日井			−33[h]		344	47
A2　丹波，葉栗，中島，海部			−605[h]		−887	−2,885
A3　知多，碧海，幡豆			−637[h]		−1,457	−1,403
A4　渥美，額田，宝飯			978[h]		1,357	1,531
A5　東・西加茂，南・北設楽，八名			−192[h]		−710	−1,168
A6　愛知，名古屋市					7,385	
静　岡						
S1　賀茂，田方	172	−189	−301	−531	−551	−345
S2　駿東，富士	412	505	444	925	−223	−290
S3　庵原，阿倍，志太	−1,107	913	−474	−719	−294	676
S4　榛原，小笠，周智，磐田	756	472	−693	−932	−1,799	−2,602
S5　浜名，引佐	64	801	79	497	−407	2,069
山　梨						
Y1　東・西山梨，東八代，中・北巨摩	498	−70	−617	−234	−1,138	−2,018
Y2　西八代，南巨摩	−23	−93	−378	−353	−661	−842
Y3　南・北都留	310	191	−27	−51	−579	−1,124
長　野						
N1　南・北佐久，小県	727[a]	592[d]			−493[j]	
N2　諏訪	995[a]	420[e]			217[k]	
N3　上・下伊那	4[a]	480[d]			−279[j]	
N4　東・西筑摩，南・北安曇	428[a]	673[d]			−221[j]	
N5　更級，埴科，上・下高井，上・下水内	965	−95[d]			−759[j]	
新　潟						
G1　北・中・西・南蒲原，岩船	−292[b]		−6,558[g]	−1,111[i]	−86[l]	−7,061
G2　三嶋，古志，刈羽	−405[b]		−2,805[g]	223[i]	−930[l]	−2,618[m]
G3　北・中・南魚沼，東蒲原	−361[c]		−1,675[g]	−433[i]	−739[l]	−1,237
G4　東・中・西頸城	−514[b]		−2,613[g]	−655[i]	206[l]	−4,396[m]
G5　佐渡	−54[b]		−974[g]	−275[i]	−122[l]	−480
G6　新潟市		−76[f]		5[i]	−670[l]	1,582[m]

出所: 表 4.2 より計算.

註 1)　純流入＝△(入寄留者数)−△(出員数).

2)　a: 1888-94 年，b: 1888-99 年，c: 1889-99 年，d: 1894-98 年，e: 1894-99 年，f: 1888-1904 年，g: 1899-1904 年，h: 1897-1908 年，i: 1904-09 年，j: 1898-1918 年，k: 1899-1918 年，l: 1909-13 年，m: 1913-19 年.

3)　表 4.2 に数値があるにもかかわらずA6 における 1897-1908 年，1913-18 年が空欄なのは，名古屋市の寄留簿整理が 1898 年，1915 年に実施されており，これを含む期間の変化を測定することは意味がないからである．ただ，表中の 1908-13 年の値もやや過大かもしれない．N5 の上水内郡に含まれる長野市でも 1916 年に同様の整理が実施されているが，名古屋市に比べれば影響ははるかに小さいと思われるので，1898-1918 年の数値を計算通りに掲げた．

の地域の特徴は女子の流入者が多い点にあり（表4.3），養蚕製糸や織物業
といった繊維産業の地域であったことと無関係ではない．これら3地区の
ほかにも，静岡県の駿東・富士郡（地区S2），長野県の佐久地方（地区N1）と
筑摩・安曇地方（地区N4）が，粗流入と性比からみると類似の動きをする．
ただし，純流入の推移では明治末からマイナスに転ずるという意味で，上
記の3地区とは区別される．

　最後に，流入人口の性比と地域の産業的特質の点では第三類型と同じで
ありながら，全体の趨勢としては人口流入から流出へと転換してしまう，
あるいは統計がとられる以前は人口流入地域であった可能性があるが，
1880年代にはすでに流出超過に転じていた地域があった．静岡県の東遠
地方（地区S4），山梨県の国中地方（地区Y1），都留郡（地区Y3），長野県の
伊那郡（地区N3）がその典型である．男女込の粗流入の値はしばらくプラ
スが保たれ，1913年の男女別粗流入をみると（表4.3），マイナスに転じた
のは男子のみであって，女子のみではいまだに流入超過，あるいは流出超
過になってもネグリジブルな値であったことがわかる．しかし，表4.4に
みられる純流入は一足早くマイナスに転じており，歴史的趨勢としては諏
訪に代表される第三類型とは逆に，明治後期に人口吸収をめぐる地域間競
争力を失っていった地域であった．とくに伊那谷地方と甲府盆地を中心と
した国中地方は，明治のある時点までは諏訪や群馬と同じく製糸業の主要
産地のひとつであった．しかし徳川時代からの古い生糸生産地であった伊
那は，鉄道誘致競争に敗れたことも原因となったのであろうか，明治には
発展からとり残された地域となってしまった（Wigen 1995）．1890年代に
はいったん純流入をプラスとするけれども，粗値では1880年代より一貫
してマイナスのままであり，1906年における諏訪の製糸家が上伊那郡よ
り募集した職工数は2145人に達した．甲府盆地は，明治前期には諏訪と
同程度の密度で器械製糸が興ったところであったが，やはり1890年代を
境に流出地域に変わり，明治末には諏訪の製糸工業へ女工を集団で送り出
すまでになった（永原他1972, pp. 521-22）．1906年には，諏訪製糸同盟登録
職工数のなかで東山梨，北中巨摩，東八代郡出身者は1940人で，岐阜の
飛騨三郡の1899人を若干上回るにいたった（石井1972, p. 265）．諏訪郡内

表 **4.5**　中部地方における地域類型別の純流入,
　　　　　1888-1918 年

地 域 類 型	純流入(人/年)	
	1888-98 年	1898-1918年
I　流出地域 A1-3, A5, S1, S3, Y2, G1-6	—	−12,331
（うち, A1-3 を除く10 地域）	(−1,866)	(−9,988)
II　流入地域 A6	—	—
III　流出 - 流入転換地域 A4, S5, N2	—	1,988
（うち, A4 を除く 2 地域）	(1,140)	(777)
IV　流入 - 流出転換地域 S2, S4, Y1, Y3, N1, N3-5	3,424	−4,491

出所: 表 4.4 より計算.

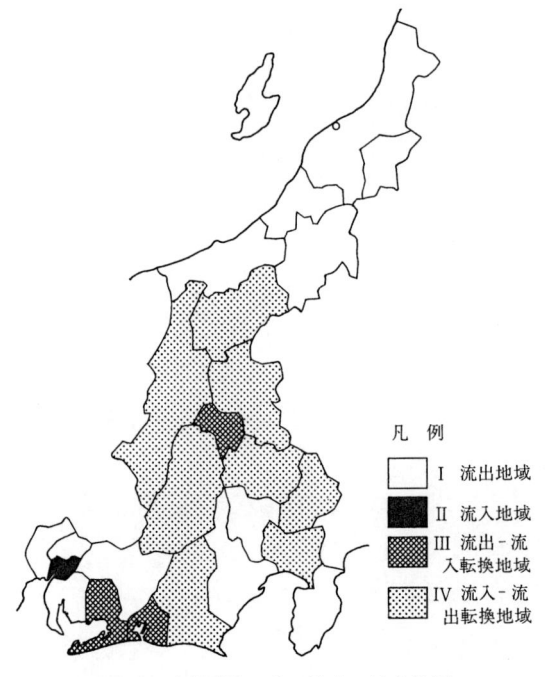

凡　例

☐　I　流出地域
■　II　流入地域
▨　III　流出 - 流
　　入転換地域
⠿　IV　流入 - 流
　　出転換地域

図 **4.2**　中部地方の人口流出 - 流入地図
　　　出所: 表 4.5.

平野村の調査では，1903年に670人であった山梨県出身女工が，5年後に1307人，10年後には2854人へと4倍に増加したのにたいし，岐阜県出身者の同じ10年間における伸び率は2倍弱であったから，諏訪の製糸家にとって中央線経由の女工募集は野麦峠越えと同じか，それを上回る重要性をもつようになっていた(『平野村誌』，pp. 406-08;『信濃蚕糸業史』下，pp. 1184-86)．実際，1913年における女子の粗流入が正値をとっていたのも，甲府市の9,362人に達する，サービス業関連と思われる入寄留超過があったためであり，郡部の女子はすでに流出超過へと転じていたのである．

　以上の4類型ごとに，時期を1889年以前と以後に分けて純流入の集計をすれば表4.5のとおりである(図4.2も参照)．残念ながら正確な値を入れることができないが，第Ⅱ類型のA6は後半の20年には1万人に達したのではないかと思われる．第Ⅰ類型の流出地域は圧倒的なウェイトをもっているが，明治後半にかけては第Ⅳ類型の流入-流出転換地域も無視できない動きをしたことが読みとれる．

2つの事例

　表4.2-表4.5からの観察は，地域間労働移動にとって大都市だけではなく，在来産業の盛衰もまた重要な規定要因であったことを示している．諏訪の製糸業の成長が数多くの女工を郡外から，さらには県外からも需要したというような側面だけではない．その反面，すなわち地域産業の衰退，あるいは伸び悩みは人口流出圧力となったということも，考慮にいれなければならない．諏訪のような成長地域は衰退地域から人口を吸収することによって，そうでなかった場合よりも潤沢低廉な労働力を調達できたということである．

　この点を，すでに第1章3節で賃金の動向をみた静岡県内の一地域を例に，他地域との比較において少し丁寧にみてみよう．浜名郡を富士郡と比較するのである．表4.2-表4.5では地区S5とS2にあたり，前者は第三類型に，後者は第四類型に分類されていた．前者は，帝国製帽や日本楽器に代表される洋式の工場もあったが，基本的には在来織物業の一大産地として発展を続けた．これにたいし後者では，在来の製糸業が衰退し，移植

第4章　労働市場の働き：低賃金ポケットと地域間移動——131

型"近代"工業地帯となりつつあった．富士製紙がその牽引車的な存在であった．

　人口移動についてみると，両地域とも 1893 年までの段階では粗流入がマイナスのところであったが，そのときよりすでに純流入は正の値をとっており，1908 年までは増加が続いていた（表 4.4）．とくに富士地方は，1898 年から 1908 年の 10 年間に強い人口流入を経験した．しかし，それ以降は正反対の傾向をたどる．西遠の浜名・引佐郡は，日露戦後の不景気の時期に一度減速があったものの，第一次世界大戦にかけて順調な増加を続けたのにたいし，駿東・富士郡は，日露戦後不況に伴う減速をやはり経験したあとも純流入の回復のテンポは遅く，浜名郡とは対照的にマイナスへ転じたのである．表 4.2-表 4.5 での検討は 5 年間隔にしかなされなかったが，年々の純値に 3 か年移動平均を施した時系列を作成すると，全国経済の景気変動に対応した循環変動が認められ[3]，上下動の幅に目だった相違が生じたことに気づく．浜名・引佐郡と比べて富士地方では，日露戦後に目にみえて振幅が大きくなったのである．いま全期間を二分し，純流入の期間平均値を標準偏差で除した変動係数を 2 つの地域ごとに求めてみよう（純流入の算出には在営者等を除く）．結果は

	富士郡	浜名・引佐郡
1888/90-1904/6 年	1.036	1.560
1905/7-1918/20 年	4.565	1.500

となる．富士地方における変化の激しさにたいして，浜名・引佐郡における安定が明瞭である．表示はしないが純出寄留と純入寄留とを分けてみると，富士郡では出寄留者の増減も激しく，とくに 1910 年代前半の純入寄留が谷にあたる時期には純出寄留がピークをつくり，結果として純流入の谷がいっそう深くなったことが判明する．1908 年，1916 年の前後にはそれと逆の現象が生じて，峰をより高くするように作用した．これにたいし

---

3)　趨勢としては純出寄留も純入寄留も増加するが，純流入の循環変動に注目すると，日清，日露，第一次世界大戦に数年のずれをもって峰が現れ，その後の不況に谷がくることがわかる（Saito 1973）．景気変動において「山になっている時期には，いつも戦争があった」（篠原 1961, p. 56）のは，地方経済でも同じであったのであろう．藤野（1965），岩橋（1996）も参照．

132

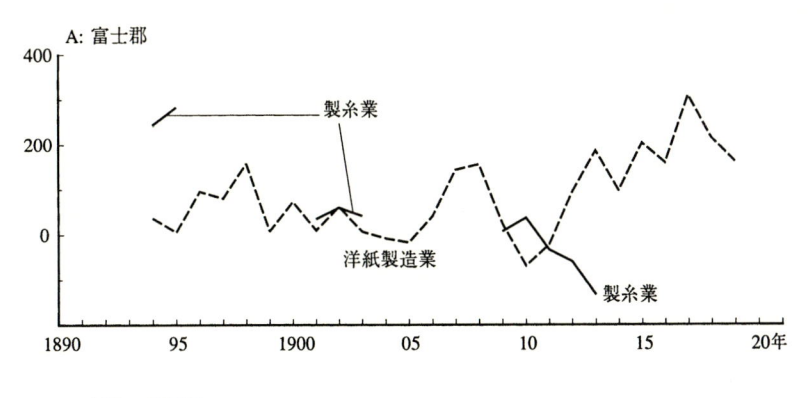

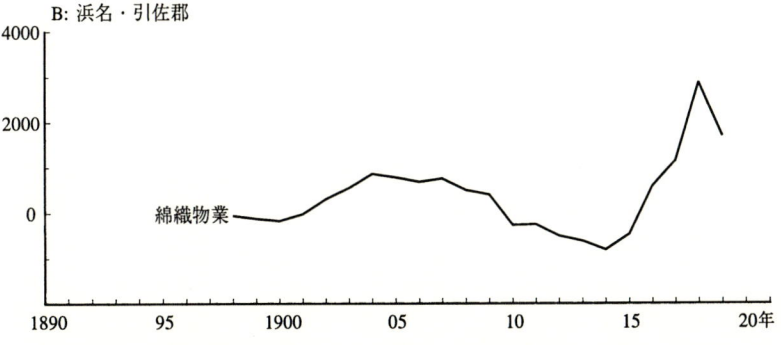

図4.3　富士郡および浜名・引佐郡における雇用変動，1893-1920年
出所:『静岡県統計書』各年度版.

て西遠の浜名・引佐郡においては，純出寄留の変動が比較的に穏やかで，
純入寄留の上下動が変動パターンを決めていた．すなわち，西遠とは異な
り富士地方では，出寄留の動向がパターン決定に相対的に大きな役割を果
たしていたわけである．

　この人口流出・流入パターンの違いの背後に，両地域の産業構成があっ
たことは予想される．すでに触れたように，両地域とも在来繊維産業が展
開していたが，同時に近代産業もまた立地した．けれども，それぞれの盛
衰は正反対の方向をたどった．浜松における日本楽器，帝国製帽，日本型
染などは企業としては地域に根付いたが，近代産業部門が地域経済の核と
なるようなことは起こらなかった．そこでは1910年代になっても，遠州
織と呼ばれた国内市場向けの綿織物業が郡内の製造所の最大割合をしめて

第 4 章　労働市場の働き: 低賃金ポケットと地域間移動 —— 133

いたのにたいし, 富士地方の伝統的製糸業は衰退の一途をたどり, 代わって移殖工業としての洋紙製造業が定着した(遠州織物業については, 中安 1962, 山崎広明 1959, 富士郡の製糸と製紙業については, 『富士市史』第 3 巻, 鈴木尚夫 1967 を参照). 図 4.3 は, 両地域の主要産業における雇用の変化を示す. これをみると主要産業の雇用が人口流入のすべてを説明するわけではないこと, とくに遠州織物業における 1915 年以前の動きは地域の純入寄留のそれとずいぶん異なることが明らかとなるが, 富士郡にかんするかぎり, 純入寄留の動きに製紙業の雇用増減がよく反映しているように思われる. 実際, 両者の相関をとると相関係数は 0.721, 寄留系列に 1 年のラグを与えると若干高い値となり, 0.781 となる. 他方, 在来産業の存在は, 景気変動と人口流出とのあいだのクッションを意味したと思われる. 浜名・引佐郡の場合, このクッションは十分な厚みをもち, 拡大もしていたのにたいし, 富士郡では, 在来製糸業の衰退がこのクッションを消滅させ, 結果として不況期に人口流出を増加させることとなったのであろう.

　これらを賃金格差の面からみると, 両地域における近代 – 在来産業間関係のコントラストがいっそう鮮明となる. 在来産業がひろがりをもって発展していた遠州では近代 – 在来産業間の格差が非常に小さく, かつ安定的であったのにたいし, 在来製糸が消滅しつつあった富士郡では賃金格差が開いていったのである. いま第 1 章の表 1.9 により, 浜名郡における織物業の女子織布工平均賃金の帝国製帽女工賃金にたいする比をとると,

	工場賃金	一般賃金
1899 年	0.91	1.56
1907–10 年	0.77	0.94
1911–13 年	0.92	1.13

である. レベルの差はほとんど存在せず, 一度格差が開きかけても, またもとに戻る力が働いていたことがわかる. これとは対照的に富士郡では, 男女の加重平均工場賃金でみた在来製糸業の近代製紙業にたいする格差が

1899 年	1.00
1907–10 年	0.73
1911–14 年	0.67

と，初めは同水準であったものが急速に拡大していた（『静岡県統計書』による；Saito 1973, Table II, p. 58）．このような地域の農家の労働供給価格は，西遠の場合に比較して低位とならざるをえないであろう．第一次世界大戦前の賃金格差構造における在来産業の役割を看てとることができる．

そして，この富士地方のような経験をした地域は決して少なくはなかった．表4.5における第Ⅳ類型がその地域であるが，1898年以降は，そこからの超過流出の合計が年4000人をこえ，流入転換地域への超過流入計2000人弱を上回ったのである．

労働市場の分断性からくる低賃金ポケットの残存と，在来産業産地間の競争の結果として生ずる衰退地域の発生とは，明治時代における実質賃金の改善のテンポをそうでなかった場合よりは緩やかなものとしたに違いない．もっとも，在来産業衰退地域のすべてが低賃金 - 人口流出地帯へとなってしまったわけではない．山梨県の各郡は，器械製糸業は失ったけれども，養蚕まで衰退したわけではなかった．それどころか，むしろ養蚕業へ特化する傾向すら生じた．そして，このような地域もまた少なくなかった．製糸が地域集中の傾向をもったのにたいし，養蚕ははるかに広範な地域で行われた生産活動であった（斎藤・谷本 1989）．その養蚕は，第3章で詳論したように，他の余業と比べて明瞭な雇用労働供給抑止効果をもっており，それゆえに賃金格差の拡大にブレーキをかける要因となっていた．明治年間における緩やかな実質賃金上昇と安定した格差構造というパターンは，以上のような諸力のバランスの結果として形成されたのだということができる．

第III編　労働と労働運動

第5章　余暇時間の経済史

　第Ⅰ部で明らかになった徳川時代における賃金の趨勢は，1820年代までは実質賃金水準の上昇と賃金格差の縮小が相伴って進んだが，それ以降は実質賃金の低下と格差の再拡大が生じたというものであった．しかし，序章でふれたように，小農家族経営が支配的な経済においては，この事実からただちに生活水準の上昇から低下へという変化があったと解釈することはできない．すなわち，賃金率に年間労働週数や日数を乗ずるだけでは農民の年間所得を推計することはできないのである．

　第Ⅱ部第2-3章において理論的にもまた実証的にも明らかにしたように，農業の生産力水準が上昇しているときは非熟練労働の賃金率もまた上昇する．しかし，逆は必ずしも成りたたず，実質賃金が低落しているときは，農業の限界生産力も低下したとはいえないのである．その実質賃金の低下がもっぱら物価水準の上昇によっている場合，仮に反当収量が上昇しなくとも，農産物を販売する小農世帯の農業所得は増加しうる．余業としての手間稼からの収入が減少しても，農家の総所得は減少しない事態は十分に想定しうるのである．実際，草野正裕は播州野添村のデータから推計された米価と反収の積から"農業収入"指数を計算しているが，その5か年移動平均値を半対数グラフに描くと，18世紀初頭以降「ほぼ直線的に」上昇していたことがわかる．その直線の傾きは0.638であったというから，野添村の農家の貨幣所得は毎年0.6パーセント強ずつ増加していた勘定になる(草野1996, pp. 64-65)．もっとも1920年以降のインフレは年1パーセント強の率で進行したので(新保1978, ch. 2; 宮本1989)，米作だけでは実質所得の減となったであろう．しかし，米作以上に生産拡大の急であった養蚕などの商業的農業が加われば，その減少を埋合わせることも不可能ではなかったに違いない．いずれにせよ，1820年以降の局面であっても，実質賃金のグラフが示唆するような所得の低落は生じてはいなかったといえる．18世紀の初頭と開港直前の時期とを比較すれば，そこそこの

生活水準向上が観察されたというのが実態ではなかったかと思われる.

それゆえ，徳川時代の中頃から明治時代にかけて，農民層も含めて，人びとの生活水準がゆっくりと上昇する方向にあったとすれば，人びとは生活水準の上昇に伴い，より多くの余暇を欲するようになったであろうか．その結果として，労働から余暇へのシフトが起こったのであろうか．あるいは，生活における時間の使い方は変ったのであろうか．この問題に解答を与えるのが，第 III 部の目的である.

1 研究の現状

遊 び 日

このような問いに答えるためには，休日の研究が必要である．ところが，徳川時代における休日を扱った社会経済史の論文や著作は驚くほど少ない．私の知るかぎり，まとまったものとしては，半世紀近くまえに発表された森嘉兵衛の論文と，古川貞雄の最近の著作があるのみである（森 1950; 古川 1986).

明治国家ができるまでは，国をあげての祝日というのはなかった．民俗学者によれば"遊日"と称された休日は"祝日"とは同じではなく，年中行事的な祝祭日と農作業の休業日とからなっていたが（宮田 1984），徳川体制下では村が総百姓寄合の議定をもって独自に定めることのできることがらであった．それゆえ，柳田国男が『日本農民史』でいっているように，明治にあっても「休日は通例字毎に異同あり，大字内だけは必ず統一して居た」のである（柳田 1931/69, p. 186）．しかも，定例に加えて，農事の切れ目や天災厄除祈禱などの年によって変動する休日があり，阿部昭が示すように，年間の総休日数は同じ村でも変化したのである（阿部 1989).

それゆえ，年間休日数について平均を語るのは難しい．が，森や古川がこれまでに集めた村定などの事例を整理してわかる第一の点は，年間休日数は 30 日から 50-60 日ということであろう．とくに東日本で長いというのが徳川時代後半の状況で，このサンプル中の最長は 80 日，仙台藩の事例であった（阿部の対象とした下野国助谷村では，1802 年に 82 日に達したことが

記録されている).

　これは，工業化以前のヨーロッパ農民社会でみられたレベルよりは短い．人口圧力が強く，労働市場がタイトなときでも，しきたりで認められた264日を目一杯働くというのが，ヨーロッパでは一般的で，人口圧力が弛んだ時代であれば労働日数は200日程度にまで減少しえたからである（Blanchard 1994, p. 18）．しかし日本でも，幕末維新の時代にむかって，休日は増えるのが傾向であったようである．休業日としての定例遊日の増加が基調であったが，その背景には若者や奉公人たちの要求があったともいわれる．とくに若者組や若勢衆の発言力が強まった村では，雨乞，虫送り，祭礼稽古などの理由で「願い遊日」あるいは「不時遊日」といった臨時休日を村役人に要求することが増加した．さらには，村定を破り，許可なく休んでしまう「気儘遊日」や「内証遊日」も登場したところがある（古川 1986）．住込奉公人の労働条件をみても，公休の扱いが明確となる傾向が指摘されており，小遣銭をもらっての遊日や，「洗濯」と称して実家へ帰ることが行われるようになった（青木 1985）．

国の祝祭日

　明治になってからの状況はどうか．村レベルでは，旧幕時代における若者組対村落指導者の対立が激化し，後者による村復興が成功したところがあった．安丸良夫が"通俗道徳"と呼ぶ，休日の規制，時間規律の徹底，早起・夜業の奨励を含んだ報徳社などの生活規範革新運動が展開した村々である（安丸 1974, ch. 2）．この背景には幕末維新の経済変動のなかで困窮に陥ったという事情があったようであり，それゆえに村落再建計画の一環として余暇時間の制限が実現したともとれるが，興味深いことは，それらの村では若者組が祭礼や芝居興行の実権をもち，勝手に休日を定め，それを「村切」にて行わせ，それに反対するものには「強欲不人情者」と意趣返しをした，といったことがみられた点である．同時期の盾の半面である，旧秩序の崩壊，文明開化の風潮などが人びとの余暇への需要をいっそう増進させたということがあったに違いない．

　この構図のなかでは，明治政府は開化路線の担い手として登場したよう

140

にみえる．政府は，文明開化の一環として，太陰暦に代え太陽暦を導入した一方で，伝統的な習俗の抑圧を行ったからである．新潟県では，1973年の国家祝祭日の制定にあわせて，盆会休暇の廃止を含んだ年間23日のみを民間休業日とする触を出したほどであった(牧原 1994, p. 260)．しかし，よくみると，その動機にはまったく異なった2つの考え方が混在していたようだ．紀元節・天長節など天皇制国家の祝祭日を定着させようというイデオロギーが強く働いていた一方で，旧慣にもとづく祭礼や農休日を減らすことで，富国のための勤勉を強いるという思惑である．

1873年に定まった祝祭日は元旦の四方拝，紀元節，天長節に大祭日を加えて計11日であったから，それに当時の商人・職人のあいだで一般的であった"一日十五日休"，すなわち月2日の休業日を合計しても，年間休日数は35日となる．したがって——新潟県ほど極端でなくとも——新しい制度が直ちに受けいれられたとすると年間の休日は大幅に減少するところがでてきたはずであるが，実際には国の祝祭日はなかなか定着しなかった．有泉貞夫によれば，1888年の農事調査からわかる7府県のうち，大阪府を別とすれば，他の6県では国家祝日に休業する郡はほとんどなかった．また，前田正名のイニシアティヴで始まった，町村の経済調査・指針というべき町村是を100余精査した結果は，1904年以前では休業する村が50パーセント未満であったのが，1905年から1914年までの10年間に80パーセントをこえるにいたったことを示す．遊日を減らし，天皇制に関わる祝日を定着させようとした明治政府の意向は，明治末年の地方改良運動にいたるまでは村落生活に浸透しえなかった(有泉 1968)．国家がイデオロギーを全面にだしたのにたいして，国民は旧慣に執着するという，非イデオロギー的な対応をとったのである．そして，国民の反応がそうであるがゆえに，実際の地方改良運動のなかでは"富国のための勤勉"の面も強調されることとなった．内務省官僚による地方講演のひとつに，次のような一節がある．

　一体町村では休日はどのくらい多いかを御調べになった方があるなら承りたいのであります．農村の休日が多くて困るといふ論が多いのであります．農科大学の横井博士は八十日以上休んでは困るといふ説で

あります(中略)大分神社の合併などが出来てから各村で御祭りをして
互に呼ばれたりするのを簡約にやって村の記念日を天長節を以てする
いふことにしたのが埼玉県あたりにあったと記憶して居ります. 成る
べく休日を少なくして働かせる工夫を願いたいと思ひます. (井上友一
　「地方自治の訓練」; 有泉 1968, p. 69 より引用)

明治の町村合併で村内には字ごとに鎮守の祭礼が行われ, それらすべてが
遊日となることで, かえって年間休日数が増加したところすらあったこと
を, この内務官僚井上友一の説論は示唆している. それにたいして国家が
村落指導者に切に願ったのは, 「休日を少なくして働かせる工夫」だったの
である.

余暇時間の既往推計

　以上, 数少ない研究成果を総合すると, 徳川時代から明治後半にかけて
人びとの休日への潜在的需要は増加したと考えてよさそうである. その潜
在需要が実際の余暇時間の伸長となって現れたかは, しかし, 村レベルに
おける行政判断と中央政府のイデオロギー色濃い施策によっても影響され
たであろう. それゆえ, 明治末以降の状況がどのようになったかは過去の
趨勢を外挿するだけではわからない.

　戦前期における余暇時間の時系列的変化を推計しようという試みは, お
そらく総合研究開発機構の研究が唯一のものであろう. それは生活水準研
究の一環として行われている点でも興味をひくが, 1人当り1日平均平日
自由時間と月間休日日数が, 前者は1905年から, 後者は1900年から推計
されている. 前者の定義は"24時間マイナス生活必需時間マイナス労働
時間"である. 生活必需時間は1941年日本放送協会調査の平均10時間1
分に固定し, 労働時間は1921年までは「諸官庁直轄工場累年表」から男
子の就業時間を, それ以降は製造業計の数値がとられている. 後者の月間
休日数は, 同じ資料からえられる就業日数を30.4日から差引いた値であ
る(『生活水準の歴史的推移』, p. 92).

　この推計はあまり広く知られていないようなので, その結果を簡単に紹
介しよう(『生活水準の歴史的推移』資料III. 11. 2-12. 1, pp. 308-09). 平日の

自由時間をみると，明治後期から昭和初年にかけて着実な上昇があった．1905-09 年の平均が 3.6 時間であったのにたいし 1935-39 年の平均は 4.5 時間，約 1 時間の伸長である．月間休日数の場合は逆に，5.6 日から 3.4 日へと，3 日ほど短縮した．第二次世界大戦後に生じた変化は，平日自由時間も月間休日数もともに増加の方向へ動いたという点で画期的であった．1975-79 年の平均では，1 日の自由時間 5.8 時間，月間休日数 9.3 日に達した．もっとも戦後にかぎっていうと，平日の自由時間に変化はなく，もっぱら休日数の増加によって特徴づけられる点は注意されるべきであろう．いずれにせよ，これらから {(30.4−月間休日数)×1 日平均自由時間＋月間休日数×(24−10.02)} として月間平均自由時間を算出してみると，1905-09 年，168 時間，1935-39 年，169 時間，1975-79 年，252 時間となる．戦前期においては余暇時間の 2 指標の動きが一致していなかったこと，その結果として余暇時間伸長はほとんどなかったこと，戦前から戦後にかけては 80 時間余の延長があったことが，眼を惹く．

　けれども，この推計を額面どおり受取るには多くの問題点が残されている．その第一としては，これが製造業における指標であって，農業など他の部門の実態を反映していないことがあげられる．総合研究開発機構がその 3 年後に行った同種の研究では，戦前期の趨勢にかんしては「自主管理的」な自営業の余暇から「与えられた休暇」へという「余暇時間水準の下方移動」を考慮すべきであり，したがって「休日なり自由時間が実質的に減少し生活時間のゆとりを失なっていった過程とみなしたほうが実態に近い」と述べられているが，この点を意識してのことであろう（『生活水準の歴史的分析』，p. 92）．ただ残念ながら，3 年後の調査研究でも自営業部門についての新たな推計は試みられていない．

　第二に，データ上の問題がある．とくに 1907 年から 1921 年までの自由時間の推計にあたって，官庁直轄工場の数値が利用されているのは問題であろう．官庁では 1874 年に日曜休業，1876 年土曜半休が定められているので，月 2 日休業の民間とは制度的に大きな隔りがあった．1911 年制定の工場法が第 7 条において「毎月少クトモ二回ノ休日」を義務づけたのは，ある意味でこの民間の慣行を追認したもので，たとえば，その施行後に行

われた協調会の紡績業調査においては，毎日曜日を休業日に当てる工場は次第に増加してきた，とくに「昼夜業の工場では，月四回の更替日を之に充てる」ことが行われていたが，「昼業のみの工場には，月二回のものと四回のものとがある」と記されている（『紡績業労働事情』，p. 28）．官庁の就業慣行で民間の工場における実状を推し量ることはできないのである．さらに，1923年以降の『賃銀毎月調査』では所定労働時間が掲げられ，それ以前は「就業時間」の定義がはっきりしないことにも注意が払われるべきである．すなわち，製造業全体の数値が与えられている場合でも，実労働時間が計られていない可能性が高いのである．

第三に，明治の製造業労働者は，必ずしもすべてがフルタイムの就業者ではなかったことも考慮されねばならない．これは工場の年間操業日数をみるとわかる．たとえば，明治前期における製糸業の場合，工場の年間操業日数は非常に大きくばらついていた．1888年，長野県下の工場における平均操業日数は146日，最多操業日数200日，最少はわずか73日にすぎなかった．工場が稼働していないときは，経営者も女工もともに他の生業，ほとんどは農業に携わっていたものと思われる．その後，平均操業日数は延びて，明治後期には200日をこえることとなるが，明治末年から大正初年にいたってもなお100日未満の工場が散見されるのである（『信濃蚕糸業史』下，pp. 1144-45）．類似の実態は産地綿織物業の工場でもみられたようだ．佐々木淳は，播州におけるある織元自家工場では女工の就業日数が驚くほど短かったことを明らかにしている．この工場にはすでに力織機が導入されていたにもかかわらず，最高でも2か月間に24日にすぎず，少なからぬ割合で20日未満のケースがあった．これでは年間150日にも達しないが，佐々木はそれを「自宅の家事労働の都合によって左右」されていたためとみている（佐々木1994, p. 645）．

しかし，最大の問題点は，両余暇指標とも就業時間ないしは労働時間から計算された残差であることである．別ないいかたをすれば，労働時間の統計にこれだけの問題点があるとすれば，そこから間接的に推計された余暇の時間は，それだけ信憑性が低くならざるをえないであろう．

それゆえ，何とかして休暇の時間を直接観察する方法が考えられねばな

らない．時系列として提示できなくとも，より実態に近いデータを探しだ
す努力がなされねばならない．本書では，明治後半から大正の実状を示す
資料として，有泉貞夫が使った町村是を系統的に利用することとする．

2 休日データ

町村是調査

　ところで，現在では有泉が調べた頃よりもはるかに多くの町村是の存在
が確認され，一橋大学経済研究所附属日本統計情報センターによって収集
されている．点数でいえば約1000点に達し，茨城・新潟・島根・福岡県
に遍在するという特徴はあるものの，いちおう全国をカバーしている．ま
た作成時期についていえば，前田正名と全国農事会とによって推進された
民間運動段階よりも，内務省，県庁あるいは県農会の指令によって画一的
な調査が行われるようになった1904-05年以降が多くなっている (祖田
1981, ch. 5)．前田等の力点が「一町村の独立」とその殖産計画策定のた
めの経済調査にあったのにたいし，1904年以降，とくに「民力の涵養と
風紀の振興」を謳った地方改良の時代になると，村の祝日，人びとの休日，
労働慣行までが調査の対象となったからである (地方改良運動については，
有泉1976)．

　本書が利用するのは，その1000余点のうち，年間休日数が明記されて
いる522点の町村是である．内訳は，東日本の町村334にたいして西日本
188と，かなり関ヶ原以東に偏ったサンプルとなっている (詳細は，付録5
を参照)．

　最初に，その522のサンプルからひとつの例をみてみよう．神奈川県高
座郡綾瀬村の『村是調査書』(1902年調査) は，太陽暦12か月ごとの休日と
その事由を掲げている (表5.1)．それによれば，同村の年間休業日数は88
日，半日換算の日を考慮すると81日であった．春季を除いて毎月2回(1
日と15日)は必ず休んでいること，それ以外にも多くの休日が，とくに農
事の切れ目にまとまってとられていること，芝居などの娯楽のために月1
回の定例休日が6か月分認められていることが注意を惹く．さらに，ひと

表5.1 神奈川県綾瀬村の休日，1902年

	定　　例	合　計		臨　　時
		回数	延日数	
1月	1, 2, 3, 4*, 5*, 6*, 7, 11, 15, 16, 20	11	9.5	30(大字), 28*(大字)
2月	1, 初午*, 11, 15, 28*	5	4.0	8*(大字)
3月	1, 3, 4, 15, 社日, 他に雇人の出入, 彼岸の休など15日位	20	20.0	
4月	1, 3, 8*, 15 電祭半日ずつ2回	6	4.5	
5月	1, 5, 6, 摘田休 全日休3日, 半日休3日	9	7.5	
6月	蚕上り	1	1.0	雨乞又は天気祭
7月	15	1	1.0	16(大字)
8月	1, 7, 14, 15, 16, かいしゃく正月(野上り)全日休3日半日休3日, 風祭	12	10.5	
9月	1, 15, 19, 20, 社日, 皇霊祭 (祭は2日休)	8	8.0	不動祭2日(大字), 18(大字), 29(大字), 24(大字), 21(大字), 14日祭(大字)
10月	1, 15, 20	3	3.0	5(大字), 16(大字)
11月	1, 3, 15, 新嘗祭	4	4.0	
12月	1, 15	2	2.0	15-16 奉公人洗濯(大字)
全年中	芝居など6日(1, 2, 3, 4, 8, 9月に1日宛)	6	6.0	病気, 村用, 親類用などにて数日間, 他に風雨等のため数日
計		88	81.0	

出所：『綾瀬村是調査書』, pp. 63-64.
註：*は半日休. 臨時欄における(大字)は, 特定の大字においてのみ休日であることを示す.

つの大字のみであるが,「奉公人洗濯」も認められていたし,同じく大字
ごとであるが,9月には数多くの祭礼が行われており,すべての祭に参加
すべく休業すれば,その月の半分は休んでいたことになることが看てとれ
る.この定例81日という休日数は,同県内他村の「普通休業日数」が52
日から77日であったから,県内平均よりも多目であった.しかも,この
81日に「臨時」を加えると90日ほどにはなった.「病気,村用,親類
用」と「風雨等」次第によっては,もっと長くなったかもしれない.ずい
ぶん多い休日である.実際その村是調査書は,81日であっても「一箇年
の二割二分二厘を休業し　恰も日曜,祭日,祝日の全部を休みたる上　尚
三週間の暑中幷冬期休業を採るものに当れり」とコメントしている.

　1997年における国民の祝日と日曜日との合計が67日にしかならないこ
と,森・古川の徳川時代サンプルでは最多が約80日であったことを考え
ると,明治の中頃になっても村の休日は相当に多かったという印象を受け
る.パターンはまだ完全に伝統的であったといってよい.

伝統的休日パターンの背景

　その背景としては,農民の旧い習慣への固執ということがあったであろ
う.1921年という遅い時期に作られた岩手県和賀郡中内村の村是には,
「村内一般の休日制定問題」につき,「世には化成休日を少くして勤労せん
ことを勧むるものあれども,そは一考を要すべき問題なり」として,「由
来日本人は労働と休憩との区別なく従つて休日と勤労日との区別なき生活
を営む.しかも農村の生活は最も単調に毎日繰り返さるゝものなれば,尚
多くの休日を制定するの要あり.出来得べくんば一週一度の休日を欲す」
という.中内村の実際の休日数は44日で,すでにかなり減らしていたか
らであろうか,本当はもっと多くの休みが欲しいのだというわけである.
そしてその理由は,伝統的な生活・労働パターンへの愛着にあったと解釈
してよいであろう.中内村よりさらに遅く,1926年の制定である鹿児島
県薩摩郡の『樋脇村々是』は,現行の休日を掲げてはいないが,「従来の
五節句は廃せられ,三大祝日を以て国家の大祝日と定められたけれど,五
節句の跡は今日尚絶たず,三大祝日は元旦の外は未だ国民的に家庭に入ら

ない．紀元節を建国祭と云ふて国民的奉祝の日にすべきを唱ふるものがあるけれど，まだ之れが家庭に入るには多年の日子を費すことであらふ」と分析している．これらの事例は，大正になっても，いまだに旧暦によって行事と休日が決められていたことを示している．明治維新以降の変化がまだ強く感じられないところでは，年間休日はすぐ 50 日に達したに違いない．実際，522 例の算術平均をとると 46.3 日となるのである．

これまでに見つかった徳川時代の事例では，82 日というのが最長であった．しかし明治末から大正の町村是サンプルには，一般に他より休日数の多かったといわれる東北の村々のなかに，休業 100 日というところすらみられる．秋田県南秋田郡上新城村と飯田川村の『適産調』調査書にある数字である．それどころか，他の地方でも休業日数が 100 日をこえるところは存在した．町村是の所在がまとまって確認されている茨城，新潟，島根の 3 県についてみると，茨城県は最長 91 日（那珂郡前渡村）で 100 日以上はなく，島根県には 110 日のところが 1 村しかないが（海士郡海士村），新潟県には 11 か村もあって，最長は 130 日に及ぶ（東蒲原郡揚川村）．この他にも愛知県に 107 日と 122 日のところが一例ずつある（南設楽郡西郷村および宝飯郡桑富村）．これらの村では——もし休日をまる 1 日休業したとすれば——1 年の 3 分の 1 が休みだったわけである．全体として，東北地方が特殊だったのではなく，西から東へと漸増する傾向があったというほうが正確であろう．522 例を 2 つに分類して平均をとると，東日本の平均 53.2 日，西日本 34.0 日となり，東日本の村々のほうが長いことがわかる．

しかし，このような 80 日をこえる長い休日が徳川時代からのものであったかどうか，検討の余地はある．たとえば，1920 年の『秋田県由利郡院内村基本調査』には，「祭典ハ村内同一日即チ四月十五日ヲ以テ之レヲ行フ　各部落毎ニ招往ヲ避クルノ意味ナリ　然ルニ裏祭ナルモノ盛ニ行ハレソノ目的ニ叶ハサルヤノ嫌アリ」という下りがある．すなわち，国や県の指示どおりに村内の神社を統合一本化し，祭礼の回数を減らしても，それは表向きだけで，実際には「裏」の祭と称して旧慣どおり複数の遊日を維持していたところすらあったのである．このような村では，大字あるいは部落と呼ばれた旧村独自の休日にプラスして，新たに明治国家の祝祭日

が加わるのであるから，年間休日数は，政府の思惑とは反対に増加したかもしれないのである．

　年間休日数は，農家の住込奉公人でも決して短くはなかった．1920年に行われた農商務省農務局の『本邦農業ノ概況及農業労働者ニ関スル調査』によると，農家定雇の平均休日数は62日，月3回休日制に国の祝日を加えた場合より多い．この時代には，すでに「日曜ヲ休日トスルモノハ新潟，静岡，茨城，山形，秋田，富山，山口ニ其ノ事例アリ」と注記されているように，日曜休日制が普及し始めていたのかもしれない．しかし，「其ノ外労働者ノ定休日ヲ定ムルモノハ京都，神奈川，埼玉，千葉，愛知，静岡，宮城，福島，秋田，石川，鳥取，福岡，佐賀，大分ニ其ノ事例アリ」(以上，pp. 18-19)．すなわち，日曜休日制をとるところよりも「正月，祭日，節句，村社祭礼，于蘭盆其ノ他慣習ニ依ル農村一般ノ休ミ日ノ外特ニ労働者ニ与フル休日」を設けているところのほうが，依然として多かったのである．

　そして，これは一般的な所得水準向上の表現であった可能性がある．島根県農会の『農村及農家模範経営事業第一回報告』のうち，八束郡大庭村の黒田畦部落24軒については個別農家の記録が印刷されている(1919年の『黒田畦部落調査書』)．休業日数も調べられているのでそれをみると，最大78日，最少66日と，農家ごとにかなりの違いがあった．全村の定例休日数が42日であるので，最少の場合でも，24日も臨時休業をしていたことがわかる．この24軒を自小作別に集計し，平均をとってみると，

自作	2戸	76.0日
自小作	19戸	71.6日
小作	3戸	68.5日

となって，上層の農家のほうが休みの日数が長くなっている．もっとも，この部落では8割は自小作農である．そこで調査書の分類にしたがって，より実質的な上中下の三階層にわけると

上	4戸	74.0日
中	7戸	72.9日
下	13戸	70.0日

第 5 章　余暇時間の経済史 ―― 149

である．やはり，豊かな上層農家の休みが長く，下層ほど休業日数が短い
ことがわかる．この理由は，部落で決められた定期休業日のほかに「一家
の休業日」あるいは「一家の祝祭日」があったからである．定例の村の休
日を増やすことは，もはや政治的に難しくなっていたかもしれないが[1]，
家の休みは村の合意のもとでとることはできた．そして，そのような休日
まで含んだ余暇時間の長さは，自営業世帯における「自主管理的」な余暇
の取り方の帰結であったと同時に，やはり豊かさの表現でもあったのかも
しれない．

休日統計

　しかし，それは同時に町村是に書かれた休日数を相互に比較することの
難しさをも物語っている．そもそも何をもって休日とするかに見解の一致
がなかったのである．秋田県鹿角郡『宮川村是調査』には 1913 年に組織
された矯風会会則が載せられているが，その一項に「農家ノ休日ハ各自ノ
手隙ヲ見計ヒ任意ニ行フモノトス」とある．このような場合，「任意」の
休業日を算入しなければ，村是に載せられる年間休日数は極端に少なくな
りうる．522 例中の最少休日数は鹿児島県川辺郡勝目村の 8 日であるが，
これなど個々の農家が実際に 8 日程度しか休まなかったということを意味
するわけではないであろう．また，すでにみたように，村の休日には定例
と臨時とがあった．神奈川県の綾瀬村の調査書は臨時休日を合計に加えな
かったが，その差は数日と大きくはなかった(表 5.1)．一方，島根県大庭
村の黒田畦部落の調査表は臨時休日も数えていた．しかもこの事例は，
"臨時"にも大字に固有の休みと家の祝日とがあったことを教えてくれる．
大庭村の全村休日数が 42 日であったのにたいして，部落固有の休業日を
加えた日数は 66 日と 5 割増しの長さであり，さらに家の祝日を足すと，
多くの農家では休日が 70 日をこえていたのである．
　それだけではない．522 例の町村是のなかには，数は格段に少ないが，

---

1)　自小作農別の就業日数が計算されている他の例としては，新潟県北魚沼郡の『元城下
村々是調査書』がある．しかし，そこでは，労働可能家族員数や 1 人当り就業日数の変化
は考慮しているが，1 人当り休日・祭日数は 57 日で自小作共通と仮定している．

労働日数も記載されているところがある．それらの村是にあたってみると，労働日数と休日数の合計が 365 日に一致しない例がみられるのである．これはいまだに太陰暦で計算しているところがあったからかもしれないが，より現実的な理由は，半日休業の日を 1 日として休日数を計算している町村が少なくなかったことによると思われる．たとえば，秋田県南秋田郡『豊川村適産調』による同村の休日は 95 日であるが，休日の大部分は「半日なるを以て其半額を労働日に加算」したと明記されている．豊川村もそうであるが，そのような村の多くは，月別あるいは季節別の詳細な記載はなされずに，ただ年間休日数が記されているところである．記載の丁寧さとデータの正確さとはある程度相関すると仮定できれば，半日換算をしているケースのみを取りあげることによって，鹿児島県勝目村のような村を除くことができるであろう．実際，それによって 130 日とか 122 日というような極端に休日数が多い村，逆に 8 日，9 日という極端に少ない村が排除される．もっとも，それら以外にも少なからぬ事例が除かれるため標本数は 235 へと激減するが，若干なりとも確実な数値が得られることになるはずである．

　235 例の平均値は 44 日となる．最大値は 116 日，最小値は 11.5 日である．522 例の場合では 130 日と 8 日であったから，アウトライヤーの除去には有効な措置であったことがわかる．とくに，半日休業を 1 日休としたことによる過大見積は完全になくなったと考えられるので，バイアスがあるとすれば，臨時休業の数え方からくる過小見積の可能性が残っているといえよう．そのバイアスが綾瀬村程度であったのか大庭村程度であったのかによって判断は大きく変わりうるが，実際のレベルは 50 日前後，場合によってはそれ以上と考えても間違いないであろう．

　東西別にみると，表 5.2 にあるように，東日本の平均が 522 例のときと比べて 6 日も短くなっている．しかしそれでも，算術平均，中位値，最頻値のどれをとっても，東日本のほうが西日本よりも休日数が長かったという結論には変わりない．このサンプルでは東北と九州・四国の比重は小さいので，観察される東西差は，実質的には関東・東山・北陸・東海と関西・中国との違いであった．

第5章　余暇時間の経済史 ── 151

表5.2　町村是による平均休日日数

A	東　西　別		時　　期　　別	
	東 日 本	西 日 本	1904 年以前	1905 年以降
算術平均	47.39	36.40	37.29	45.60
(標準偏差)	(22.68)	(16.47)	(18.26)	(21.99)
中位値	43.0	33.0	33.5	43.0
最頻値	49.5	27.0	33.5	49.5
最　多	116.0	91.0	91.0	116.0
最　少	11.5	16.0	13.5	11.5
標本数(N)	162	73	46	189

B	東　　日　　本		西　　日　　本	
	1904 年以前	1905 年以降	1904 年以前	1905 年以降
算術平均	39.52	48.96	34.13	37.20
(標準偏差)	(20.03)	(22.92)	(15.36)	(16.91)
中位値	34.0	44.5	32.0	33.75
最頻値	28.5	42.0	—	27.0
最　多	91.0	116.0	81.5	91.0
最　少	13.5	11.5	16.0	16.0
標本数(N)	27	135	19	54

出所: 本文および資料一覧(付録5)参照.
註: 235 例を府県別に分類すれば, 次のとおりである.
　　東日本: 岩手 3, 宮城 1, 秋田 1, 山形 6, 福島 1, 茨城 77,
　　　　群馬 2, 東京 10, 神奈川 4, 新潟 39, 富山 5, 石川 4, 福井 3,
　　　　岐阜 2, 静岡 3, 愛知 1.
　　西日本: 三重 3, 滋賀 10, 大阪 1, 奈良 16, 鳥取 22, 島根 20,
　　　　鹿児島 1.

　次に時期別に比較をする. 有泉貞夫が分類したのと同じ基準を採用して,
1904 年以前と 1905 年以後とすると, 算術平均でも中位値でも最頻値でも
数日長くなっていることが看てとれる. 東西日本の区分とクロスさせても
同一の結果である. 前半の時期はサンプルサイズが小さいので, クロスさ
せると個々のセルの標本数が小さくなりすぎる嫌いがあるが, それでも地
方改良運動をへて地方の休日数が減少したということは認められない. い
うまでもなく, 個々の実例をみると 1908 年 10 月に出された戊申詔書を契
機に村の休日を改めたというところが見出される. たとえば, この 235 サ
ンプル中の最少は福井県今立郡国高村の 11.5 日であるが,「明治 43 年よ
り総て陰暦を廃せられたるに付正月及祭日休業日並に納米期其他節季月の

旧慣を全廃」した結果であると注記されている。このような村はけっして少なくない。もっとも，島根県大原郡海潮村の 1906 年『農事調査報告書』には，組合規約の一条として「年中農家の休業日を一定し濫に臨時休業をなさゞる事」という文章が見出され，実際にはそのような臨時の休業日をとる農家が少なくなかったのであろうが，福井県国高村の数値にはそれは反映されていない。この 11.5 日が計算に含まれている平均値である。これに類した事情は他の村にもあったはずであり，それにもかかわらず後半期の平均が前半期のそれよりも低くならないのは，注目に値する。

それゆえ，これだけをみるかぎり，内務省主導の地方改良運動をもってしても，国民の休日数をただちに減らすことができなかったと結論できる。そしてそれは，彼らの余暇にたいする潜在的な需要がいかに強かったかを表していたと解釈できそうである。

3 休日と労働

労 働 日 数

すでに触れたように，若干の町村是には年間労働日数も記載されている。全部で 92 例あるが，その算術平均をとれば 304.3 日となる。また，表 5.2 のときのように半日換算がされている町村のみを選べば 36 例が残る。この後者の算術平均は 311.3 日である。365 日から差引けば 60.7 日と 53.7 日，表 5.2 の平均休日数が 44 日であったから，労働日数のほうがバイアスが小さいと仮定できれば，これは 44 日の年間休日数は過小見積ではないかという判断と矛盾しない。ただ，両者の標本数は同じではないので，これはあくまでも推測にとどまる。

36 例を東西日本別，時期別に区分して平均を計算した結果が表 5.3 に示されている。これによれば，西日本の労働日数は東日本より長く，明治末から大正にかけて増加したことになる。これは算術平均だけではなく，中位値や最頻値をみても確認できる。さらに，半日換算をしていないケースも含んだ 92 例から同様の計算をしても，同じ結果が得られる[2]。

このうち，西日本の労働日数は東日本より長いという事実は，前者の休

第5章　余暇時間の経済史 ―― 153

表5.3　町村是による平均労働日数

	東　　西　　別		時　　期　　別	
	東 日 本	西 日 本	1904年以前	1905年以降
算術平均	303.47	316.93	296.65	316.96
（標準偏差）	(30.52)	(16.86)	(33.16)	(17.25)
中位値	303.0	317.5	301.5	318.25
最頻値	300.0	315.5	―	315.5
最　多	341.0	338.5	340.5	341.0
最　少	220.0	274.0	220.0	274.0
標本数（N）	15	21	10	26

出所: 本文および資料一覧（付録5）参照.
註: 36例を府県別に分類すれば，次のとおりである.
　　東日本: 秋田1，東京10，神奈川2，富山2. 西日本: 鳥取21.

日数が後者よりも短いという表5.2からの発見事実と整合的である．けれども，時間的変化にかんしてはそうではない．休日数が増えたからといって，それに応じて労働日数が減ったわけではなかったことになる．

　それに加えて，横断面で農家階層別にみても両者のあいだに負の関係はない．すでに島根県大庭村黒田畦部落の例から，豊かな上層農家のほうが休業日は長いことをみたが，同じ『調査書』からは農業従事者の能力換算人数と，1年間の総労働人数とも判明する．それらを同じく上中下別に平均をとると，中層で労働力の規模がもっとも大きく，上層がそれに次ぎ，下層で最小という結果となる．さらに興味深いことに，年間の総労働人数を農業従事者数で除して能力1単位当りの労働日数を計算すると

　　上　　　4戸　　　172日
　　中　　　7戸　　　183日
　　下　　　13戸　　　169日

となって，やはり中・上・下の順であることがわかる．すなわち，個々人の労働強度は必ずしも農家階層と相関しておらず，したがって休業日数とも（負の）相関を示してはいなかったのである．

　昭和初年の帝国農会データは，もっと明快に上層農家のほうが労働時間

---

2)　1904年以前の算術平均は300.46（標準偏差24.85），1905年以降が310.24（標準偏差25.70）である．中位値と最頻値はたまたま同じ数値をとり，300から315.5へと増加する．なお，標本数は前半期が53，後半期37，時期不明2例である．

表5.4 1933年帝国農会労働時間調査

	自作農	自小作農	小作農
A　1農家当り農業労働			
家族就業者数(人)	3.1	2.9	3.0
家族就業時間数(時間)	5,922	5,750	5,630
雇人就業時間数(時間)	207	240	86
手伝就業時間数(時間)	85	71	54
就業時間総計(時間)	6,214	6,061	5,770
B　農家女性1人当り(31-50歳)			
農業労働日数(日)	216	208	206
農業労働時間(時間)	1,694	1,673	1,626
兼業労働時間(時間)	87	142	134
家事等労働時間(時間)	1,699	1,612	1,668

出所:『農家の労働状態に関する調査』, pp. 28-29.

が長かったことを示している(表5.4). 自作農と自小作農は, 小作農に比較して雇用労働や手伝の寄与時間は長いけれども, そのような外部労働力への依存度は高くなく, 家族労働総時間は上層が下層を上回っていた. さらに興味深いのは, 農家の主婦の労働時間である. たしかに, 彼女の兼業へ費やす時間は下層のほうが長いし, それは第II部でみてきた農家労働供給機構から予想できたことでもある. しかし農業労働にかんしては, 上層の女性のほうが労働が短いということはなかった. それは家事労働についてもいえる. 上下の差は決して大きいとはいえなかったが, 豊かな農家にみられる休暇日数の長さに見合った労働時間の短さは観察されなかったのである(斎藤1991参照).

　余暇と労働の指標のあいだにみられるこの矛盾は, どう解釈すればよいのであろうか.

労働負担の増加(1): 養蚕業

　その理由の一端は, 明らかにデータ上の問題である. 2つの標本数はあまりにも違うので, 労働日数と休日数にかんする2つの相異なった結果は統計学的には矛盾ではないかもしれないのである.

　しかし, 個々の町村是の記述を読んでいると, 表5.2から観察される休日数の増加傾向とは相反する場合があったようである. たとえば, 福島県安達郡の一村についてみてみよう.『岩根村々是調査書』によれば, 同村

は「養蚕産物ハ米ニ次クノ産額アリ」という，安政開港以降，急速に発展
した地域の村である．

1906 年現在の村是調査には休日数の記載はない．しかし，参考として
1875 年になされた「安達郡第九区全村組合会ニヨリ決議セル事項」が印
刷されている．その第四条は，「従前ノ休業日タル諸祭礼諸講日五節句等
ニテ必ス旧暦ヲ墨守シ其弊百端挙テ数フベカラス　併旧習ヲ一洗スルハ一
時行レ難シト雖トモ不改ハ何レノ日カ開明ノ域ニ進マンヤ　依テ此議ヲ発
シ従前ノ休業日ヲ廃シ更ニ毎月一六ノ日ヲ以休業ト改メ左ノ祭礼日ヲ加ヘ
祝日ニ必ス国旗ヲアクルコト、決議ス」となっていて，1 月 3 日の元始祭，
1 月 5 日の新年宴会，1 月 30 日の孝明天皇祭，2 月 11 日の紀元節，4 月 3
日の神武天皇祭，9 月 17 日の神嘗祭，11 月 3 日の天長節，11 月 23 日の
新嘗祭，それに「村社祭礼ノ日」が「祭礼日」としてあげられている．村
社祭礼が一日であれば，総休日数は 81 日になるが，新しい祝祭日のある
2 月の 1 日，4 月の 1 日，9 月の 16 日，11 月の 1 日と 21 日は休日から外
されることになったので，結局，76 日が新しい村の休日となったことに
なる．ここで興味深いのは，1875 年という早い時期に，地方改良運動と
いった国家からの強い働きかけなしに，村々の自発的な話合いで休日縮小
がなされたことである．それは「開明」，すなわち文明開化の名において
決議されているが，その根底には開港以降の経済変化，とくに蚕糸業の興
隆による労働投入の増加ということがあったのではないであろうか．

この点，宮城県名取郡生出村の『村是調査書』における説明はもっと直
截である．同村の村社祭礼は，以前は陰暦 4 月 20 日で「近隣各村ヨリ親
戚知己友人等ヲ招キ婚礼ト等シキ飲食ヲナセシモ」，1889 年より祭の日を
近隣諸村の村社祭と同じ陰暦 3 月 15 日にすることとした．その理由は，
「当日ハ近隣各村ニ従来祭礼アリシヲ以テ毎戸経済ノ節倹ト休業ノ減少ト
追年本村蚕業発達ノ結果斯業ニ差支ヲ生スル」ためであったという．この
場合にも，祭礼の日の統一は，地方改良の時代を俟たずに村のイニシアテ
ィヴでなされている．すなわち内務官僚井上友一にいわれるまでもなく，
「神社の合併」がなされ，「休業ノ減少」が実現しているのである．「毎戸
経済ノ節倹」のため，「蚕業発達」に「差支」が生じないようにするため

に，自らすすんで休日を減らすというのは，安丸良夫のいう通俗道徳の伝統に連なるものといえよう．「休業日数ヲ減少シ其ノ日ヲ以テ副業ニ充ツル事」というメッセージは，滋賀県栗太郡の『常盤村是』にみられる「将来ノ注意」のひとつでもあった．

養蚕業発展が余暇時間圧縮の効果をもった点については，別の事例もある．滋賀県甲賀郡の『土山町々是』は，「農家一般ノ労働状態ハ総テ日出ヨリ日没マデ田圃ニ出デテ業ヲ執ルヲ通例トスレドモ 特ニ製茶養蚕期ニ於ケル労働率ハ最モ烈ク 秋収ノ期モ同一ニシテ籾仕舞及籾摺等ノ為メ早クモ午後十時遅キモ十二時マデ夜業ヲナシツヽアリ」と書いており，製茶養蚕期に休暇がとり難かったことを示唆する．養蚕地帯である山梨県西山梨郡では，5月から6月にかけてが「最も繁忙を極め，時に寝食を廃して辛労に服する者なしとせず」と，『清田・国里村々是』は書く．同じ養蚕地帯に属する中巨摩郡豊村の年間休業日数は30日と平均以下であったが，その『村是調査書』は「本村に於て従来より休日なきにあらざるも時々半ヶ月若くは一ヶ月間休日なく営々労働を継続せしむることあり これを一週間若くは十日間に一日若くは半日の休日を定め清遊娯楽をさなしむるは緊要のことなりとす」と述べる．農家に現金収入をもたらした養蚕業が，伝統的な遊日を奪っていた可能性は高いといわなければならない．

養蚕業は東日本を中心に発展した．このことも，その休日圧縮効果を高めるのに役立ったかもしれない．民俗学者は村落構造とイエのあり方が東西で明瞭に違っていたことを指摘してきたが，祭礼のもち方にもそれが現れているという．ムラが祭祀を行い，年中行事を執り行っていた関西では，祭礼のやり方は旧慣を墨守しようという力が強く働くのにたいして，ムラがイエを単位に構成され，イエの個別性が協調される傾向が顕著な関東では，「家にとって不都合なことはムラの共同に関することでも旧来の方式を簡単に変更したり廃絶する」ことがみられるのである (福田 1997, pp. 137-40)．それゆえ，明治時代であっても東日本の村々では，「蚕業発達」というイエの大事のためには，ムラの祭礼日を動かしたり，休日を減らしたりすることが相対的に容易であったに違いない．

労働負担の増加(2)：耕作農業

しかし，蚕糸業発達だけが余暇を減少させたわけではない．秋田県南秋田郡の『大久保村適産調』には，「五十年以前」，すなわち旧幕時代には「月休ミ盆正定りあり」であったが，「現今」，すなわち 1888 年には「業務多忙なるを以定りなきの如し」と書かれている．福島県安積郡三代村の『適産調』にも 50 年以前との比較欄があり，その田植の項には「昔ハ五畝ヲ植ルヲ一人前トシ植了レバ直チニ其日ノ課業ヲ休ムノ習慣ナリシヲ以テ　朝ハ未明ニ出ツルモ三時頃終業シタリキ　今ハ未明ニ出テ日没迄就業シ　植方モ親切ニシ　縄引植定規植等ヲナセトモ尚一人前六畝平均ヲ植ユ」とある．「縄引植」「定規植」という新しい技法が導入されて効率は上昇したが，1 日の労働時間も長くなったのである．農耕自体も「親切」となった，すなわち労働集約的となったがゆえに「業務多忙」となったことを窺わせる．

農事改良のなかには労働節約となったものもなくはなかった．とくに役畜の活用はそのような効果をもちえたはずである．実際，役畜飼育地域である兵庫県有馬郡八多村において 1900 年に取りまとめられた『農事調査報告』には，「封建時代ニ於ケル農業者ハ苛政ノ下ニ劇シキ労働作ヲ要シタリシガ維新以来ハ漸次時間ニ於テモ傭作ニ於テモ共ニ衰ヘタルガ如シ」というくだりがあり，同村における 1 日の労働時間 8.28 時間は「独乙農業者ノ実例」よりも短いと書かれている．しかし重要なことは，耕作農業における改良と養蚕製糸に代表される余業の拡大とは無関係でなく，相乗作用をもつことがあった点である．山形県東田川郡広瀬村の『村是調査書』は，水田における乾田馬耕の影響につき，次のようにいう．

農家ハ斉シク其法ニ傚ヒ漸次ニ改良シ　馬耕ヲ用ヰテ而シテ人力ヲ省キ是ヲ余業ニ及ホサント勉メタルモノ茲ニ年アリ　故ニ方今ニ於ル農務ノ現状ニ至テハ反テ旧藩当時ヨリ頻繁トナリ　其労働モ亦正ニ増加シタルカ如ク……

ここは平坦部の村で，余作・副業としては煙草のほうが養蚕よりも盛んであったようであるが，いずれにせよ，乾田馬耕の導入と余業奨励とが別個の施策ではなかったことが明らかである．そして，農事改良のひとつが

「人力ヲ省」く効果をもったとしても，それがただちに余暇時間の延長とならずに，余業へ振りむけられたこと，そして「農務」全体としては「反テ旧藩当時ヨリ頻繁」となって，労働負担も増加したことが窺える．

農業改良の方向

　以上の断片的な村レベルでの記述の意味を明確にするために，明治以降のマクロ的な農業発展の方向を概観しよう．速水佑次郎と山田三郎の推計に依拠して，農家1戸当りの産出高と農業者1人当り投下労働時間数を比較する．前者は1934-36年価格で評価された養蚕・養畜をも含む（ただし農業中間生産物は控除された）値であり，後者は男子1人当りに能力換算された値である．

　表5.5がそれを要約する．農家の農業生産が順調に伸びたことは一目瞭然である．1880年を100とする指数でみると，1895年124，1915年には192と，第二次世界大戦時には実質で2倍近くに達した．ここで興味深いのは投下労働時間の推移である．最初のうちは生産の伸びと歩調をあわせて増加，その増加傾向は1915年まで続き，以後は漸減を始めるというパターンである．これは，単位面積当りの労働投入と産出量の関係は右上りから反転して左上りとなるという“石川カーヴ”を，別な指標を使って表現したといってよい（石川1990，図4.2，p. 106）．日本における農業改良は，徳川以来20世紀初めまでの長いあいだ，基本的に在来的手段と方法の枠内で展開した労働使用‐収量増大的な技術の改良だったのである．

　この表5.5における労働時間の推計は，1921年以前は新谷正彦の投下労働日数の推計に依拠している（新谷1973，1974）．作物別の反当投下労働日数に作付面積を乗じ，養蚕や家畜も同様の手続で計算したうえで，集計したものである．いま公表された数値から，もっともウェイトの高い米作の1町当り投下労働日数を逆算してみると，1888年『農事調査表』の272日から，1900年前後の『稲田経済調査』による267日，1922年『米生産費調査』の232日へと，漸減するように推計されていることがわかる．農業者1人当りの作付面積は増えたのであるが，単位面積当りでみると，労働投入低減が初期から織込まれているのである．たしかに，佐賀平野に代

表 5.5　農業産出高と労働時間数の推移，
1880-1935 年

	1 戸当り産出高 （円）	1 人当り労働時間数 （日）
1880 年	242 (100)	1,523 (100)
1895 年	299 (124)	1,871 (123)
1915 年	464 (192)	2,200 (144)
1935 年	561 (232)	2,013 (132)

出所: *LTES* 9, 表 33, pp. 218-9; Hayami and
　　Yamada(1991), Appendix tables A. 1 and
　　A. 5, pp. 245, 251-52.
註 1)　（　）内は 1880 年を 100 とする指数.
　　2)　すべての数値は当該年を中心とする 5 か年
　　　平均.
　　3)　産出高は 1934-36 年価格.
　　4)　労働時間数は能力換算男子 1 人当り.

表される先進地帯についてみると，幕末以来，労働節約的な生産技法の導入が相次ぎ，明治期を通じて反当の労働日数が減少していたことがわかっている．しかし，そこが幕末までに労働使用的な技術改良を完了させてしまっていた地域であったことを考慮にいれれば，全国レベルでみるならば「1930 年代以前については，少なくとも［1 町当りの労働投入が］300 日の水準に達した 1 時期があったにちがいない」(石川 1990, pp. 98-100). いいかえれば，明治大正のあいだは，表 5.5 が示唆するよりも顕著な 1 人当り投下労働時間の増大があった可能性があるのである．

新谷推計まで遡って検討するとわかるもうひとつの点は，表 5.5 にみられる 1 人当り投下労働時間増大の中身である．米や他の耕種作物における変化は僅かで，大部分が養蚕への労働投入の増加によるものであった．それは，石川滋のいうように，「米作と組み合わされる作物ないし非作物農業生産項目の生産の選択にさいして，現在の労働力利用をもっとも増進させるような決定が行われた」結果と解釈できる(石川 1990, p. 109). これは，まさに山形県広瀬村の村是からの引用が示唆していたことでもあった(上述, p. 157).

さらに付け加えるべきは，女性労働の役割である．養蚕を担ったのは女性であったからである．それも，第 2 章で明らかにしたように，農家の主婦の仕事であった．

農業進歩に伴い女性が農業に携わる度合が高まったのか，あるいは低下したのかについては相異なった意見があるが，東アジアの労働集約的な米作社会にかんするかぎり，女子もまた男子とともに長時間働くようになったのが実態であった(Boserup 1970, ch. 1; 斎藤 1991; Saito 1996a). 集約農業の発展は作業を"重くする"傾向をもっていたので，中核的な耕作労働はもっぱら男の手に委ねられることが一般的であったが，他方では，その周辺にそれまではあまり必要とされてこなかった比較的労働強度の軽い作業を創りだし，それらが女子によって遂行されるようになった. 集約化の初期の段階では田植がそういった作業の例であり，次いで水田管理が精緻化する局面となると除草がその好例となる. さらに，木棉作や養蚕が農事カレンダーに加わると，追加的労働の多くは女性によって担われることとなった. 秋口に集中した綿摘みや，6月に不休不眠で行わなければならなかった蚕への給桑や上簇・まゆかきは，典型的な女仕事であった. 1909年の斎藤萬吉調査と1933年の帝国農会調査によって，女子の農業労働日数ないしは労働時間の男子労働日数ないしは労働時間にたいする弾力性値を計測すると，それぞれ1.49と1.78となる. いずれも1.0より有意に大きく，「業務多忙」という事態に直面して女性労働が弾力的に投入されたことを示している[3].

1930年代になってからのデータであるが，農家女性が農業労働に費やした年間の労働時間数は1600時間強で(表5.4)，2000時間をこえる同じ時期の男子よりも短いが，1880年頃の男子労働時間よりは長くなっていたのである(表5.5を参照).

序論でも触れたように，徳川時代を通じてみられた農業技術改良自体，「農耕労働に携わる人々すべてにますます多くのことがらを要求する」という性格をもっていた(T. C. Smith 1959/70, p. 157). それゆえ，農業発展の長期的趨勢からみるかぎり，明治期に年間労働日数を増加させる力が働

---

3) 1909年については，月別データと地域をプールし，女子の耕作労働日数を男子の労働日数に対数線型で回帰させ，1933年の場合は，季節と年齢階層をプールして，女子の農業労働時間を男子の労働時間に対数線型で回帰させた結果である(斎藤 1991, pp. 38-39). なお日数の回帰式には，関東・東北＝0，関西＝1とする地域ダミーが加えられているが，その回帰係数は統計的に有意にプラスであった. すなわち，西日本の労働日数が東より多かったことは，ここでも確認されたのである.

いたと考えてもおかしくはないのである.

「休業日ノ課業」

　これまでの検討を要約すると,地方の町村における休日数は明治時代を通じて減少しなかったようだ.日露戦後の地方改良運動をへても,休業日が少なくなったということは町村是のデータからは観察されない.一方,農業における農事改良の方向は明らかに労働集約へ向かっていた.もっとも,明治末・大正期からは労働節約の要素が徐々に加わってきたことも事実である.しかし,養蚕が拡大しているあいだは,その労働需要の増大を相殺するほどに労働節約効果は大きくはなかった.とすれば,休日数が減少しないにもかかわらず,増加する労働負担の遂行はどのようにして可能だったのであろうか.

　そのひとつの鍵は,労働規律の向上であろう.大門正克は茨城県下のいくつかの町村是から,明治末年になると「労働の規律」が農村社会の徳目に加えられるようになったことを明らかにしている(大門 1995, pp. 79-80).もうひとつの鍵は,休業日における時間の使い方にあったのではないか.町村是の記述を再びみてみよう.

　522例のうちで最少の例は,すでにみたように鹿児島県勝目村の8日であった.村是には,「雨天ノ際ハ往々休業スルコトアリト雖トモ多クハ自宅ニアリテ適当ノ余業ヲ為シ　休暇日トシテハ正月(三日),七月盆(一日二日),方祭一日(之ハ旧来ヨリノ習慣ニシテ旧九月ノ比一部落毎ニ日ヲ定メテ之レヲ行フ),相撲(秋季一日),早馬(春季一日)等ノ外別ニ休業スルコトナシ」とある.額面どおり受取れば農事休みはとらなかったことになるが,実際は,農作業の休業日であっても「自宅ニアリテ適当ノ余業」をしたり,翌日の農作業のための段取りをしたと読むこともできる.

　事実,大分県大分郡の1909年『由布川村々是』に掲げられた「由布川村休業日一定規約」をみると,「休暇日ト雖トモ店舗ヲ有スル商家ノ商業若クハ屋内ニ於テ余業ニ従事スルモノ……ハ之ヲ妨ケス」とあり,1902年における秋田県平鹿郡舘合村の『農事調査書』には「休日は正月元旦同拾六日の両日は終日の休業とし　其他の休日は凡て午前拾時迄執業するも

のとす」という記述を見いだすことができる．休日に余業をすることは珍しいことではなかったようである．また，前述の山形県広瀬村でも，旧暦4月8日の仏生日，5月5日の菖蒲の節句，9月9日の菊花の節句については「朝食後ヨリ休業」と明記されている．これは，“朝飯前”あるいは“アサズクリ”と呼ばれた朝業をしたということにほかならない．休日に行う朝業も，多くの場合，慣行によって仕事量の決まった課業だったといわれている(福田1990, p. 23)．実際，「休業日ノ課業ハ休業前ニ肥料ノ積換又ハ屋外屋内ノ清潔法ヲ課ス」とは，福島県三代村の村定であった．

　伝統的に休日における朝飯前の仕事は一人ないしは一日仕事と看なされることなく，また半人ないしは半日仕事に勘定されることすらなかった．しかし，労働時間の計算からいえば，それは当然算入されるべきであり，しかも重要なことは，農事全体が「業務多忙」となると，前日の作業の片づけ，あるいは翌日からの農作業のためにしておかなければならない段取りは増え，休日も完全には休みとはいえなくなった場合がでてきたことである．たとえば，島根県仁多郡八川村の1911年に作成された『農事調査報告書』が掲げる「全村休業日」と「部落休業日」の合計は31.5日であったが，その休日表には「近年業務一般に多忙となり　休業日と雖其半日は大概労働に従事するの傾向あるを観る」と注記されている．農業改良の帰結は，休日でも朝業だけではすまなくなり，半日仕事をする農民が増えることであったことを強く示唆している．

4　結　　語

　本章で試みられたことは，余暇時間のレベルとその長期的趨勢を測定するための第一歩であった．今後の研究に俟たねばならないことは多い．これまでの検討はもっぱら地方社会を対象としたものであったが，その一応の結果を要約すれば次のようになろう．

　第一に，余暇への潜在需要は，徳川時代から明治大正期にかけて増大した．事実，休日数の増加がみられた町村も若干はあったようである．

　しかし第二に，全体の傾向としてみると，その潜在的な余暇への要求が

第5章　余暇時間の経済史 —— 163

実現するかどうかは政治に依存した．村レベルでは世代間対立の政治学，より高次のレベルでは国家の意向，文明開化，天皇制シンボルの影響などによっては，年間休日数が減少することもみられた．

　第三に，産業と農家経済の次元では，まったく異なった力が働いていた．徳川時代以来の在来技術に支えられた農業発展の方向は，労働使用的であった．米作が労働集約的であり，また多毛作・余業の導入が投下労働需要を増加させた．総体として「業務多忙」の方向へ向かっていたのである．その結果は，1日の労働時間を長くさせ，年間の労働日数を増加させる力となった．

　もっとも，耕作農業にかんするかぎり，世紀の変り目から徐々に労働節約的な方向での技術変化が導入され始めたことは確かである．したがって，実際の年間労働時間が増大したかどうかは，労働節約技術の効果と「業務多忙」化の効果のどちらが大きかったかに依存したのであろうが，昭和恐慌で養蚕業が壊滅的な打撃を受けるまでは，余業における労働投入の増加の効果が上回っていたのではないかと思われる．柳田国男は「村の労力は新農法の興味に誘はれて，少なくとも質に於ては其供給を増加することが出来た．昔の休日は半分に減じ，小農の熱情と注意とは倍加して，旧耕地の収益を豊かにした……．其中でも一番よく働いたのは養蚕業であつたらう」(柳田 1929/69, p. 364)と書いているが，村の休日数が「半分」となったというのは誇張にしても，生産者としての農民と彼の家族は自分の意思で労働投入を増加する用意があったとはいえるであろう．

　それゆえ，農村所得水準の緩やかな上昇傾向に支えられた潜在的な余暇需要の増大傾向と，農業と農家余業の側からくる労働投入増加要請とは衝突せざるをえない．とすれば，現実の余暇時間と労働時間は，農家レベルでの調整と，もうひとつは政治の働きかけによって決定されねばならなかったはずである．前者にかんしていえば，家族労働力に依存する小農家族経済においては，労働投入増加の要請を優先させたのであろう．所得と消費の向上自体が，本業である耕作農業と養蚕などの余業の出来にかかっていたからである．仮に休日日数を変化させることができなくとも，農民は各作業に「熱情と注意」を倍加すること，また段取りに時間をかけること

で実質的に投下労働量を増やすことができた．加えて，明治国家は人びと
の余暇増大要求には冷たかった．したがって，休日数を増加させることは
現実には難しく，農村部門における労働の密度はたしかに高まる方向にあ
ったと思われるのである．

第6章　経済発展と時間: 戦前から戦後へ

　前章での実証は，もっぱら農村部における余暇を対象としていた．データは町村是であり，また農業だけではなく余業就業をも視野にいれてはいたが，基本的には農家の休日需要と労働投入行動とが問題であった．その結果は，生活水準の長期的な上昇傾向とともに農家の余暇需要は増大したことを示すエヴィデンスがある一方で，彼らの総労働時間も増加に向かった．

　しかし，大正から昭和ともなると，国民経済における農業・農村工業以外の産業の重みは高まった．それゆえ，国民の労働時間がどのように推移したかを考えるためには近代産業をも考慮にいれなければならない．第Ｉ部の第1章でみた明治以降の賃金水準は製造業で代表させたわけであるから，1人1日(マンディ)当り実質賃金の動向と労働時間の関連を探るためにも，産業における就業時間をみておかなければならない．賃金収入が所得を決定するような世帯の人びとにとって，労働時間は彼らの生活水準を決定するもうひとつの重要な要因だからである．豊かさは余暇への需要を増加させ，労働時間を減少させたのか，あるいは産業における労働時間の歴史の基底においてもそれとは異なった力が働いていたのか，勤労者階層の人たちについて確定したい．その上で，農家自営業の世界から賃金・俸給生活者の世界への転換にあたって，いかなる点で非連続性が観察され，どの点で連続性がみられるか，若干の考察をし，本書の結びにかえたい．

1　産業の労働時間

趨　勢

　本章の趣旨からすれば，労働時間にかんしても第1章におけると同様に，徳川 - 明治 - 大正 - 昭和の概観ができることが望ましい．しかし，前章で総合研究開発機構の既往推計にコメントするかたちで述べたように，1920

166

年以前にかんしては，政府統計がないわけではないが，定義やカヴァリッジ上の問題から年次間の比較可能性が著しく低い．製造業における労働者1人当りの実労働時間が年次的に追える統計がともかくも揃うのは，1920年代以降のことといわれている．

　この時代の労働時間統計としては，内閣統計局の『賃銀毎月調査』と日本銀行『労働統計』の2系列があるが，ここでは産業分類に変更のなかった後者を利用する．これら統計における「実労働時間」というのは，休憩時間を除き，時間外労働を加算した値である．戦前の日本銀行『労働統計』によるデータもその定義に従うのが建前であったが，現実には「成規時間」(所定労働時間)のみが調査表に記入されることが少なくなかったという．それでも，この統計によって機械・船舶工業の平均労働時間の推移を尾高煌之助が旧三菱重工の4事業所の記録から算出した1人1日当り実労働時間と比較すると，その水準は常に三菱のほうが数パーセント高めであるが，動きにかんするかぎり両者はよく一致している．戦間期の趨勢をみるうえで，日銀『労働統計』は十分に利用可能だといってよい(尾高 1984, pp. 123-25)．

　図6.1によって，製造業における労働者1人当りの月間実労働時間が年々どう推移してきたかをみる．まず両大戦間期をみよう．グラフ中の民間工場計のグラフは，V字型の変化を示している．すなわち，20年代の低下傾向と30年代の上昇傾向とである．これは，一見したところこの時期の景気変動とよく合った動きのように思える．しかし，産業別にみると様相は異なるのである．

　図6.2は戦前について主要産業ごとに変化を描いたものであるが，この時代の重化学工業化の担い手であった機械工業をみると，1931年に落込みはあるものの，一貫して増加傾向にあった．これにたいし，繊維産業のトレンドは別であった．1924年をピークに以降急速に減少したのである．これは，不況のなかで繊維がとくに大きな打撃を被ったという事情の反映とも考えられる．しかし実際は，それ以上に制度的な問題が重要であった．すなわち，12時間労働制を決めた1911年工場法の猶予条項——施行後15年間は14時間の就業時間を認める——が期限切れになったことこそ最大

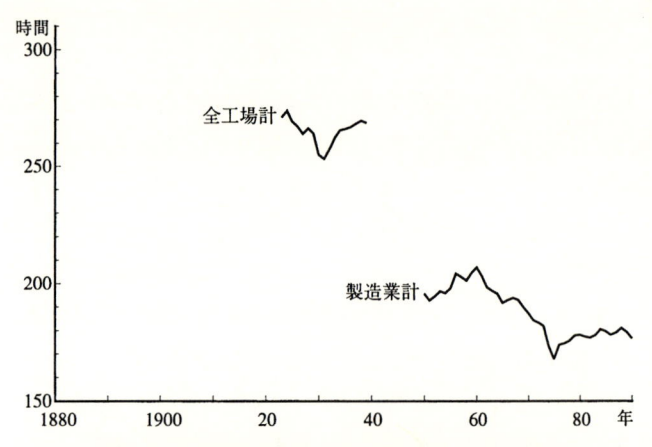

図 6.1 製造業労働者の月間労働時間，1923-90 年

資料: 戦前……日本銀行『労働統計』による民間工場労働者の 1 日当り
「実際就業時間」に 1 月当り就業日数を乗じたもの(『日本労働運動
史料』10, pp. 230-31).

　　　戦後……事業所規模 30 人以上の常用労働者の月間「実労働時間」
(『日本長期統計総覧』1, 表 3-16 d), 1986 年以降は労働省『毎月
勤労統計調査』各年版.

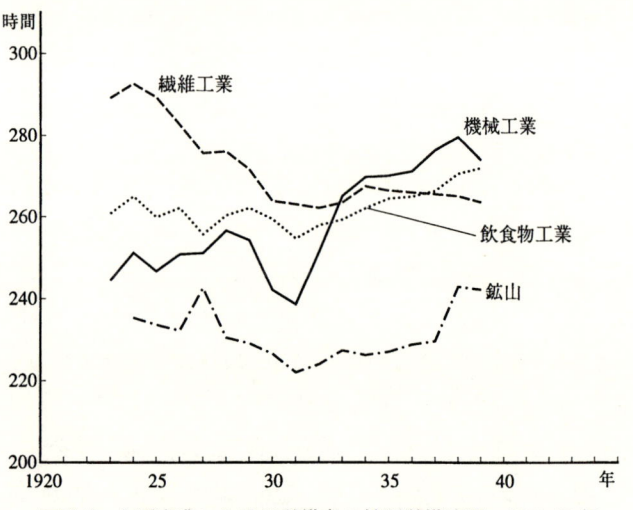

図 6.2 主要産業における労働者の月間労働時間，1923-39 年

出所: 図 6.1 の戦前期に同じ.

の要因であった．これに加えて，1919年の国際労働機関(ILO)第一回労働総会における8時間制1週48時間労働決議(第1号)を契機に同法が改正され，1926年から施行された．猶予期間はもうけられたが，その3年後から年少者と女子の深夜業が禁止となったことも，繊維産業の労働時間を急速に減少させる大きな要因となった．同様の事情は鉱山業にもある．1928年，鉱夫労役扶助規則改正によって就業時間は10時間へ制限され，保護鉱夫の深夜業が禁止となった．いいかえれば，繊維産業と鉱山業にかんするかぎり，外部からの力が労働時間を減少させたのである．鉱山労働者は図6.1の工場計には含まれてはいないが，1920年代では繊維労働者だけでも全労働人口にたいするウェイトが高かったので，工場計ではその間の低下傾向が強くでてただけのことである．他の産業をみると，食品工業のように，戦間期を通して緩いV字の推移を示すが，繊維産業とは違って30年代末の水準は20年代初めよりも若干高い値を示している．また，鉱山業ですら30年代になってからの増大傾向は繊維業よりも顕著で，それゆえ，機械工業を含めて考えると，実体経済の動きに即した労働時間の長期趨勢は増加傾向を示していたといってよい．

　図6.1に示された戦後のカーヴは，戦間期のそれよりもはるかに低い水準にある．そして，この水準差の大部分は戦後改革に伴う制度変化によって，すなわち1947年の労働基準法施行による8時間制(週48時間)の確立によって説明される．

　グラフから戦後40年間の変化をみると，高度成長が始まっても1960年までは増加していたことが注意をひく．その後，第一次石油危機までは顕著な低下をみせ，以降再び増加傾向に転じた．全期間とおしては長期縮小傾向にある．ただ，戦後にかんしてもデータ上の問題は残る．通常は戦後の統計調査のほうが戦前の調査よりも質的に優れていると考えられるが，労働時間にかんするかぎり，銀行などホワイトカラーの"サービス残業"の例に端的に現れているように，戦後統計のほうがかえってタテマエに近いという面もあるようである．さらに，1962年のILO時短勧告(第116号)以降は政府が国民の祝日を増やしたことの影響が小さくないので，ここ30年の趨勢が長期縮小軌道の上に本当に乗っているのかどうかは必ず

しも定かではない.

賃金と時間

　以上の観察を実質賃金の推移と関連づけてみよう. 第一に, 実質賃金の増加と労働時間の減少が並行して観察される時期があった. 1960 年以降の高度成長の過程がそれである. 所得の階層間格差が縮小し, 家庭電化, 大衆消費の時代が到来したといわれた. 尾高煌之助は成長の軌跡を追った論文のなかで, この時期の家庭用什器の購入は——他の事情が一定なら——余暇時間を増加させ, 家事時間を減少させたという, 樋口美雄の計量分析結果を引用している (尾高 1989b, p. 187; 樋口 1978). また, 短期間であったとはいえ, 1910 年代後半も同様の関係がみられたといえるかもしれない. 信頼できる労働時間統計は存在しないが, 8 時間制採用の動きが急に高まった時期であったからである (個別企業の労働統計については後述). また, この時期, 大阪市社会部が『餘暇生活の研究』という画期的な調査を行ったのも, 第一次世界大戦後に余暇にたいする関心と要求が急に高まったという社会事情と無関係ではないであろう (氏原 1970).

　しかし, 第二に, 労働時間の変化は景気変動と相関していたという面がある. 景気が良くなる, あるいは回復すると生産活動が拡大し, 残業時間が増え, したがって総労働時間も増えるという周知の関係である. 高度成長の立上りにあたる 1950 年代, および石油危機以後の 10 年余はそのような時代であった.

　戦前, 1920-30 年代は景気の後退から回復の過程にあたり, やはり, それに対応した残業時間の短縮から増加への動きがみられた. この点はこれまで明示的に議論されたことはなかったかもしれないが, 尾高によって整備された旧三菱重工の労働統計はこの変化をくっきりと描きだしている (図 6.3)[1]. けれども, この間の実質賃金の変化をみると興味深いずれが

---

1) 尾高は, 1 日当りの「作業時間」(労働時間)に早出・残業時間は含まれていないと考えたようであるが (尾高 1984, p. 123), 前者から後者を引くと, 各年とも 9 時間という当時の所定労働時間にほぼ等しくなるので, 企業の職工統計にある「作業時間計」は早出・残業を含んだ数字と解釈したほうがよいように思われる. なお, 平均超過勤務時間は在籍職工数で除したもので, 超過勤務をした職工 1 人当りではない.

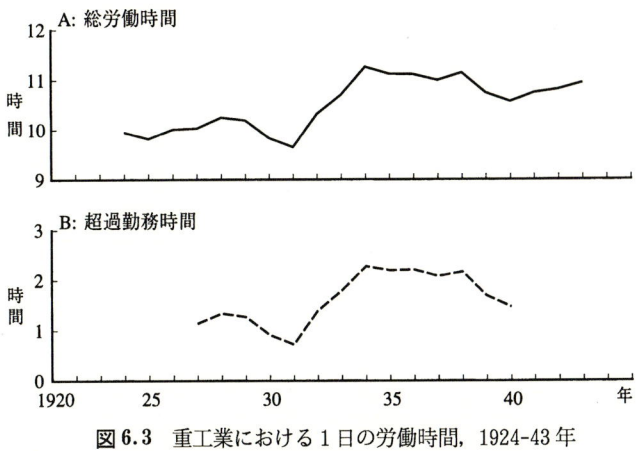

図 6.3 重工業における 1 日の労働時間，1924-43 年
出所：『旧三菱重工の労働統計』表 4.9. 長崎・神戸・
彦島の各造船所と長崎兵器の 4 事業所平均.

みられる．1920 年代は，不況による物価の下落が効いて実質賃金は微増
傾向，30 年代にはいって停滞ないしは微減を示すので（第 I 部図 1.3 をみ
よ），早出と残業を合計した超過勤務時間の変化とは，数年のラグをもち
つつ逆の動きをしたことになる．しかし，両大戦間期をとおしてみると，
賃金の実質レベルは上昇，他方で労働時間は緩やかに増加したと判断され
たので，前者が勤労者の余暇需要を喚起し，それが彼らの労働時間に反映
するという力は働かなかったことになる．

　このように，賃金収入の実質水準と労働時間とのあいだに明白な一対一
の対応関係はなかったといってよい．その対称と非対称の関係は，両大戦
間期，高度成長の初期段階，1960-70 年代，石油危機後という時期それぞ
れについてみるかぎり，実質賃金と賃金格差の関係に類似したパターンと
もいえる．ただ，ひとつ異なるのは，高度成長期における急速な所得格差
縮小をへて，石油危機終了後に再び格差拡大の動きはみられるものの，日
本が現在でも階層間不平等のもっとも小さい国という事実に変わりはない
のにたいして，労働時間の長さは，戦後の数十年間に観察された短縮傾向
にもかかわらず，いまだに先進諸国のなかでは長時間労働の国にとどまっ
ているという点であろう[2]．いいかえれば，“所得倍増”が不平等解消に

第 6 章　経済発展と時間: 戦前から戦後へ —— 171

及ぼした効果と比較して，時短に与えた影響ははるかに小さかったのである．

　それでは，第一次世界大戦以前における関係はどうであったのであろうか．この問に答えるためには，個別の事例をみなければならない．

　前章では，農村においては文明開化の直接的な影響が必ずしも余暇を増加させる方向へは働かなかったことをみた．日曜休日制の導入はその開化政策の産物であったが，役所や学校，そして富岡製糸場のような官営模範工場の場合は，明瞭な休日増加効果をもったはずである．たとえば，富岡における労働条件は，日曜週休制，1 日の労働時間 8 時間という，当時のイタリア・フランスにおける器械製糸工場と比べても遜色なく，文字どおりに模範的だったのである (清川 1995)．

　しかし，日曜を休日とすることの一般工場への普及浸透には，実際は長い年数を必要とした．19 世紀末の製糸工場でも同様で，休日は長らく 1 日と 15 日の月 2 回ないしは 1, 11, 21 日の月 3 回が標準であった．「郡是製糸や石川組などキリスト教を標榜する製糸工場においてすら，第 2・第 4 日曜日 (第 1・第 3 日曜日のみ休日) は安息日でなかったことを想えば，[それは] 生産第 1 主義の帰結であったというべきかもしれない」(清川 1995, p. 234)．この生産第一主義は，繊維産業全体における女工の 1 日当り労働時間の変化にもっともよく反映されていた (以下，隅谷 1955, pp. 129-33)．そのひとつの方法は，「単純な就業時間の延長——始業時間を早め就業時間を遅くする」ことであり，典型的には各地の製糸工場でみられた．そこでは，明治 20 年代になると 1 日 15-16 時間というところさえ現れたのである．もうひとつは深夜業の採用，具体的には紡績業における昼夜二交代 12 時間制の開始であった．男子職工の場合，伝統的な職人の労働日は「七字出五時引」の 10 時間，休憩時間を差引くと 9 時間で，月 2 回の休日が慣行であったようであるが，これは軍工廠など官営諸工場の熟練職工

---

2)　もっとも，労働時間にかんする国際比較はそう単純ではない．たとえば，「時短推進上の課題」をテーマとした 1993 年度の『労使関係白書』は，日本の労働者の年間総労働時間が長いというとき，比較対象となっている西欧の統計にはパートタイム就業者が多く含まれていることを指摘している．この『白書』の試算によると，日本でもパートタイムの比率がアメリカ並にまで高まれば，仮に 1950 時間というフルタイム就業者の年間労働時間に変化がなくとも，平均値で 150 時間の短縮が起こるという．

に引継がれた．しかし，技術の改善と経営の合理化が図られたとき，多くの場合，就業時間は短縮するのではなく，実質的な延長が生じた．官営工場でも1880年代末には9時間から10時間になったが，よりいっそう興味深い動きは鉱業でみられた．足尾銅山の争議を分析した二村一夫の著作によれば，金属鉱山の労働は1880年代においては決して「長時間・低賃金」でなかったが，90年代以降，会社の経営方針の変化・洋式溶鉱炉への転換とともに労働時間の延長・賃金の凍結などが図られたのである（二村1988, ch. 3）．

このように，明治年間の諸産業においても，農村の場合と同じく，年間の総労働時間を減少させる方向に作用した力と，一方では増加させる方向への圧力の双方が作動していたものと思われる．そのネットの効果がどうであったのかを知る手だてはないが，増加圧力の事例が中後期に多くみられることを考慮すると，年間総労働時間が顕著に減少する傾向にあったとは考えにくい．

次に，大幅な実質賃金レベルの上昇があった第一次世界大戦後の好況期に目を転じよう．その影響のひとつは労働時間の延長をもたらすようなものであった．すなわち，「時局ニ依ル好況ノ反面ノ影響トシテ業務繁忙ナルカ為ニ新ニ夜業ヲ開始シタル者アリ　就業時間，休日休憩時間ニ関スル規定ニ違反シ許可，認可ノ申請，届出ノ手続ヲ怠ル者尠カラス」（『大正五年工場監督年報』，p. 18）というような傾向がそれである．

他方では逆の動きもあった．8時間労働要求運動である．それまでは労働側でも「八時間尚早説」すらあったのが，1919年9月の川崎造船所の争議を契機に事態は急転回し，少なからぬ企業で採用された．「大正八年中ニ突発セル現象中茲ニ特筆スルノ要アルハ就業時間短縮問題ナリ」と，同年度の『工場監督年報』はいう．なぜ「突発」的に起こったかというと，「欧米諸国ノ大勢ト第一回国際労働会議等ノ大ナル渉外的刺撃」と，「国内ニ於テモ諸物価ノ著シキ騰貴ト相俟テ団体的労働運動ノ高潮シ来レル等種々複雑ナル事情ニ因由スルモノナリ」．すなわち，すでにみたILO第一回総会決議の衝撃と，戦時ブームに伴うインフレ，賃金上昇圧力，労働運動の高揚とが原因であったというのが『工場監督年報』の観察であり，そ

のインパクトも決して小さくなかったと思われる．けれども，この8時間制のひろがりは必ずしも内実を伴ったものではなかった．就業時間を実際に短縮した325工場について調査した結果は，早出・残業を前提とした8時間制がほとんどであったことを示している．すなわち，そのうちごく僅かの例外を除けば「孰レノ工場ニ於テモ早出若ハ残業ヲ廃止スルニ至ラサルノミナラス　短縮セシ就業時間内ノ作業ノミニテ予期ノ結果ヲ挙クル能ハサル為常時若ハ臨時ニ残業(早出ヲ含ム)ヲ行ヒテ之ヲ補フ工場多カリシ」．それゆえ，「実質的ニ観察スルトキハ所謂就業時間ノ短縮ハ有名無実ニシテ賃銀算定ノ時間的基準ヲ変更シタニ過キサル」場合が多かったのである(同，p. 70)．また，制度自体も短命に終わった．その後，8時間制採用の動きは不況が深刻化するとともに鈍り，造船会社に典型的にみられるように「9時間制への復帰など，逆行的な現象」さえ生じた(西成田 1988, p. 56)．

　表6.1は，尾高の編纂した『旧三菱重工の労働統計』から，もっとも長期間にわたって信頼にたるデータを提供してくれる，長崎造船所の就業日数と労働時間の推移を要約する．一企業にすぎないが，データの乏しい時期を鳥瞰するうえで貴重な事例である．ここから，次の4点を指摘することができる．

　第一に，1月の就業日数と1日の労働時間とは，必ずしも同じ推移を示したわけではなかった．これは長崎造船所が官営の工場として出発したことと関係があるかもしれないが，前者は増加傾向にはなく，それゆえ1月の休日数からいえば，少なくとも日曜休日制は完全に定着していたとみてよい(中西洋 1983, pp. 542-49)．第二に，1日の実労働時間はかなり大きく変化し，1930年代には明瞭に長くなった．日露戦争前の10時間が，昭和恐慌以後には11時間となったのである．所定就業時間が9時間の制度の下で，実働11時間というのがいかに長い労働時間かはいうまでもない．第三に，景気変動に伴う変化もまたみられた．たとえば，日露戦争中の1905年前後には1月の休日数が減少，各年の就業日数をみると27日をこえたときもあった．これにたいし，その後の不況期には1日の実労働時間が低下した．年によっては9時間を割りこんだ場合すらみられる．他方，

174

表 6.1 長崎造船所における労働時間の推移,
1900-40 年

年　次	1月当り就業日数 (1)	1日当り労働時間 (2)	1月当り労働時間 (3)
1900 年	21.29	10.05	214.0
1905 年	25.50	10.08	257.0
1910 年	25.17	9.39	236.3
1915 年	24.80	10.62	263.4
1920 年	24.77	9.11	225.7
1925 年	24.42	9.74	237.9
1930 年	24.47	9.99	244.5
1935 年	24.75	11.17	276.5
1940 年	23.60	11.01	259.8

出所: 欄(1)(2)は『旧三菱重工の労働統計』, 表4.
　　　欄(3)＝(1)×(2).
註1)　各欄とも定備1人当り.
　2)　各年次を中心年とする5か年の平均値.

1910 年代末から 1920 年代初頭にかけての短い実労働時間は——この期間が原データでもっとも不確かなところなので断定は避けなければならないが——8時間制運動の影響, 三菱長崎造船所の場合は 10 時間制から 9 時間制への移行の影響と考えることができるかもしれない. いずれにせよ, 第四に, これら 2 つの値の積として計算された 1 月の平均実労働時間は, かなりの上下動を伴いながらも, 長期的趨勢としては明瞭に増加したのである. この結論は, 前章で紹介した総合研究開発機構の推計結果とは異なるが(上述, p. 142 参照), 上記の断片的事例から得られる印象, および明治年間山梨県についてのトゥッシンの推計とは矛盾しない(Tussing 1966).

2　政策と制度と家族の選択

政策と制度

　結局のところ, 明治以来, 観察される労働時間をまがりなりにも短くさせてきたのは労働保護立法と, その背後にあった政府の姿勢であったように思える. 明治年間における地方休日問題と同様, さまざまな政治的配慮と政府の政策的介入は, 景気動向や経済成長率以上に強い影響力をもった

といえよう.

　戦前にあっては，工場立法の影響が小さくない．同法の意義については
その不十分さがしばしば指摘されるが，図6.2をみるかぎり，その時短へ
の効果を過小評価することは許されないであろう．むしろ，指摘さるべき
はその制定経緯である．政府は労働者の要求によってやむをえず制定に踏
みきったのではなく，結核予防という公衆衛生上の動機，健全な壮丁を確
保したいという軍事的な動機，それに加えて労働力保全という社会政策学
派の政策思想の影響を受けて，その成立を推進したのであった(池田1978).
しかし，それ以上に影響力が大きかったのは，1947年に成立した労働基
準法である．そこで採用された8時間制は，ILO第1号条約に反映した
国際水準へと一挙に引き下げた画期的なものと評価されており，それは図
6.1からも明白であろう．この場合も，法制化への圧力は実体経済からも
たらされたのではなかった．敗戦後の"民主化"プログラムの一環として
導入されたのである．さらに最近では，国民の休日を増やすことや公務員
への週休二日制導入によって欧米並の年間労働時間に近づけようとする政
府の努力をもあげることができよう．ここでも，動機は外圧と関係してい
た.

　労働保護法以外の制度はどうであろうか．英国の歴史的な経験をみても，
19世紀末から1965年にかけての時間短縮は，実体経済の年々の動きに対
応して変化してきたというよりは，わずか3つの時期に集中して各産業に
拡まったことがわかる．生産の動向や物価上昇といった，実体経済の動向
との関連で採られた労働組合の戦術が決定的な意味をもっていたからであ
る(Bienefeld 1972).別ないい方をすれば，労働組合という制度も時短の
歴史には重要な役割を果たしえたということである.

　しかし日本の場合は，組合の役割が大きかったということを聞かない．
いうまでもなく，まったく無関心なのではなかった．明治期における工場
法論議に際しては，片山潜らに指導された労働組合期成会が修正論を掲げ
て積極的な運動を展開し，彼らの要求事項には労働時間と休日にかんする
基準引上げも含まれていた(池田1978, ch. 4).しかし全体としてみると，
彼らの声が小さかったことは否めない事実であろう．「本邦ニ於ケル工場

法制定ノ必要ハ主トシテ政府及学者ニ依リテ提唱セラレタルモノ」(岡1913, p. 99)という，一法案担当官僚の言は，明治以降における労働時間規制問題の特質を端的に表現している．また実際，1919年の第一回ILO総会で決議された労働時間短縮問題にたいする政府の反応には「柔軟な姿勢」がみられ，農商務省はその決議を取入れた「画期的」な工場労働法案を起草しさえした(橋本1984, pp. 141-42)．使用者のあいだでの議論も「労働者の要求」に押されて始まったのではなく，長すぎる労働時間は生産性を低下させ，日本の産業の競争力を危うくするという，「実験的証拠」に支えられた見解に根拠を見出してのことであった．労働者は，「労働は商品ではないという条項と比べると8時間問題にあまり注意を払わなかった」にもかかわらず，である(T. C. Smith 1988/95, p. 232)．

戦後になっても，時短問題は軽視され続けてきた．1955年体制の一貫として定着した企業別組合と春闘方式は，終身雇用と年功賃金を保障してもらうかわりに，賃金を企業業績にリンクさせることを容認することをも意味していた(橋本1989; 尾高1993)．それゆえ，現在においても，企業別組合が「労働時間の削減に貢献していないのは明らか」という批判が聞かれることになる(尾高1993, p. 179)．

家族の選択

これまでの章でみてきたことは，農村社会においては，イエ，すなわち家族経済が成員の就業と労働時間を決定するうえで強い発言力をもっていたことであった．直系家族制度のもと，集約農業と商業的農業の発展，余業の導入，これらは家族員も含めた全員の投下労働量を増やす方向に作用してきた．とくに，技術改良によって女性が特定の農耕作業から撤退しても，その結果生じた周辺作業と，新たに導入された商品作物や余業関連の仕事を彼女たちは担っていったのである．

しかし，第一次世界大戦を契機とする本格的な工業化は，このような小農世帯とは異なる勤労者世帯を生みだした．俸給生活者や工場労働者の世帯である．彼らの家族における中核的な収入稼得者は，ほとんどの場合，夫である．そして，彼ら勤労者の労働時間を経済成長の過程で減らしてゆ

表 6.2 職業階層別・男女別にみた労働および家
事時間, 1941/42 年: 年齢 31-45 歳層

職 業 世 帯	男子 1 人当り (時間)	女子 1 人当り (時間)
A　労働(従業)時間		
俸給生活者	7.5	0.1
工場労務者	10.0	0.6
小売業	9.4	5.1
農　業	10.1	7.7
B　家事時間		
俸給生活者	0.4	10.4
工場労務者	0.2	10.4
小売業	0.2	6.7
農　業	0.3	5.5

出所:『国民生活時間調査』各巻. いずれも四季調査の
平均.

く内在的な力は弱かったというのが, 先の観察からわかったことであった. 実際, 労働組合が組合員の労働時間短縮に熱心でなく, また組合員の賃上げは企業間競争の結果に依存していると意識されているとき, 個々の勤労者, とくに男子はどのような対応をするであろうか. 就業開始時間より前に出勤して定刻に作業が始められるよう準備をするであろう. 事実, ロナルド・ドーアの調査した日立の工場では, 工員の 87 パーセントが, 10分以上前に到着していた(Dore 1973/87, p. 262). ホワイトカラーなら, 30分前に出社してその日の仕事の段取りをしたり, サービス残業をしたり, 週末や休日に翌日の仕事のための下調べをするといったことが起こるであろう. これは, 非組合員である管理職の行動パターンでもあろう. すなわち, 実質的な労働時間が減らないという事実には, 高賃金経済の代価という側面があるに違いない. ただ, このような産業社会人の行動は, 「休業日ノ課業」をこなす農民のそれとあまり変わらないようにみえる.

それでは, 夫たちが農家自営業の戸主から勤労者へと変わり, 彼らが稼ぎだした収入が向上したとき, 家族の, とくに配偶者の余暇時間は増えたのであろうか. 成人女性の時間配分行動をみよう.

表 6.2 は, 戦時中の調査であるが, この点で興味深い職業階層間の違いを明らかにしてくれる. 資料は日本放送協会(NHK)が行った第一回の国

民生活時間調査である．このときは，戦後の第二回以降とは異なり，表に
示した4つの職業階層から典型的な世帯が選ばれて生活時間が調査された．
もっとも代表的と考えられた対象を意図的に選ぶ典型調査であるがゆえに，
たとえば工場労務者でも妻が内職をしている家族は含まれていない[3]．し
たがって，農家あるいは小売業世帯と工場労働者ないしは俸給生活者との
比較は，自営業世帯の勤労者化と世帯所得の上昇という2つの効果を観察
していることとなる．この表からは，まず第一に，自営業と勤労者世帯と
いう区分が基本的に重要であったことが明らかである．妻の労働時間が長
かったのは農家だけではなく，都市の商店世帯でもみられたことであり，
他方，夫は仕事，妻は家事という世帯内分業は，ブルーカラーでもホワイ
トカラーでも変わりはなかった．ただこれは，典型調査である以上当然の
ことかもしれない．第二は，女性の家事時間にみられる職業階層間の差で
ある．とくに，自営業の場合にたいして勤労者の妻は4,5時間も長く，家
事時間が10時間に達していたのである．労働と家事を合計した総仕事時
間は，若干減少したことになるので，世帯の職業転換と所得向上によって
余暇時間も若干増えたといえないことはない．けれども，家事時間の増加
は歴然としている．それゆえ，第三に，家族世帯の勤労者化が所得向上を
伴って起こったとき，労働の世界から撤退した女性の時間は余暇時間増大
に直結したのではなく，まず家事時間の増加となって現れたと考えざるを
えない(Saito 1994, 1996a)．

　これは，農家や商店世帯では家事が必要以上に切りつめられていたと解
釈することもできるが，世帯所得の向上が新たな家事活動への需要を生み
だしたとも考えられる．この家事時間には家族の衛生管理や子供の教育に
かかわる時間も含まれていることを考慮すれば，このような因果関係が成
立つことも理解できよう．産業社会が成熟すると，ある種の"家庭内生
産"が再び重要になってくることは戦後の英国でも認められる．生活水準
向上に伴う家事時間のすべてが市場化できるわけではないからである．家
事労働も，就業労働と同じく変数なのである(たとえば，Gershuny 1988;

---

3) 調査は秋季に行われた一般調査と冬・春・夏季の季節調査とからなり，それぞれがまた
職業グループごとにわけられた．調査方法や標本数の詳細は，鈴木泰(1990)を参照．

Horrell 1994).

　高度成長と大衆消費の時代において，家庭用什器の購入は余暇時間を増加させ，家事時間を減少させたという，先に言及した樋口美雄の仕事は，戦後のNHK『国民生活時間調査』を利用して，家事時間と余暇時間とに与える効果を区別して推定した優れた分析であるが，それはまた，夫の所得増加は——ダグラス‐有沢の第一法則が含意していたように——妻の余暇時間を増やしたことをも示している (樋口 1978). それゆえ，一般的な所得水準上昇は間違いなく家族の余暇選好を高めたはずである. しかし興味深いのは，同じ分析は，電化製品の導入は妻の勤労時間増加をも伴ったこと，しかも弾力性の値で効果を比較すると，勤労時間増加効果が余暇増大効果よりも格段に大きかったことを明らかにしている点である. さらに，妻に提示される賃金率の上昇は彼女の労働時間を増やし (ダグラス‐有沢の第二法則)，余暇時間を減らす効果をもったのであるから，所得水準上昇の余暇時間にたいする全体的な影響はますます不明瞭となる. 政治の直接的な力が及ばない家庭の選択の場でも，所得倍増は直ちに余暇時間を増加させたわけではなかった.

　家族そのものが大きく変貌を遂げれば，就業・家事・余暇の関係もかわるかもしれない. しかし，これまでのところ観察された，家族の経済レベル向上に伴い家庭内に創りだされた種々の仕事を妻が引受け，さらに新たに登場した労働市場機会にも参加するという構図は，農家のそれと大きく異なるものではない. 夫の仕事と同様に，ここでも過去の小農社会からの連続性がみられるように思われる.

3　展　望

　しかし，日本における工業化と労働負担との関連について，特殊性のみを強調すべきではないであろう.

　それは第一に，個々の産業人は労働節約や効率改善を意図して意思決定をしているにもかかわらず，人びとの労働負担と仕事の密度は長期的に減少傾向を示さない，ときには増加することもあったという，社会人類学者

の観察やリチャード・ウィルキンソンの『経済発展の生態学』における一般的診断は，日本の経済発展にも当てはまるからである．「経済発展は必然的に人間の福祉に大きな影響を及ぼすけれども，労働負担の増大という事実と1人当り消費量の増大について加えられうるさまざまな解釈とは，その関係にかんする単純な議論はどれも危険だということを教えてくれる」のである(Wilkinson 1973/85, pp. 246-47)．

第二に，近代日本の経験では，伝統社会における小農家族経済からの連続性が顕著であるというとき，それは，農家の時間秩序が"自然のリズム"によって決められたゆったりとしたものであったということを意味しない．これはトマス・スミスがかつて示唆したことであり，また本書が強調してきたことであるが，日本に特有の直系家族システムの下，徳川時代以来，農家は労働力配分計画の観念をもった，時間規律に厳しい経済単位として成熟をしてきた(T. C. Smith 1988/95, ch. 9 も参照)．それが，労働負担とその密度を増加させる経済発展の一般的傾向と親和力をもっていたがゆえに，高度な産業社会となっても労働時間はいまだに長く，生活上のゆとりが不十分という面があるに違いない．

しかし問題は，その最後の事実が何を意味しているのかである．それは，物質的生活水準の豊かさにもかかわらず，また所得不平等を減らすことに成功したにもかかわらず，戦後社会のどこかに――アマルティア・センのいう意味での――ファンクショニングの悪さが残っているためなのであろうか(序章第1節参照)．そうであるとしたら具体的にどこが悪いのか，企業社会，家族経済，それぞれのレベルでどこに問題があるのか．これは，一歴史家の現代経済学者・社会学者への問題提起である．

付録1　賃金表(1)：徳川期の関西諸系列

　西摂上瓦林村岡本家の「萬覚帳」より推計した農業日雇および大工の貨幣賃金は，斎藤(1975)に発表したが，以下に再掲する．併せて，それらを京都消費者物価指数で除した実質系列の値と，京・大坂における日雇・大工賃金の系列をも付す．

　摂津国武庫郡上瓦林村は，武庫川下流域にある尼崎藩支配下の村である．岡本家は，おそらくは徳川時代が始まる以前から続く旧家で，慶長年間の田畑面積が4町余の村内最大の高持百姓であった．その後，所持地をさらに増加したが，手作経営の面積も拡大するという，典型的な"豪農"型の地主であった．1820年代以降になると所持地にしめる貸付地の割合が上昇するが，それでも幕末まで手作経営を残していた．同家の農業経営，上瓦林村の身分構成や村落秩序，武庫川下流地域の経済と社会にかんしては，今井・八木(1955)が詳しい．また，同家の史料によった，徳川時代における農村の労働慣行とその法的側面についての記述が大竹(1955)にあり，有用である．

　岡本家の年々の「萬覚帳」には「諸事雇人覚」という項があり，そこに同家が雇入れた農業日雇と建築職人にかんする賃金情報が記されている．前者は野口雇，早乙女，草取，宛草取の作業につき男女別の手間賃を計算できるが，それぞれに欠年が少なからずあるので，長期系列作成にあたっては作業毎の手間賃変化率を繋いで男女込の農業日雇賃金指数を算出した．建築職人の場合，大工，左官，屋根葺について手間賃がわかる．ここではデータがもっとも揃う大工の賃金指数を，後二者の数値とその動きを利用しながら算出した．原資料にみられる銀建と銭建記載の混在に起因する問題などの，技術的諸問題の処理にかんしては，筆者の1975年論文を参照されたい．

表 A.1 畿内における賃金指数, 1727-1867 年

年次	賃金系列 A								実質賃金系列 B				
	西摂農業日雇 (1)	7か年移動平均 (2)	京都日雇 (3)	7か年移動平均 (4)	西摂大工 (5)	7か年移動平均 (6)	京坂大工 (7)	7か年移動平均 (8)	西摂農業日雇 (9)	京都日雇 (10)	西摂大工 (11)	京坂大工 (12)	熱編・不熱編用格差 農村(13) 都市(14)
1727	43												
1728	43	42.7											
1729	42	42.2											
1730	42	41.7											
1731	41	40.9											
1732	41	40.4			58				0.47				
1733	40	42.4			58	58.0			0.54				
1734	37	45.3			58	61.2			0.53				
1735	40	48.3			58	72.1			0.51				
1736	56	53.7			74	76.4			0.49				
1737	62	59.3			111	80.7							
1738	62	65.3			88	85.0							0.73
1739	79	69.3			88	89.1							0.74
1740	79	71.0			88	91.0							0.67
1741	79	71.6	87.0		88	88.9							0.70
1742	68	72.1	97.8	91.7	87	90.0							0.73
1743	68	70.3	90.2	91.7	87	91.1			0.61	0.79	0.79		0.77
1744	66	69.0	93.5	93.2	96	92.3			0.60	0.81	0.81		0.75
1745	66	67.7	90.2	95.5	96	93.4			0.60	0.84	0.82		0.72

182

年次	(1)	(2)	(3)	(4)	(5)	(6)	(7)	(8)	(9)	(10)	(11)	(12)	(13)	(14)
1746	66	68.0	107.6	95.5	96	94.7			0.61	0.85	0.85		0.72	
1747	70	68.4	85.9	101.7	96	96.0			0.62	0.92	0.87		0.71	
1748	70	69.1	103.3	108.7	96	96.0			0.63	0.99	0.87		0.72	
1749	70	71.0	97.8	108.2	96	96.0			0.66	1.00	0.89		0.74	
1750	71	72.9	133.7	105.3	96	94.9			0.70	1.01	0.91		0.77	
1751	71	75.6	142.4	106.2	96	94.3			0.75	1.01	0.93		0.80	
1752	79	78.3	87.0	103.9	96	94.3			0.79	1.05	0.95		0.83	
1753	79	81.0	87.0	102.4	88	94.9			0.80	1.01	0.94		0.85	
1754	89	81.7	92.4	96.1	92	95.4			0.80	0.94	0.93		0.86	
1755	89	82.3	87.0	88.5	96	96.0			0.80	0.86	0.93		0.86	
1756	89	82.0	87.0	89.1	100	96.6			0.79	0.85	0.93		0.85	
1757	76	83.1	90.2	89.1	100	98.3			0.78	0.84	0.93		0.85	
1758	75	84.1	89.1	88.4	100	99.4			0.79	0.82	0.93		0.85	
1759	77	86.4	91.3	88.4	100	100.0			0.82	0.84	0.95		0.86	
1760	87	88.7	87.0	88.3	100	100.0			0.88	0.88	0.99		0.89	
1761	96	91.0	87.0	87.0	100	100.0							0.91	
1762	105	92.7	87.0		100	100.0							0.93	
1763	105	94.9			100	100.0							0.95	
1764	92	95.6			100	100.0							0.96	
1765	87	95.6			100	100.0							0.96	
1766	92	94.3			100	100.0							0.94	
1767	92	93.0			100	100.0							0.93	
1768	96	93.6			100	100.0							0.94	
1769	96	94.9			100	100.0							0.95	
1770	96	95.4			100	100.0							0.95	

年次	(1)	(2)	(3)	(4)	(5)	(6)	(7)	(8)	(9)	(10)	(11)	(12)	(13)	(14)
1771	96	95.1			100	100.0							0.95	
1772	96	94.3			100	100.0							0.94	
1773	96	93.4			100	100.0	100.0						0.93	
1774	90	92.6			100	100.0	100.0	100.0	0.83				0.93	
1775	90	91.7			100	100.0	100.0	100.0	0.82				0.92	
1776	90	90.7			100	100.0	100.0	100.0	0.82		0.91	0.91	0.91	
1777	90	90.3			100	100.0	100.0	100.0	0.83		0.92	0.92	0.90	
1778	90	91.1			100	100.0	100.0	100.0	0.85		0.93	0.93	0.91	
1779	89	91.7			100	100.0	100.0	100.0	0.85		0.93	0.93	0.92	
1780	93	92.0			100	100.0	100.0	100.0	0.85		0.92	0.92	0.92	
1781	96	92.0			100	100.0	100.0	100.0	0.82		0.90	0.90	0.92	
1782	94	91.9			100	100.0	100.0	100.0	0.81		0.89	0.89	0.92	
1783	92	92.6			100	100.0	100.0	100.0	0.80		0.87	0.87	0.93	
1784	90	92.7			100	100.0	100.0	100.0	0.74		0.80	0.80	0.93	
1785	89	92.9			100	100.0	100.0	100.0	0.71		0.77	0.77	0.93	
1786	94	92.9			100	100.0	100.0	100.0	0.70		0.75	0.75	0.93	
1787	94	93.1			100	100.0	100.0	100.0	0.71		0.76	0.76	0.93	
1788	97	94.1			100	100.0	100.0	100.0	0.74		0.79	0.79	0.94	
1789	94	95.9			100	100.0	100.0	100.0	0.75		0.79	0.79	0.96	
1790	94	96.9			100	100.0	100.0	100.0	0.77		0.79	0.79	0.97	
1791	97	97.9	91.3		100	100.0	100.0	100.0	0.84		0.85	0.85	0.98	0.97
1792	101	98.4	95.7	97.5	100	100.0	100.0	100.0	0.87	0.86	0.89	0.89	0.98	0.97
1793	101	99.1	105.4	97.2	100	100.0	100.0	100.0	0.90	0.89	0.91	0.91	0.99	0.97
1794	101	99.9	91.3	95.0	100	100.0	100.0	100.0	0.91	0.87	0.91	0.91	1.00	0.95
1795	101	100.1	102.2	96.0	100	100.0	100.0	100.0	0.91	0.87	0.90	0.90	1.00	0.96

年次	(1)	(2)	(3)	(4)	(5)	(6)	(7)	(8)	(9)	(10)	(11)	(12)	(13)	(14)
1796	99	99.9	90.2	95.3	100	100.0	100.0	100.0	0.92	0.87	0.92	0.92	1.00	0.95
1797	99	99.6	89.1	95.3	100	100.0	100.0	100.0	0.92	0.88	0.93	0.93	1.00	0.95
1798	99	99.3	97.8	95.0	100	100.0	100.0	100.0	0.91	0.87	0.92	0.92	0.99	0.95
1799	99	99.0	91.3	93.1	100	100.0	100.0	100.0	0.92	0.86	0.92	0.92	0.99	0.93
1800	99	99.4	105.4	92.7	100	100.0	100.0	100.0	0.93	0.87	0.93	0.93	0.99	0.93
1801	99	99.4	89.1	97.7	100	100.0	100.0	100.0	0.95	0.94	0.96	0.96	0.99	0.98
1802	99	99.4	89.1	96.6	100	100.0	100.0	100.0	0.97	0.94	0.98	0.98	0.99	0.97
1803	102	99.4	87.0	92.7	100	100.0	100.0	100.0	0.99	0.92	0.99	0.99	0.99	0.93
1804	99	99.4	123.9	87.1	100	100.0	100.0	100.0	1.00	0.88	1.01	1.01	0.99	0.87
1805	99	99.4	90.2	84.2	100	100.0	100.0	100.0	1.00	0.85	1.01	1.01	0.99	0.84
1806	99	99.4	64.1	85.9	100	100.0	100.0	100.0	1.00	0.87	1.01	1.01	0.99	0.86
1807	99	99.0	66.3	87.6	100	100.0	100.0	100.0	1.01	0.90	1.02	1.02	0.99	0.88
1808	99	99.0	68.5	84.3	100	100.0	100.0	100.0	1.01	0.86	1.02	1.02	0.99	0.84
1809	99	99.1	101.1	85.2	100	100.0	100.0	100.0	1.01	0.86	1.01	1.01	0.99	0.85
1810	99	99.4	98.9	91.5	100	100.0	100.0	100.0	1.01	0.93	1.01	1.01	0.99	0.91
1811	99	99.6	101.1	100.6	100	100.0	100.0	100.0	1.01	1.02	1.01	1.01	1.00	1.01
1812	100	99.9	96.7	106.0	100	100.0	100.0	100.0	1.02	1.08	1.02	1.02	1.00	1.06
1813	101	100.4	107.6	106.4	100	100.0	100.0	100.0	1.03	1.09	1.03	1.03	1.00	1.06
1814	100	101.7	130.4	105.7	100	100.0	100.0	100.0	1.03	1.07	1.01	1.01	1.02	1.06
1815	101	102.6	106.5	105.4	100	100.0	100.0	100.0	1.03	1.06	1.01	1.01	1.03	1.05
1816	103	103.1	106.3	106.1	100	100.0	100.0	100.0	1.03	1.06	1.00	1.00	1.03	1.06
1817	108	103.3	103.3	105.3	100	100.0	100.0	100.0	1.03	1.05	1.00	1.00	1.03	1.05
1818	105	103.4	94.6	101.9	100	100.0	100.0	100.0	1.03	1.02	1.00	1.00	1.02	1.05
1819	104	103.4	98.9	101.1			100.0	100.0	1.04	1.01			1.00	1.01
1820	102	103.3	102.2	107.2				100.0	1.02	1.05		0.98		1.07

年次	(1)	(2)	(3)	(4)	(5)	(6)	(7)	(8)	(9)	(10)	(11)	(12)	(13)	(14)
1821	101	102.4	106.5	110.6			100.0	100.0				0.97		1.11
1822	101	101.3	101.1	111.7			100.0	100.0				0.96		1.12
1823	102	100.7	145.7	114.3			100.0	100.0				0.94		1.14
1824	102	100.4	118.5	117.7			100.0	100.0				0.92		1.18
1825	97	100.3	106.5	123.5			100.0	100.0				0.91		1.23
1826	100	100.0	119.6	125.8			100.0	100.0	0.91	1.12		0.88		1.26
1827	100	100.0	126.1	119.7			100.0	100.0	0.88	1.11		0.88		1.20
1828	100	100.6	146.7	117.7			100.0	100.0	0.89	1.05		0.88		1.18
1829	99	101.0	117.4	118.5			100.0	100.0	0.89	1.03		0.87		1.18
1830	106	101.7	103.3	116.3			100.0	100.0	0.88	1.03		0.86		1.16
1831			104.3	113.7			100.0	100.0		1.01		0.83		1.14
1832			112.0	107.3			100.0	100.0		0.95		0.83		1.07
1833			104.3	106.5			100.0	100.0		0.89		0.82		1.07
1834			107.6	107.0			100.0	105.9		0.87		0.79		1.01
1835			102.2	106.7			100.0	113.1		0.80		0.82		0.94
1836			112.0	105.7			100.0	120.2		0.77		0.83		0.88
1837			106.5	106.2			141.6	127.4		0.73		0.87		0.83
1838			102.2	109.9			150.0	134.5		0.77		0.94		0.82
1839			105.4	111.5			150.0	137.3		0.77		0.95		0.81
1840			107.6	110.4			150.0	144.5		0.78		1.02		0.76
1841			133.7	115.5			150.0	145.7		0.89		1.12		0.79
1842			113.0	121.3			119.8	145.7		0.97		1.17		0.83
1843			104.3	122.7			150.0	145.7		1.02		1.21		0.84
1844			142.4	123.9			150.0	145.7		1.03		1.21		0.85
1845			142.4	119.2			150.0	145.7			0.97	1.19		0.82

年次	(1)	(2)	(3)	(4)	(5)	(6)	(7)	(8)	(9)	(10)	(11)	(12)	(13)	(14)
1846			115.2	119.4						0.95		1.19		0.80
1847			116.3	121.3						0.92		1.14		0.81
1848			101.1	118.5						0.86		1.08		0.79
1849			114.1	113.7						0.81		1.07		0.76
1850			117.4	112.0						0.81		1.07		0.75
1851			122.8	112.0				150.0		0.79		1.06		0.75
1852			108.7	115.4			150.0	150.0		0.78		1.04		0.77
1853			103.3	117.1			150.0	150.0		0.80		1.04		0.78
1854			116.3	116.8			150.0	150.0		0.83		1.06		0.78
1855			125.0	116.6			150.0	150.0		0.83		1.07		0.78
1856			126.1	119.4			150.0	150.0		0.82		1.07		0.78
1857			115.2	123.8			150.0	150.0		0.81		1.03		0.80
1858			121.7	128.1			150.0	150.0		0.75		0.99		0.83
1859			128.3	128.7			150.0	150.0		0.69		0.88		0.85
1860			133.7	128.9			150.0	164.3		0.63		0.81		0.86
1861			146.7	139.0			150.0	178.6		0.60		0.80		0.78
1862			129.3	140.5			150.0	192.9		0.51		0.77		0.78
1863			127.2	140.1			150.0	210.0		0.37		0.70		0.73
1864			185.9	143.8			250.0	250.0		0.28		0.55		0.67
1865			132.6	146.1			250.0			0.24		0.49		0.58
1866			125.0	139.1						0.17				
1867			159.8											

資料と註:

西摂農業日雇

　　貨幣賃金指数(1802-04年＝100)，男女込，1727-1830年(斎藤 1975, pp.
　　452-53)．5年未満の欠年で，とくに大きな変動があったと考えられない
　　場合は，その間を直線補間．また7か年移動平均に際しては，両端の年
　　次は5年の平均である(以下，同様)．デフレータは京都消費者物価指数
　　(1840-44年＝100 を 1802-04年＝100 に変換)，1723-33，1741-61，1773-
　　1867年．三井文庫越後屋データにもとづく新保推計(新保 1978, pp. 31-
　　35)．

西摂大工賃金

　　大工手間賃指数(1802-04年＝100)，1731-1818年(斎藤 1975, pp. 452-53)．

京都日雇

　　貨幣賃金指数(1802-04年＝100)越後屋京本店雇用，1741-62，1791-1867
　　年．春季の日雇賃である(『主要物価の動態』, pp. 99-107)．デフレータは
　　「西摂農業日雇」に同じ．

京坂大工賃金

　　大工手間賃指数(1802-04年＝100)，1773-1865年(『近世大阪の物価と利子』,
　　p. 336)．1830年以前は，京都および西摂の系列を利用して1830-06年の
　　4.3匁を外挿．1864年11月から65年12月までは銭建手間賃をみなが
　　ら補間．

付録2 賃金表(2)：徳川後半期の関東諸系列

　江戸・東京の建築職人にかんする旧佐野指数の改訂版と，若干の新系列を以下に掲げる．推計の方針と詳細については，本文および本表の註を参照されたい．

表A.2 関東における生計費・賃金指数，1818-94年

(1840-44年＝100)

年次	生計費指数	貨幣賃金指数				実質賃金指数			
		江　戸			銚子	江　戸			銚子
		建築職人	大工	日雇	醬油製造業	建築職人	大工	日雇	醬油製造業
	(1)	(2)	(3)	(4)	(5)	(6)	(7)	(8)	(9)
1818	72.9	—	—	99.3	91.2	—	—	136.2	125.1
1819	74.6	—	—	99.3	84.7	—	—	133.1	113.5
1820	75.9	—	—	99.3	83.8	—	—	130.8	110.4
1821	77.5	—	—	99.3	84.9	—	—	128.1	109.5
1822	77.5	—	—	99.3	83.1	—	—	128.1	107.2
1823	74.7	—	—	99.6	81.9	—	—	133.3	109.6
1824	73.6	—	—	99.9	82.5	—	—	135.7	112.1
1825	76.6	—	—	99.3	84.2	—	—	129.6	109.9
1826	81.0	—	—	99.3	86.8	—	—	122.6	107.2
1827	74.7	—	—	99.9	87.4	—	—	133.7	117.0
1828	78.6	—	—	99.3	90.6	—	—	126.3	115.3
1829	87.2	—	—	99.3	86.4	—	—	113.9	99.1
1830	85.3	96.2	100.0	99.9	88.3	112.8	117.2	117.1	103.5
1831	87.2	96.2	100.0	99.3	84.4	110.3	114.7	113.9	96.8
1832	82.8	96.2	100.0	99.3	87.8	116.2	120.8	119.9	106.0
1833	97.9	96.2	100.0	99.9	89.5	98.3	102.1	102.0	91.4
1834	112.5	96.2	121.9	99.3	84.0	85.5	108.4	88.3	74.7
1835	103.3	96.2	100.0	99.3	85.5	93.1	96.8	96.1	82.8
1836	134.0	96.2	100.0	101.0	88.7	71.8	74.6	75.4	66.2
1837	178.1	96.2	100.0	100.4	86.8	54.0	56.1	56.4	48.7
1838	147.8	96.2	100.0	99.9	90.6	65.1	67.7	67.6	61.3
1839	130.0	96.2	100.0	101.5	93.6	74.0	76.9	78.1	72.0
1840	105.2	96.2	100.0	100.4	96.6	91.4	95.1	95.4	91.8
1841	106.1	96.2	100.0	99.9	101.0	90.7	94.3	94.3	95.2
1842	95.9	96.2	100.0	98.8	101.4	100.3	104.3	103.0	105.7
1843	92.6	96.2	100.0	100.4	99.8	103.9	108.0	108.4	107.8
1844	100.4	115.4	100.0	100.4	101.2	114.9	99.6	100.0	100.8
1845	111.5	115.4	100.0	102.1	100.4	103.5	89.7	91.6	90.0
1846	114.0	115.4	153.0	101.0	—	101.2	134.2	88.6	—
1847	107.3	115.4	108.2	101.0	98.5	107.5	100.8	94.1	91.8
1848	102.4	117.7	108.2	102.6	98.7	114.9	105.7	100.2	96.4

年次	(1)	(2)	(3)	(4)	(5)	(6)	(7)	(8)	(9)
1849	109.0	117.7	108.2	101.0	100.0	108.0	99.3	92.7	91.7
1850	132.2	117.7	108.2	101.5	101.5	89.0	81.8	76.8	76.8
1851	108.3	117.7	124.6	100.4	102.3	108.7	115.1	92.7	94.5
1852	113.6	117.7	119.1	97.7	104.9	103.6	104.8	86.0	92.3
1853	114.8	117.7	108.2	101.5	—	102.5	94.3	88.4	—
1854	128.9	120.0	108.2	101.5	—	93.1	83.9	78.7	—
1855	118.3	130.9	934.4	101.5	101.4	110.7	789.9	85.8	85.7
1856	127.5	130.9	306.0	102.1	102.9	102.7	240.0	80.1	80.7
1857	111.3	130.9	125.7	103.2	99.7	117.6	112.9	92.7	89.6
1858	121.7	130.9	136.6	102.1	—	107.6	112.2	83.9	—
1859	116.1	130.9	125.7	102.1	95.3	112.7	108.3	87.9	82.1
1860	119.1	130.9	143.2	105.7	100.2	109.9	120.2	88.7	84.1
1861	155.5	133.5	143.2	108.4	99.3	85.9	92.1	69.7	63.9
1862	146.2	133.5	143.2	108.7	101.4	91.3	97.9	74.4	69.4
1863	149.7	133.5	143.2	106.5	115.9	89.2	95.7	71.1	77.4
1864	161.5	138.8	163.9	133.6	119.3	85.9	101.5	82.7	73.9
1865	231.0	138.8	192.3	149.0	128.9	60.1	83.2	64.5	55.8
1866	321.8	158.2	245.9	149.0	151.0	49.2	76.4	46.3	46.9
1867	345.5	158.2	459.0	149.6	154.2	45.8	132.9	43.3	44.6
1868	281.8	158.2	459.0	204.2	156.9	56.1	162.9	72.5	55.7
1869	451.6	276.9	426.2	152.3	160.2	61.3	94.4	33.5	35.5
1870	523.1	299.1	426.2	212.5	169.1	57.2	81.5	40.6	32.3
1871	438.8	299.1	500.0	—	165.3	68.2	113.9	—	37.7
1872	320.6	299.1	535.5	—	—	93.3	167.0	—	—
1873	325.3	338.0	565.6	—	—	103.9	173.9	—	—
1874	378.1	338.0	584.7	—	329.7	89.4	154.6	—	87.2
1875	417.1	344.7	584.7	—	327.7	82.6	140.2	—	78.6
1876	349.3	344.7	584.7	—	341.8	98.7	167.4	—	97.9
1877	360.3	348.2	584.7	—	351.6	96.6	162.3	—	97.6
1878	403.4	348.2	584.7	—	354.7	86.3	144.9	—	87.9
1879	538.2	369.0	595.6	—	347.3	68.6	110.7	—	64.5
1880	646.2	387.5	—	—	384.1	60.0	—	—	59.4
1881	725.8	391.4	—	—	484.7	53.9	—	—	66.8
1882	631.1	391.4	—	—	599.5	62.0	—	—	95.0
1883	460.4	383.5	—	—	83.3	—	—	—	—
1884	387.2	383.5	—	—	544.2	99.0	—	—	140.5
1885	446.0	383.5	—	—	86.0	—	—	—	—
1886	384.4	383.5	—	—	—	99.8	—	—	—
1887	376.0	383.5	—	—	484.9	102.0	—	—	129.0
1888	370.3	383.5	—	—	483.0	103.6	—	—	130.4
1889	417.8	383.5	—	—	—	91.8	—	—	—
1890	524.1	383.5	—	—	473.4	73.2	—	—	90.3
1891	454.9	383.5	—	—	—	84.3	—	—	—
1892	469.6	383.5	—	—	—	81.7	—	—	—
1893	466.8	383.5	—	—	477.9	82.2	—	—	102.4
1894	514.9	383.5	—	—	—	74.5	—	—	—

付録2 賃金表(2)：徳川後半期の関東諸系列 —— 191

資料と註：

(1) 江戸・東京生計費指数　次の手順により推計.

イ）　旧佐野指数(佐野 1962)から家賃を外し，基準を 1840-44 年に変更して修正指数を作成した. 佐野推計では，1860 年までは，大火や大地震の後にあったであろう家賃の高騰などの変動が考慮されずに，一律の推計値が適用されていた.『貨幣制度調査会報告』データにみられる 1873-94年の「急騰」は，「どうやら東京に限られた特殊事情」(梅村 1961b, p. 172)ということを考慮したためである.

ロ）　三井文庫「江戸日用品小売物価表」より，1840-44 年を基準年とした小売物価指数を作成(同データはすべて銀匁表示なので，両替相場で金建に換算). 品目とウェイトは佐野推計を参照して，白米(0.4)，塩(0.05)，醬油(0.11)，味噌(0.06)，薪(0.1)，炭(0.03)，水油(0.05)，蠟燭(0.03)，酒(0.07)の 9 品目を選んだ. 旧佐野推計にある大麦は白米に，大豆は醬油と味噌にそれぞれ含ませ(なお，佐野論文では両品目のウェイトがミスプリントされて逆になっているので訂正)，また，紙と木綿は三井文庫物価表にないので，代わりに蠟燭と酒を加えたものである. 各品目の値は春と秋の平均，どちらかが欠けている場合は補間したうえで平均をとった.

ハ）　1851-55 年で両系列をリンク. この 5 年間にかんし後者の前者にたいする比を計算すると 0.99 となるので，それを 1851 年以降の修正佐野指数に乗じてリンクした.

(2) 江戸・東京建築職人賃金指数　『我国商品相場統計表』の「東京業別平均賃金累年表」より，大工，石工，畳刺，建具職，屋根葺，木挽職の平均を算出. その算出方法は次の通り.

まず，職種毎に各年の対前年変化率を計算する. その 6 種のうち，最高値と最低値を除いた残りの 4 職種の平均率を計算し，それを繋いで 1840-44 年を 100 とする指数を作成した. 最高と最低の変化率を除いたのは，調査主体や対象の変更によって貨幣賃金の異常な上昇や低下が計算上生じ

192

た場合でも，その影響を自動的に除去できるからである（類似の方法として
対前年変化率のメディアンをとることも考えられるが，この場合，その方法では平
均賃金の上昇をあまりにも過小に見積る結果となったため採用しなかった）．

　江戸における建築職人の賃金は慣行によって銀建で記されていたが，
「東京業別平均賃金累年表」では，すべての場合，銀60匁を1両または1
円として換算している．なお，大工の賃金には飯料を含むことが明記され
ている．

(3)　江戸・東京大工賃金指数　東京商法会議所「天保元年ヨリ明治十二
年迄五十ヶ年間府下各種貨物価格調査之儀ニ付大蔵省商務局ヘ上申書」（明
治13年11月26日）による．銀建から両または円への換算は上に同じ．「上
手間」「並手間」の平均で，飯料を含む．

(4)　江戸日雇賃金指数　三井文庫「江戸日用品小売物価表」所蔵の日雇
賃．春と秋の平均．どちらかが欠けている場合は補間した上で平均をとっ
た．本資料も銀建であるが，同表所収の他の日用品の場合とは異なり，両
への換算は建築職人の例にならって公定相場の60匁による．

(5)　銚子醤油製造業賃金　鈴木ゆり子が整理したヤマサ醤油の給金デー
タによる（鈴木ゆり子 1990, p. 162）．給金は年間の基本給（「定給金」）で，飯料
や特別給付を含まない．両建，1両＝1円で換算．杜氏・頭・若者の加重
平均．ウェイトは，杜氏1人(0.05)，頭2人(0.1)，若者18人(0.85)であ
る．

付録 3　甲斐国現在人別調について

　分析の対象とする山梨県東八代郡 4 か村『人別帳』の「家別表」データ
は，いずれも東八代郡八代町役場所蔵の資料である．太政官統計院権大書
記官杉亨二と彼の部下は，約 11 万枚の「家別表」全部を東京に送付させ
て集計作業を行ったので，役場所蔵の文書は控書である．

　杉亨二の実施した甲斐国現在人別調は，日本で最初の人口センサスとい
われる．これは太政官統計院から公刊された『甲斐国現在人別調』の緒言
に記された，「此甲斐国人別表ハ即チ人員所静ノ調ニ係ルモノニシテ　其
調ハ明治十二年十二月三十一日午後十二時ニ現在セル人員ニ拠ルモノナ
リ」という言葉からも窺い知ることができる．彼は，その実施に先立つこ
と 3 年前，正院第五科政表掛会議において，「是迄ノ戸籍調ハ恰モ古昔ノ
系図調」のようなもので，全国同時に「現在セル人員」を「人ノ静止スル
所」において把捉することはできないと批判していたのである（『総理府統
計局百年史資料集成』第 1 巻，p. 465）．

　しかし，ここからただちに，この『人別調』がすべての点で近代人口セ
ンサスと同じ概念にもとづき，同じ手順で作成されたと看なしてはならな
い．調査方法の実際がどのようなものであったか，『人別調』にセンサス
調査としての特異性はないのかどうか，本書第 II 部の目的との関連にお
いて検討しておく必要があろう．

　第一に，これが本当に「現在セル人員」の書上であったかどうか，疑っ
てかからねばならない．事実，杉は伝統的な本籍地主義の調査思想に妥協
した節がある．

　杉のもとで実際に調査を担当した高橋二郎は，後年の回顧談のなかで，
個票にあたる「家別表」への記入は各町村役場が戸籍から転記するかたち
でなされたという．この「下調」を，杉と，高橋を含む 7 名の政表課員が
県下町村を回って「点検」したのである．これが便宜上の措置であったこ
とは想像できるが，これでは，戸籍上の家と「所帯」としての家の区別は
曖昧となる．「所帯」とは，政表課の言葉によれば，「動産不動産の有無或

は無禄無産に拘はらず　仮令ひ借家又は他人の家を仕切りて住居する者にても　一家の体裁をなしたる者を云ふ」(鈴木敬治 1919, p. 15)が，法律上の戸主で老母と親類宅に同居しているような独身者の場合，戸籍に引きずられて独立の世帯としてしまう可能性は少なくなかったはずである．しかも，『人別調』に付されている「人別調人心得並家別表書込雛形」をみると，寄留者であっても「所帯ヲ持チタル人」については明瞭な現住地主義が貫かれているが，「出先ニテ所帯ヲ持タサル人ハ尚ホ本籍ニテ取調ヘ書出スヘシ」とあって，従来どおりの本籍地主義となっている．いいかえれば，出稼人や住込奉公人は本籍地で調査されたのであって，高橋が残念そうに記しているように，『人別調』の総人員は「欧州の所謂事実人口にはあらず，結局常住家族的人口と云ふべきもの」，「遂に純粋の「フハミリー」と云ふことになれり」．これも「本籍及寄留の戸籍帳を基礎としたるものなれば亦止むを得ざること」であった(高橋 1905/76, p. 183).

　第二に，この特異な書上方式が世帯の就業行動を分析するうえで，どのような含意をもつか考えてみなければならない．通常のセンサスであれば，出稼人や住込奉公人は他所ないしは他の世帯で書上げられるので，個票データをみていても，当該世帯からなされた労働供給のすべてを把握することは不可能である．けれども『人別調』においては，彼らは「農作雇」とか「児守雇」という職業を有した未婚の子女として，あたかも両親と一緒に生計を共にしているかのように家別表へ記入されているのである．それゆえ，一時点における世帯の労働供給の全貌を教えてくれる点で，これは類例のないデータであるといえよう．それら雇が村内での日雇稼なのか，季節出稼なのか，あるいは住込奉公なのか，区別できないという欠点は存するし，村落の就業人口数を正確に把握することもできない．さらに，世帯規模と構造の分析にも不向きである．しかし，本書第 II 部の分析目的のためにはまことに好都合なデータ，通常の人口資料では個人追跡を行わなければわからないようなデータを提供してくれている点は強調されるべきであろう．

　第三に，有業者の定義をみておく必要がある．「人別調人心得」は，「職業者ハ其巧拙ニ拘ハラス先ス一人前ノ働キアル者ヲ定規トナス」という．

ここで「一人前」とは「自分ノ職業ヲ以テ其身ノ衣食ヲ賄ヒ得ル者ヨリ以上ヲ云フ」が,「男女十五年以下ニシテ職業ヲナス者アラハ　一人前ニ足ラストイヘトモ其職業タルコトヲ書スヘシ　又十五年以上ニテ……職業アリトイヘトモ一人前ノ働キニ足ラサル者ハ業名ノ肩ニ(足ラス)ト書スヘシ」とあるように,15歳以下の有業者も,「一人前ニ足ラサル者」も有業者に含まれている.現代の用法からみて,これは正しい扱いであった.もっとも,後に内閣統計局長花房直三郎は,これにコメントして,「此の一人前に足らざる者の中には本業として職業に従事する者の他　副業即ち余業として之に従事する者亦多数なるべし　是等は元来本業有業者の数より控除するを適当とす」と述べた(花房1907(3)p. 426).しかし,この区別は本業‐余業のそれとは別であり,かつまた「一人前ニ足ラサル者」の総有業者にしめる割合は2パーセントにすぎず,花房のいうことは正しくない.

『人別調』の職業者定義に問題があるとすれば,職業者ではあっても有業者(gainfully occupied)ではない,別の二つのカテゴリィが含まれている点にある.『人別調』の集計表をみると,第一に「自宅ノ用ヲ足ス者」が有業者総数に含まれている.それについて「人別調人心得」は,「職業者ニ非ラストイヘトモ縫針ヲ為シ機ヲ織リ自宅ノ用ヲ足ス程ノ婦女ハ皆之ヲ書キ載セ　業名ノ肩ニ附ケテ本職ノ人ト分ツヘシ」という.職業別にみると,縫針すなわち針仕事にはすべて「○縫針」となっていて,本職者がいない.当時甲府には「私立義塾備ニテ英国人ノ寄留一軒」があったが,その英語教師夫人の職業にも「○縫針」としてあるところをみると,無業の主婦には機械的にこのような取扱いをした可能性がある.このような区分をすること自体は有用であるが,有業者総数の表はこれを含み,他方,年齢別・配隅状態別の作表がないので,正確な意味での"gainfully occupied"のプロファイルを描くことができない.個票データの再集計では「自宅ノ用ヲ足ス者」を除くべきであろう.ただ,4か村の家別表をみると,針仕事であっても○印がないケースも少なからず存在する.杉らはこれらをすべて「○縫針」と処理したのであるから,本書でも針仕事はいっさい職業とは看なさないこととした.

同様のことは「職業者ノ名アリトイヘトモ其実ハ職業ヲナササル人」に

ついてもいえる。これらの人びとは業名の後に「主」が付されていて，職業分類上は区別できる。たとえば，「農作主」は「耕地持ニシテ自ラ耕作ヲナサ」ざるものである。しかし，やはり有業者の集計表では込みとなっており，個票データの再集計からは除かれる。また，「…主」で兼業の者は兼業を本業と読みかえ，本書では兼業者として扱わない。

付 録 4 　寄留制度とその統計

　寄留にかんする法律が作られたのは 1914 年になってからであった．その寄留法(法律第 27 号)では，「九十日以上本籍外ニ於テ一定ノ場所ニ住所又ハ居所ヲ有スル者ハ之ヲ寄留者トス」と定義された．ただ，それ以前でも 1871 年 4 月 4 日の太政官布告第 16 則にある「逗留…九十日以上ハ寄留」という規定が生き続けており，寄留にたいする考え方に原則的な変化があったとは思えない(『帝国法規』第 13 類，p. 472；『明治前期家族法資料』第 1 巻 1 冊，法規 197)．もう少し例を挙げれば，1874 年山梨県の「寄留編製法」に「貸家住居又は同居雇人等総て滞留九十日以上に及ぶ時は寄留総計の員に加へ」とあり，また 1886 年の鳥取県伺にたいする内務省指令に「他府県郡区町村へ別居スル者ハ寄留トス」ある(新見 1959，p. 606；『家族法資料』第 2 巻 2 冊下，先例 4034)．これから，人口をまず本籍において捉え，そこからの移動を「寄留」として把握し，それらを帳簿上整理して現住人口を出す，という考え方は一貫していたことが明らかであろう．

　それでは，寄留統計は，90 日以上にわたる人口移動の信頼できる連続的データを与えてくれるのであろうか．答は否である．その理由は，届出手続と寄留にたいする各府県の認識の仕方とにある．

　第一に，届出手続は，1872 年の太政官第 4 号で寄留地の区戸長へ届出るように定められて以来，1914 年の寄留手続令(勅令第 226 号)にいたるまで「本人ノ寄留地ニ於テ之ヲ為スコトヲ要ス」というのが一貫した考え方であった(『家族法資料』第 1 巻 1 冊，法規 279；『帝国法規』，p. 474)．別ないい方をすれば，出寄留ないしは転寄留の届出は義務づけられていなかったのである．この届出手続，すなわち寄留先においてまず入寄留の届出をするというやり方がもつ問題は，無届寄留が生じやすいということであろう．たとえば，1882 年の東京府伺のなかでは，「当府下十五区ノ如キ寄留人ノ多キ且ツ移転ノ繁キ他府県ノ比ニ非ス　概算スルニ寄留ハ本籍ノ十分ノ二弱ニ当リ其十分ノ二ヨリ戸籍ニ係ル一切ノ件ヲ去ル辛未年七月廿二日公達寄留旅行等ノ証ヲ被廃　各自ヨリ自儘ニ届出ル寄留人ノ申立ニ依リ之ヲ通

知スルトキハ　其往復再三再四ニ渉ルノミナラズ往復中無届寄留替等ニテ結末難相付モノ陸続出来スルハ目前」と述べられている（『家族法資料』第2巻2冊上，先例2936）．それに加えて，出寄留，とくに転寄留に遺漏がよりいっそう多くなるということがあった．1920年の戸籍統計による現住人口が国勢調査に比較して過大であったということも，また『府県統計書』による管内出寄留と管内入寄留とは一致しなければならないにもかかわらず，一般的に前者の方が少ないのも，このような寄留手続のあり方に一因があるのである．

　第二は，各府県と末端行政機関が寄留ということの意味をどれだけ認識していたか，またその取扱事務をどれだけきちんと行っていたか，という問題である．結論を先にいえば，1880年の中頃までは中央政府の意図が充分に徹底していなかったのではないか，と思われる．1886年の届出方の改正（内務省令第19号）に伴う各府県からの伺のなかには，寄留の意味そのものを聞くものや，1871年の太政官布告に明示されているにもかかわらず，「寄留ト旅行トハ其区別ヲ明示セラレシ法文ナシ」と問合せてくるものがあったからである（『家族法資料』第2巻2冊下，先例4051）．1886年の改正において，ある意味でもっとも重要だったのは，届出を怠った者にたいする科料の規定だったのではないかと思われる．それがたんに戸籍整備ということ以上の，たとえば自由民権運動抑圧のための治安強化といった政治的意図によるものなのかどうか，ここでは立ちいらない．いずれにしても，各府県がこの頃より人口の移動についてより深い関心をもたざるをえなくなったものと思われる．この頃の寄留人口の計算上の増加率が非常に高く，また年々の変動が極端な場合があるのも，このような事情が反映していると考えられる．

　最後に，統計記載様式の変化について述べておかなければならない．寄留には，その定義からして同一郡内他町村への移動も含まれる．けれども，1886年の内務省令第17号および1888年の内務省訓令第20号では，人口出入表に他府県と一府県内他郡区にかんする移動のみを記載すればよいようになっていた．それが一郡内他町村にかんする寄留をも記載するように改められたのは，1890年の内務省訓令第30号においてであり，寄留簿自

付録4 寄留制度とその統計 —— 199

体がこの3種類作られるように改正されたのは1896年の内務省令第11号においてであった(『家族法資料』第2巻1冊, 法規1124, 第3巻1冊, 法規1207;『現住人口静態ニ関スル統計材料』附録, pp. 43-47;『家族法資料』第3巻1冊, 法規1505). したがって, この間の統計数値は明らかに非連続的である. おそらくその断層は1895年から96年にかけてみられるであろう. ただ, 中部地方諸県の寄留統計を精査すると, その不連続が発見される年度は同じではない. 記載様式の変更は県ごとに異なっていたのである.

　以上をまとめれば, 寄留統計について一般的に次のようにいえよう. 1) 出寄留が入寄留に比べて過小であるか, 入寄留が出寄留に比べて過大である可能性が高い. 2) 1886-87年以前の数値はおおむね低すぎ, その間の増加率は高目にでる. また年々の変化幅が非常に大きいことがある. 3) 1890年から1896年にかけてのどこかで数値に非連続的な変化がみられるが, その時点は府県によって異なる. この変化は, 郡内町村間の移動が公表統計に加算されたことによるものである.

200

付 録 5 　町村是資料一覧

　町村是は，全国農事会が作成した『町村是調査標準』という調査雛型は
存在するものの，実際はきわめて多様な資料群である．第5章でも触れた
ように，日露戦争前の，前田正名が直接指導した"民間運動段階"に作成
されたものと，1904-05年以降の"官製運動段階"に作成されたものとは
性格が異なるだけではなく(祖田1973; 同1981, ch. 5)，同一年代に行われた
調査でも，その様式は県によって，また場合によっては村ごとに独自であ
りえたのである．また，調査報告書のタイトルも是あるいは是調査書とは
かぎらず，農事調査報告書であったり，部落調査報告書であったりした．
また，1896年から1902年にかけて秋田県を中心に東北諸地方で，石川理
紀之助の指導のもとで進められた調査は多少系統の異なった調査群と看な
されていて，すべて適産調という名称をもつ(祖田1981, ch. 6)．それゆえ，
町村是資料の全貌を捉えるのは容易ではないが，とりあえず内容にかんし
ては神立(1985a, 1985b, 1987)を参照．また一地域の町村是を利用した統計
分析としては，中西僚太郎(1988)，尾高・山内(1993)がある．

　以下は，第5章で，表5.2- 表5.3の資料として利用された町村是と，
本文中で言及された町村是の一覧表である．町村名のあとの括弧内は調査
年または年度で，タイトルは省略する．詳細は『「郡是・町村是」資料目
録』と，同『追録・総索引』とを参照．利用される資料はすべて，一橋大
学経済研究所附属日本経済統計情報センター所蔵である．

1　表5.2- 表5.3資料(＊が表5.3の労働日数統計にも利用された町村是)
岩手県紫波郡佐比内村(1902)，江刺郡藤里村(1912)，和賀郡中内村(1921)．
宮城県名取郡生出村(1899)．
秋田県平鹿郡＊里見村(1921)．
山形県東村山郡出羽村(1911)，同郡金井村(1911)，北村山郡大久保村(1911)，同郡
　横山村(1911)，最上郡稲舟村(1911)，西田川郡上郷村(1912)．
福島県安積郡三代村(1900頃)．
茨城県東茨城郡上大野村(1909)，同郡吉田村(1908)，同郡石崎村(1913)，同郡橘村

（1912），同郡竹原村（1913），同郡堅倉村（1912），西茨城郡笠間町（1908），同郡大池田村（1908），同郡北山内村（1908），同郡宍戸町（1908），同郡北川根村（1909），同郡南川根村（1909），同郡西那珂村（1908），同郡東那珂村（1908），同郡北那珂村（1910），同郡七会村（1909），那珂郡前渡村（1909），同郡石神村（1909），同郡五台村（1909），同郡額田村（1909），久慈郡金郷村（1918），同郡黒沢村（1909），同郡依上村（1909），同郡世矢村（1909），同郡大子町（1912），同郡佐原村（1910），鹿島郡沼前村（1918），行方郡立花村（1909），同郡玉川村（1910），同郡手賀村（1909），同郡津知村（1909），同郡大生原村（1909），同郡延方村（1909），同郡秋津村（1913），同郡小高村（1910），同郡八代村（1909），同郡津澄村（1909），同郡武田村（1909），稲敷郡八原村（1912），同郡奥野村（1916），同郡沼里村（1910），同郡大須賀村（1912），同郡古渡村（1912），同郡阿見村（1913），同郡朝日村（1917），新治郡真鍋町（1909），同郡都和村（1909），同郡下大津村（1909），同郡佐賀村（1909），同郡志士庫村（1909），同郡三村（1909），同郡志筑村（1909），同郡新治村（1909），同郡園部村（1909），同郡林村（1909），同郡葦穂村（1909），同郡小櫻村（1909），筑波郡谷井田村（1915），真壁郡竹島村（1910），同郡中村（1910），同郡五所村（1909），同郡騰波ノ江村（1910），同郡雨引村（1910），同郡上野村（1909），同郡大村（1909），同郡河内村（1909），結城郡豊岡村（1910），同郡大花羽村（1910），猿島郡弓馬田村（1909），同郡長田村（1911），北相馬郡菅生村（1909），同郡小文間村（1913），同郡高井村（1912），同郡六郷村（1911），同郡山王村（1910），同郡高須村（1910）．

群馬県群馬郡大類村（1909），利根郡利南村（1912）．

東京府荏原郡＊駒沢村（1915），南足立郡＊舎人村（1901），同郡＊淵江村（1914），同郡＊花畑村（1902），南葛飾郡＊新宿村（1901），同郡＊鹿本村（1902），同郡＊大島町（1901），西多摩郡＊西多摩村（1902），南多摩郡＊加住村（1902），同郡＊日野町（1902）．

神奈川県都筑郡＊中川村（1901），高座郡綾瀬村（1902），中郡豊田村（1901），足柄上郡＊金田村（1901）．

新潟県北蒲原郡新発田町（1914），同郡鴻沼村（1914），同郡猿橋村（1914），同郡五十公野村（1914），同郡水原町（1916），同郡分田村（1914），同郡中浦村（1902），同郡紫雲寺村（1916），中蒲原郡石山村（1915），同郡巣本村（1915），同郡臼井村（1915），同郡鷲巻村（1915），同郡横越村（1916），西蒲原郡弥彦村（1916），同郡岩室村（1915），同郡島上村（1915），同郡小池村（1915），南蒲原郡見附町（1916），同郡森町村（1915），同郡鹿峠村（1915），同郡本成寺村（1917），東蒲原郡日出谷村（1916），三嶋郡日越村（1916），同郡日吉村（1915），同郡大津村（1915），北魚沼郡川口村（1916），同郡吉谷村（1916），同郡薮神村（1915），同郡入広瀬村（1915），南魚沼郡吉里村（1901），同郡薮神村（1917），中魚沼郡吉田村（1902），刈羽郡高田村（1915），

同郡中鯖石村(1914)，東頸城郡松之山村(1916)，中頸城郡源村(1915)，岩船郡保内村(1917)，佐渡郡平泉村(1901)，同郡金沢村(1909).

富山県上新川郡＊大庄村(1916)，射水郡横田村(1910)，同郡黒河村(1914)，東砺波郡簑谷村(1909)，同郡＊種田村(1924).

石川県能美郡沖杉村(1902)，同郡金野村(1903)，石川郡安原村(1899)，同郡一木村(1901).

福井県今立郡国高村(1908-9)，同郡新横江村(1908)，遠敷郡今富村(1902).

岐阜県揖斐郡横蔵村(1917)，同郡坂内村(1914).

静岡県田方郡中郷村(1901)，志太郡豊田村(1905)，榛原郡勝間田村(1901).

愛知県幡豆郡西野町村(1902).

三重県阿山郡玉滝村(1903)，志摩郡鵜方村(1902)，一志郡鵲村(1902).

滋賀県滋賀郡雄琴村(1901)，栗太郡葉山村(1910)，同郡大宝村(1901)，野洲郡中里村(1931)，同郡祇王村(1901)，蒲生郡金田村(1902)，愛知郡稲枝村(1901)，犬上郡日夏村(1901)，阪田郡法性寺村(1902)，東浅井郡七尾村(1902).

大阪府東成郡田辺村(1902).

奈良県添上郡狭川村(1917)，同郡田原村(1917)，同郡月瀬村(1917)，生駒郡富雄村(1907)，同郡伏見村(1906)，同郡矢田村(1906)，同郡本多村(1908)，同郡平端村(1906)，同郡片桐村(1909)，同郡北生駒村(1909)，同郡南生駒村(1906)，同郡北倭村(1900)，同郡法隆寺村(1907)，同郡富郷村(1906)，同郡平群村(1908)，同郡三郷村(1907).

鳥取県西伯郡＊尚徳村(1910)，同郡＊彦名村(1909)，同郡＊宇田川村(1911)，同郡賀野村(1909)，同郡＊幡郷村(1912)，日野郡＊二武・野上村(1909)，同郡＊溝口・金岩・栄村(1909)，同郡＊旭村(1909)，同郡＊米原・金原村(1909)，同郡＊神奈川村(1909)，同郡＊江尾村(1909)，同郡＊黒坂・管複村(1909)，同郡＊根雨・真住村(1909)，同郡＊渡村・安井村(1909)，同郡＊多里村(1909)，同郡＊印賀・菅沢村(1909)，同郡＊阿毘縁村(1909)，同郡＊山上村(1909)，同郡＊宮内村(1909)，同郡＊福栄村(1909)，同郡＊岩見村(1909)，同郡＊八郷村(1909).

島根県八束郡大庭村黒田畦部落(1919)，同郡野波村(1903)，同郡玉湯村(1905)，同郡波入村(1905)，能義郡安来町(1908)，同郡大塚村(1909)，仁多郡三沢村(1901)，同郡馬木村(1914)，同郡八川村(1911)，大原郡斐伊村(1909)，同郡阿用村(1910)，同郡海潮村(1906)，同郡屋裏村(1909-10)，同郡神原村(1906)，簸川郡鳶巣村(1902)，邑智郡田所村(1906)，那賀郡周布村(1907)，同郡高城村(1906)，美濃郡都茂村(1902)，鹿足郡朝倉村(1901).

鹿児島県出水郡野田村(1901).

2 その他．本文中で引用された町村是

秋田県鹿角郡宮川村(1921)，由利郡院内村(1920)，南秋田郡飯田川村(1900 頃)，
　同郡大久保村(1900 頃)，同郡豊川村(1900 頃)，同郡上新城村(1900 頃)，平鹿郡
　舘合村(1902)．

山形県東田川郡広瀬村(1901)．

福島県安達郡岩根村(1906)．

新潟県東蒲原郡揚川村(1910)，北魚沼郡元城下村(1901)．

山梨県西山梨郡清田・国里村(1913)，中巨摩郡豊村(1911)．

愛知県南設楽郡西郷村(1902)，宝飯郡桑富村(1902)．

滋賀県栗太郡常盤村(1910)，甲賀郡土山町(1919)．

兵庫県有馬郡八多村(1900)．

島根県海士郡海士村(1901)．

大分県大分郡由布川村(1909)．

鹿児島県川辺郡勝目村(1902)，薩摩郡樋脇村(1926)．

文 献 目 録

配列は，資料と官公庁諸団体出版物は資料名および書名の，研究文献は著者名
の ABC 順．日本語文献については，出版社のみを記し，出版地は省略した．

I 資 料

I-a 一次資料

長野県諏訪郡真志野村金子家「日雇帳」，慶應 3，明治 2，4，6-9，11-30 年

摂津国武庫郡上瓦林村岡本家「萬覚帳」，享保 12，享保 17-安永 4，安永 6-8，天明
　　元，天明 4-寛政 6，寛政 8-9，寛政 11-文化 3，文化 7-文政 9，文政 12-天保元
　　年．

『山梨県地誌稿』山梨県立図書館所蔵文書．

山梨県東八代郡南八代村，北八代村，岡村，増田村「家別表」，山梨県東八代郡八
　　代町役場所蔵文書（正確に記せば，北八代村の簿冊の表紙には「人別政表」，増
　　田村は「人別制表」と書かれ，岡村の簿冊には表紙が欠けている）．

I-b 印刷資料

賃金物価資料

　『賃金構造基本統計調査報告』，労働省，各年度版．

　「江戸日用品小売物価表」，三井文庫，同文庫編『近世後期における主要物価の動
　　態』増補改訂版（東京大学出版会，1989）所収．

　『貨幣制度調査会報告』（明治 28 年），大内兵衛・土屋喬雄編『明治前期財政経済
　　史料集成』第 12 巻（改造社，1932 年）所収．

　「各種日雇賃銭古今比較表」（明治 14 年），農商務省農務局『第二次農務統計表』
　　（1891 年）所収．

　『近世大阪の物価と利子』，大阪大学近世物価史研究会編，創文社，1963 年刊．

　「天保元年ヨリ明治十二年迄五十ケ年間府下各種貨物価格調査之儀ニ付大蔵省商
　　務局へ上申書」（明治 13 年 11 月 26 日）；東京商法会議所，竜門社編『澁澤榮一
　　伝記資料』第 17 巻（澁澤榮一伝記資料刊行会，1957 年）所収．

　『我国商品相場統計表』金融研究会調査別冊第 3 号附録，1937 年刊．

『長期経済統計：推計と分析』全 14 巻，大川一司・篠原三代平・梅村又次編，東洋
　経済新報社（*LTES* と略記）．

　第 2 巻『労働力』，梅村又次他，1985 年刊．

　第 8 巻『物価』，大川一司他，1967 年刊．

　第 9 巻『農林業』，梅村又次他，1966 年刊．

　第 11 巻『繊維工業』，藤野正三郎他，1979 年刊．

文献目録――205

町村是関係資料［利用された町村是の一覧は，付録5をみよ］

『町村是調査標準』，全国農事会，1901年刊.

『「郡是・町村是」資料目録』(付「産業調査書」)，一橋大学経済研究所付属日本経済統計文献センター統計資料シリーズ23，1982年刊.

『「郡是・町村是」資料目録：追録・総索引』，一橋大学経済研究所付属日本経済統計情報センター統計資料シリーズ47，1994年刊.

府県統計書

『愛知県統計書』，各年度.

『長野県統計書』，各年度.

『新潟県統計書』，各年度.

『静岡県統計書』，各年度.

『山梨県統計書』，各年度.

『現住人口静態ニ関スル統計材料』(維新以後帝国統計材料彙纂第2輯)，内閣統計局，1913年刊.

『本邦農業ノ概況及農業労働者ニ関スル調査』，農商務省農務局，1920年刊.

『甲斐国現在人別調』，太政官統計院，1882年刊.

『国民生活時間調査』全19巻，日本放送協会，1942-43年刊.

『旧三菱重工の労働統計：明治17年-昭和38年』(付：機械工業の労働統計抜粋)，尾高煌之助編，一橋大学経済研究所加工統計シリーズ18，一橋大学経済研究所統計係，1978年刊.

『明治後期大阪府農家調査書』，出口神暁校訂，『和泉志』第18号(1958年)に復刻.

『明治前期家族法資料』第1-3巻，外岡茂十郎編，早稲田大学，1967-71年刊.

『日本長期統計総覧』全5巻，総理府統計局監修，日本統計協会，1987-88年刊.

『日本労働運動史料』第10巻，労働運動史料委員会，1959年刊.

『農家経済調査』昭和3年度，農林省農務局編，1931年刊.

『農家の労働状態に関する調査(主として男女別労働に就て)』帝国農会経済部，1938年刊.

『農村保健衛生実地調査成績』，内務省衛生局，1929年刊.

『総理府統計局百年史資料集成』第1巻(総記上)，総理府統計局，1973年刊.

『大正二年末人口静態調査ノ結果ニ拠ル帝国人口概説』，内閣統計局，1916年刊.

『帝国法規』第13類，1938年刊.

『帝国統計年鑑』内閣統計局，各年版.

II 官公庁諸団体出版物

『紡績業労働事情』(労働事情調査報告6)，協調会，1922年刊.

『紡績職工事情調査概要報告書』，大日本綿糸紡績同業聯合会，1898年刊.

『富士市史』第3巻，富士市史編纂委員会，1966年刊.

『平野村誌』下巻，長野県諏訪郡平野村，1932年刊.

『広島県史』第2巻，近代現代資料編，広島県，1975年刊.

『本邦自作農の状況 其一』(自作農調査 第3巻)，帝国農会，1919年刊.

『泉大津市史』第3巻，史料編 II，泉大津市，1986年刊.
『経済白書』，経済企画庁.
　　昭和31年度『年次報告書』，1956年刊.
　　昭和32年度『年次報告書』，1957年刊.
　　昭和36年度『経済白書』，1961年刊.
『工場監督年報』，農商務省，各年度版.
『労使関係白書』1993年版，日本生産性本部，1993年刊.
『生活水準の歴史的推移』，総合研究開発機構自主研究報告書，1985年刊.
『生活水準の歴史的分析』，総合研究開発機構委託研究報告書，1988年刊.
『信濃蚕糸業史』下巻，大日本蚕糸会信濃支会，1937年刊.

III　研究文献

阿部昭(1989).「遊び日の編成と共同体機能」，津田秀夫編『近世国家と明治維新』，
　　pp. 304-30，三省堂.
明石茂生(1989).「近世後期経済における貨幣，物価，成長: 1725-1856」『経済研
　　究』第40巻，pp. 42-51.
穐本洋哉・西川俊作(1975).「19世紀中葉防長両国の農業生産関数」『経済研究』
　　第26巻，pp. 302-11.
青木美智子(1985).「近世の関東畑作農村における雇傭労働の変質過程: 武州平山
　　村斎藤家の年季・日雇奉公人を中心に」『社会経済史学』第51巻，pp. 455-89.
荒幡克己(1997).「明治後期からの「副業の奨励」政策について」『農業経済研究』
　　第68巻，pp. 215-23.
有泉貞夫(1968).「明治国家と祝祭日」『歴史学研究』第341号，pp. 61-88.
有泉貞夫(1976).「明治国家と民衆統合」『岩波講座日本歴史(第2次)』第17巻(近
　　代4)，pp. 221-62，岩波書店.
有沢広巳(1956).「賃金と経済構造: 低賃金の意義と背景」，中山伊知郎編『賃金基
　　本調査』，pp. 40-57，東洋経済新報社.
有田富美子・中村隆英(1992).「東京における卸売物価指数の一推計: 1830-1936
　　年」『東洋英和女学院大学人文・社会科学論集』第5号，pp. 36-66.
Ashton, T. S. (1949/72). 'The standard of life of the workers in England,
　　1790-1830', *Journal of economic history*, vol. 9, Supplement; 杉山忠平・
　　松村高夫訳『イギリス産業革命と労働者の状態』，pp. 7-39，未来社.
Berg, M. and P. Hudson (1992). 'Rehabilitating the industrial revolution',
　　Economic history review, 2nd ser. vol. 45, pp. 24-50.
Bienefeld, M. A. (1972). *Working hours in British industry: an economic
　　history,* Weidenfeld and Nicolson, London.
Blanchard, I., ed. (1994). *Labour and leisure in historical perspective,
　　thirteenth to twentieth centuries,* Franz Steiner Verlag, Stuttgart.
Booth, A. and R. M. Sundrum (1985). *Labour absorption in agriculture,*
　　Oxford University Press, Oxford.

文献目録———207

Boserup, E. (1965/75). *The conditions of agricultural growth: the economics of agrarian change under population pressure*, London; 安澤秀一・安澤みね訳『農業成長の諸条件: 人口圧による農業変化の経済学』ミネルヴァ書房.

Boserup, E. (1970). *Woman's role in economic development*, Allen and Unwin, London.

Chayanov, A. V. (1923/57). *Die Lehre von der bauerlichen Wirtschaft*, Berlin; 磯邊秀俊・杉野忠夫訳『小農経済の原理』大明堂.

Clapham, J. H. (1926). *An economic history of modern Britain: the early railway age, 1820-1850*, Cambridge University Press, Cambridge.

Crafts, N. F. R. (1985). *British economic growth during the industrial revolution*, Oxford University Press, Oxford.

de Vries, J. (1994). 'The industrial revolution and the industrious revolution', *Journal of economic history*, vol. 54, pp. 249-70.

Dore, R. P. (1973/87). *British factory-Japanese factory: the origins of national diversity in industrial relations*, London; 山之内靖・永易浩一訳『イギリスの工場・日本の工場: 労使関係の比較社会学』筑摩書房.

Eden, F. M. (1797). *The state of the poor*, 3 vols, J. Davis, London.

Fei, J. C. H. and G. Ranis (1964). *Development of the labor surplus economy: theory and policy*, Richard D. Irwin, Homewood, Ill.

Flinn, M. W. (1974). 'Trends in real wages, *1750-1850*', *Economic history review*, 2nd ser. vol. 27, pp. 395-413.

Floud, R., K. Wachter and A. Gregory (1990). *Height, health and history: nutritional status in the United Kingdom, 1750-1980*, Cambridge University Press, Cambridge.

Fogel, R. W. (1986). 'Nutrition and the decline in mortality since 1700: some preliminary findings', in S. L. Engerman and R. E. Gallman, eds., *Long-term factors in American economic growth*, pp. 439-555, University of Chicago Press, Chicago.

Fogel, R. W. and S. L. Engerman (1974/81). *Time on the cross: the economics of American slavery*, Boston; 田口芳弘他訳『苦難のとき: アメリカ・ニグロ奴隷制の経済学』創文社.

藤林敬三 (1943/60). 「明治20年代におけるわが紡績労働者の移動現象について」『三田学会雑誌』第37巻; 隅谷三喜男編『明治前期の労働問題』(明治史研究叢書6), pp. 137-76, 御茶の水書房.

藤野正三郎 (1965). 『日本の景気循環』勁草書房.

深谷克己 (1979). 「江戸時代の農民と「兼業」」『世界』第399号, pp. 23-26.

深谷克己・川鍋定男 (1988). 『江戸時代の諸稼ぎ: 地域経済と農家経営』農文協.

福田アジオ (1990). 『可能性としてのムラ社会: 労働と情報の民俗学』青弓社.

福田アジオ (1997). 『番と衆: 日本社会の東と西』吉川弘文館.

古川貞雄 (1986). 『村の遊び日: 休日と若者組の社会史』平凡社.

古厩忠夫 (1994). 「「裏日本」の成立と展開」『岩波講座日本通史』第17巻 (近代2),

pp. 349-64, 岩波書店.

Gershuny, J. (1988). 'Time, technology and the informal economy', in R. E. Pahl, ed., *On work: historical, comparative and theoretical approaches*, pp. 579-97, Blackwell, Oxford.

花房直三郎(1907). 「明治12年末の甲斐国」(1)-(5), 『統計集誌』第314, 316, 319-321号, pp. 211-22, 301-05, 425-29, 483-98, 545-49.

Hanley, S. B. (1983). 'A high standard of living in nineteenth-century Japan: fact or fantasy?', *Journal of economic history*, vol. 43, pp. 183-92.

Hanley, S. B. (1986). 'Standard of living in nineteenth-century Japan: reply to Yasuba', *Journal of economic history*, vol. 46, pp. 225-26.

原田敏丸(1983). 『近世村落の経済と社会』山川出版社.

原田敏丸・宮本又郎編(1985). 『シンポジウム 歴史のなかの物価: 前工業化社会の物価と経済発展』同文舘.

Hart, K. (1987). 'Commoditisation and the standard of living', in Hawthorn (1987), pp. 70-93.

Hartwell, R. M. (1959). 'Interpretations of the industrial revolution in England: a methodological inquiry', *Journal of economic history*, vol. 19, pp. 229-49.

Hartwell, R. M. (1961/75). 'The rising standard of living in England, 1800-50', *Economic history review*, 2nd ser. vol. 13; reprinted in Taylor (1975), pp. 93-123.

橋本寿朗(1984). 『大恐慌期の日本資本主義』東京大学出版会.

橋本寿朗(1989). 「1955年」, 安場・猪木編(1989), pp. 57-95.

Hawthorn, G., ed. (1987). *The standard of living. The Tanner lectures*, Cambridge University Press, Cambridge.

速水融(1992). 『近世濃尾地方の人口・経済・社会』創文社.

速水佑次郎(1973). 『日本農業の成長過程』創文社.

Hayami, Y. and S. Yamada with M. Akino, Le Thanh Ngiep, T. Kawagoe and M. Honma (1991). *The agricultural development of Japan: a century's perspective*, University of Tokyo Press, Tokyo.

逸見謙三(1956). 「農業人口の固定性」, 附「農業有業人口の推計」, 東畑精一・大川一司編『日本の経済と農業: 成長分析』, pp. 124-41, 412-16, 岩波書店.

Hicks, J. R. (1969/95). *A theory of economic history*, Oxford; 新保博・渡辺文夫訳『経済史の理論』講談社学術文庫.

Hicks, J. R. (1977/85). 'The two kinds of economic history', in *Economic perspectives: furher essays on money and growth*, Oxford; 貝塚啓明訳「二種類の経済史」『経済学の思考法』, pp. 242-47, 岩波書店.

樋口美雄(1978). 「家計の労働供給と消費構造」『三田商学研究』第21巻5号, pp. 14-37.

Hobsbaum, E. J. (1957/75). 'The British standard of living 1790-1850', *Economic history review*, 2nd ser. vol. 10; reprinted in Taylor (1975), pp.

文献目録——209

58-92.

Hobsbaum, E. J. and R. M. Hartwell(1963). 'The standard of living during the industrial revolution: a discussion', *Economic history review,* 2nd ser. vol. 16, pp. 119-46.

Horrell, S.(1994). 'Household time allocation and women's labour force participation', in M. Anderson, F. Bechhofer and J. Gershuny, eds., *The social and political economy of the household,* pp. 198-224, Oxford University Press, Oxford.

Horrell, S. and J. Humphries(1992). 'Old questions, new data, and alternative perspectives: families' living standards in the industrial revolution', *Journal of economic history,* vol. 52, pp. 849-80.

Horrell, S. and J. Humphries(1995a). 'Women's labour force participation and the transition to the male-breadwinner family, 1790-1865', *Economic history review,* 2nd ser. vol. 48, pp. 89-117.

Horrell, S. and J. Humphries(1995b). 'The exploitation of little children: child labor and the family economy in the industrial revolution', *Explorations in economic history,* vol. 32, pp. 485-516.

細井和喜蔵(1925/80). 『女工哀史』; 文庫新訂版, 岩波書店.

市川孝正(1996). 『日本農村工業史研究: 桐生・足利織物業の分析』文眞堂.

池田信(1978). 『日本社会政策思想史論』東洋経済新報社.

今井林太郎・八木哲浩(1955). 『封建社会の農村構造』有斐閣.

犬飼一郎(1968). 「明治期経済発展における小学校教員俸給の変動」『経済研究』第 19巻, pp. 266-71.

石井寛治(1972). 『日本蚕糸業史分析: 日本産業革命研究序論』東京大学出版会.

石井寛治(1991). 『日本経済史(第2版)』, 東京大学出版会.

石川滋(1990). 『開発経済学の基本問題』岩波書店.

伊藤繁(1982). 「明治大正期の都市農村間人口移動」, 森島賢・秋野正勝編『農業開 発の理論と実証』, pp. 55-74, 養賢堂.

岩橋勝(1996). 「物価と景気変動」, 西川・尾高・斎藤編(1996), pp. 55-76.

岩本由輝(1964). 「明治期における今井作内家の手作地経営: 雇用労働の問題を中 心に」, 東北大学『研究年報経済学』第73号, pp. 37-99.

Jackson, R. V.(1987). 'The structure of pay in nineteenth-century Britain', *Economic history review,* 2nd ser. vol. 40, pp. 561-70.

Jorgenson, D. W.(1966). 'Testing alternative theories of the development of a dual economy', in I. Adelman and E. Thorbecke, eds., *The theory and design of economic development,* pp. 45-60, Johns Hopkins University Press, Baltimore.

神立春樹(1985a). 「明治後期の岡山県一農村における農村民の生活事情: 日本産 業革命期の地域民衆生活の検討」『岡山大学経済学会雑誌』第17巻, pp. 1-24.

神立春樹(1985b). 「1910年代の山陰一農村における農村民の生活事情: 島根県八

東郡大庭村『村是』(1919年)による検討」『岡山大学経済学会雑誌』第17巻, pp. 261-88.

神立春樹(1987).「大正初期の山陰一農村における農村民の生活事情: 鳥取県日野郡石見村の場合」『岡山大学経済学会雑誌』第19巻, pp. 371-400.

北原糸子(1983).『安政大地震と民衆: 地震の社会史』三一書房.

清川雪彦(1995).「近代工場制度の導入と普及: 富岡製糸場の事例を中心に」, 同『日本の経済発展と技術普及』, pp. 215-40, 東洋経済新報社.

草野正裕(1996).『近世の市場社会と地域差: 物価史からの接近』京都大学学術出版会.

Lewis, W. A. (1954). 'Economic development with unlimited supplies of labour', *Manchester school of economic and social studies*, vol. 22, pp. 139-91.

Lewis, W. A. (1958). 'Unlimited labour: further notes', *Manchester school of economic and social studies*, vol. 26, pp. 1-32.

Lindert, P. H. and J. G. Williamson (1983). 'English workers' living standards during the industrial revolution: a new look', *Economic history review*, 2nd ser. vol. 36, pp. 1-25.

牧原憲夫(1994).「文明開化論」, 『岩波講座日本通史』第16巻(近代1), pp. 249-90, 岩波書店.

Malcolmson, R. W. (1981). *Life and labour in England 1700-1780*, Hutchinson, London.

松村高夫(1970).「イギリス産業革命期の生活水準: ハートウェル=ホブズボーム論争を中心として」『三田学会雑誌』第63巻, pp. 895-907.

松村高夫(1989-90).「イギリス産業革命期における生活水準論争再訪(上下)」『三田学会雑誌』第82巻, pp. 355-72, 第83巻, pp. 133-55.

南亮進(1970).『日本経済の転換点: 労働の過剰から不足へ』創文社.

南亮進(1996).『日本の経済発展と所得分布』岩波書店.

Minami, R. and A. Ono (1979). 'Wages', in Ohkawa and Shinohara (1979), pp. 229-40.

Minge-Klevana, W. (1980). 'Does labor time decrease with industrialization? A survey of time-allocation studies', *Current anthropology*, vol. 21, pp. 279-98.

宮本又郎(1989).「物価とマクロ経済の変動」, 新保・斎藤(1989a), pp. 67-126.

宮田登(1984).「日本人の生活観」, 宮田登編『暦と祭事』(日本民俗文化大系9), pp. 5-66, 小学館.

溝口敏行・寺崎康博(1995).「家計の所得分布変動の経済・社会および産業構造的要因: 日本の経験」『経済研究』第46巻, pp. 59-77.

森嘉兵衛(1950).「近世農業労働時間並に休日の統制」『社会経済史学』第16巻, pp. 1-35.

永原慶二・中村政則・西田美昭・松元宏(1972).『日本地主制の構成と段階』東京大学出版会.

中村吉治他(1962).『解体期封建農村の研究: 諏訪藩今井村』創文社.

中村政則(1976).『労働者と農民』(日本の歴史 29), 小学館.

中村哲(1968).『明治維新の基礎構造: 日本資本主義形成の起点』未来社.

中村隆英(1971).『戦前期日本経済成長の分析』岩波書店.

中村隆英(1985).『明治大正期の経済』東京大学出版会.

中西僚太郎(1988).「明治末期の食料消費量: 茨城県の場合」, 尾高煌之助・山本有造編『幕末・明治の日本経済』(数量経済史論集 4), pp. 255-75, 日本経済新聞社.

中西洋(1983).『日本近代化の基礎過程: 長崎造船所とその労資関係, 1855-1900年』中巻, 東京大学出版会.

中安定子(1962).「在来織物業の展開と紡績資本」『土地制度史学』第 14 号, pp. 1-18.

二村一夫(1988).『足尾暴動の史的分析: 鉱山労働者の社会史』東京大学出版会.

西川俊作(1966).『地域間労働移動と労働市場: 昭和戦前期・繊維労働者の地域間移動』有斐閣.

西川俊作(1979).『江戸時代のポリティカル・エコノミー』日本評論社.

西川俊作(1982).「移行期の長州における穀物消費と人民の常食」『三田商学研究』第 25 巻, pp. 556-80.

西川俊作(1985).『日本経済の成長史』東洋経済新報社.

Nishikawa, S.(1978). 'Productivity, subsistence and by-employment in the mid-nineteenth century Chōshū', *Explorations in economic history*, vol. 15, pp. 69-83.

西川俊作・阿部武司編(1990).『産業化の時代 上』(日本経済史 4), 岩波書店.

西川俊作・山本有造編(1990).『産業化の時代 下』(日本経済史 5), 岩波書店.

西川俊作・尾高煌之助・斎藤修編(1996).『日本経済の 200 年』日本評論社.

西成田豊(1988).『近代日本労使関係史の研究』東京大学出版会.

野村兼太郎(1949).『村明細帳の研究』有斐閣.

沼田誠(1987).「大正・昭和期の農家経済の一断面: 労働・消費の一体的構造に関連させて」『農業経済研究』第 59 巻, pp. 146-61.

小尾恵一郎(1971).「労働供給の理論」, 西川俊作編『労働市場』, pp. 3-23, 日本経済新聞社.

尾高煌之助(1984).『労働市場分析: 二重構造の日本的展開』岩波書店.

尾高煌之助(1989a).「二重構造」, 中村隆英・尾高煌之助編『二重構造』(日本経済史 6), pp. 133-84, 岩波書店.

尾高煌之助(1989b).「成長の軌跡(2)」, 安場・猪木編(1989), pp. 153-208.

尾高煌之助(1993).「「日本的」労使関係」, 岡崎哲二・奥野正寛編『現代日本経済システムの源流』, pp. 145-82, 日本経済新聞社.

尾高煌之助・山内太(1993).「大正期農家貯蓄の決定要因: 新潟県蒲原の村是による考察」『経済研究』第 44 巻, pp. 320-29.

岡実(1913).『工場法論』有斐閣.

Ohkawa, K. and M. Shinohara, eds.(1979). *Patterns of Japanese economic development: a quantitative appraisal*, Yale University Press, New Haven.

大門正克 (1995). 「農民生活の変化: 1900 年前後の日本」, 歴史学研究会編『資本主義は人をどう変えてきたか』(講座世界史 4), pp. 67-92, 東京大学出版会.

大河内一男 (1952). 『黎明期の労働運動』岩波書店.

大竹秀男 (1955). 「近世期の農村奉公」『神戸法学雑誌』第 5 巻, pp. 408-81, 544-87.

Phelps Brown, H. (1977). *The inequality of pay*, Oxford University Press, Oxford.

Phelps Brown, H. and S. V. Hopkins (1956/81). 'Seven centuries of the prices of consumables compared with builders' wage-rates', *Economica*, vol. 23; reprinted in *A perspective of wages and prices,* pp. 13-59, Methuen, London.

Pigou, A. C. (1932/55). *The economics of welfare,* 4th edn, London; 永田清監訳『厚生経済学』I-IV, 東洋経済新報社.

Reder, M. W. (1955). 'The theory of occupational wage differentials', *American economic review*, vol. 45, pp. 833-52.

Reynolds, L. G. and C. H. Taft (1956). *The evolution of wage structure*, Yale University Press, New Haven.

Rogers, J. E. Thorold (1866-87). *A history of agriculture and prices* in England, 6 vols., Clarendon Press, Oxford.

Sahlins, M. (1972/84). *Stone-age economics*, Chicago; 山内昶訳『石器時代の経済学』法政大学出版局.

三枝博音編 (1953). 『三浦梅園集』岩波文庫.

斎藤修 (1973a). 「農業賃金の趨勢: 徳川中期から大正前期にかけて」『社会経済史学』第 39 巻, pp. 170-89.

斎藤修 (1973b). 「1920 年以前の人口移動: 中部 4 県の寄留統計を使って」『三田学会雑誌』第 66 巻, pp. 500-08.

斎藤修 (1975). 「徳川中期の実質賃金と格差」『社会経済史学』第 41 巻, pp. 449-66.

斎藤修 (1982). 「19 世紀諏訪地方の農村経済と人口」『三田学会雑誌』第 75 巻, pp. 169-86.

斎藤修 (1984). 「江戸市中のサービス業賃金: 1775-1871 年」『日本歴史』第 430 号, pp. 81-85.

斎藤修 (1985). 「明治初年農家世帯の就業構造: 山梨県下 4 ヵ村「人別調」の分析 (1)(2)」『三田学会雑誌』第 78 巻, pp. 14-32, 109-22.

斎藤修 (1987). 『商家の世界・裏店の世界: 江戸と大阪の比較都市史』リブロポート.

斎藤修 (1988). 「大開墾・人口・小農経済」, 速水融・宮本又郎編『経済社会の成立』(日本経済史 1), pp. 169-215, 岩波書店.

斎藤修 (1989). 「経済発展は mortality 低下をもたらしたか?: 欧米と日本におけ

る栄養・体位・平均余命」『経済研究』第40巻, pp. 339-56.

斎藤修(1991).「農業発展と女性労働: 日本の歴史的経験」『経済研究』第42巻, pp. 31-41.

斎藤修(1992).「直系家族世帯と労働市場: 日本の比較史的位置」『歴史学研究』第638号, pp. 121-29.

斎藤修(1993).「幕末－明治の賃金変動再考」『経済研究』第44巻, pp. 330-38.

斎藤修(1996a).「人口」, 西川・尾高・斎藤編(1996), pp. 37-54.

斎藤修(1996b).「労働」, 西川・尾高・斎藤編(1996), pp. 399-423.

斎藤修(1997).『比較史の遠近法』NTT出版.

斎藤修・阿部武司(1987).「賃機から力織機工場へ: 明治後期における綿織物業の場合」, 南亮進・清川雪彦編『日本の工業化と技術発展』, pp. 64-82, 東洋経済新報社.

斎藤修・谷本雅之(1989).「在来産業の再編成」, 梅村又次・山本有造編『開港と維新』(日本経済史3), pp. 223-83, 岩波書店.

Saito, O.(1973). 'Migration and the labour market in Japan 1872-1920: a regional study', *Keio economic studies*, vol. 10, no. 2, pp. 47-60.

Saito, O.(1978/79). 'The labor market in Tokugawa Japan: wage differentials and the real wage level, 1727-1930', *Explorations in economic history*, vol. 15; 日本語版「徳川期の賃金格差構造と実質賃金水準」, 新保博・安場保吉編『近代移行期の日本経済: 幕末から明治へ』(数量経済史論集2), pp. 135-50, 日本経済新聞社.

Saito, O.(1979). 'Occupational structure,wages, and age patterns of female labour force participation in England and Wales in the nineteenth century', *Keio economic studies*, vol. 16, pp. 17-29.

Saito, O.(1981). 'Labour supply behaviour of the poor in the English industrial revolution', *Journal of European economic history*, vol. 10, pp. 633-52.

Saito, O.(1986). 'The rural economy: commercial agriculture, by-employment and wage work', in M. B. Jansen and G. Rozman, eds., *Japan in transition: from Tokugawa to Meiji*, pp. 400-20, Princeton University Press, Princeton.

Saito, O.(1988). 'The other faces of the industrial revolution: a review essay', 『経済研究』第39巻, pp. 180-84.

Saito, O.(1994). 'A note on women's working hours in peasant and non-peasant family economies: the case of prewar Japan', in *Proceedings of the Eleventh International Economic History Congress*, pp. 149-57, Bocconi University, Milan.

Saito, O.(1996a). 'Gender, workload and agricultural progress: Japan's historical experience', in R. Leboutte, ed., *Proto-industrialization: recent research and new perspectives. In memory of Franklin Mendels*, pp. 129-51, Librairie Droz, Geneva.

Saito, O. (1996b). 'Who worked when? Life-time profiles of labour-force participation in Cardington and Corfe Castle in the late-eighteenth and mid-nineteenth centuries', D. Mills and K. Schürer, eds., *Local communities in the Victorian census enumerators' books,* pp. 184-99, Leopard's Head Press, Oxford.

Saito, O. (1996c). 'Children's work, industrialism and the family economy in Japan, 1872-1926', in H. Cunningham and P. P. Viazzo, eds., *Child labour in historical perspective, 1800-1985,* pp. 73-90, UNICEF International Child Development Centre, Florence.

佐野陽子(1962). 「建築労働者の実質賃金: 1830-1894年」『三田学会雑誌』第55巻, pp. 1009-35.

佐々木淳(1994). 「産地織物業における力織機導入後の織元自家工場生産: 第一次大戦期播州岡田儀三郎家の事例に即して」『社会経済史学』第59巻5号, pp. 632-57.

佐藤常雄(1987). 『日本稲作の展開と構造: 坪刈帳の史的分析』吉川弘文館.

Schwarz, L. D. (1992). *London in the age of industrialisation: entrepreneurs, labour force and living conditions, 1700-1850,* Cambridge University Press, Cambridge.

Sen, A. K. (1981). *Poverty and famines: an essay on entitlement and deprivation,* Oxford University Press, Oxford.

Sen, A. K. (1987). 'The standard of living. Lectures I and II', in Hawthorn (1987), pp. 1-38.

新保博(1978). 『近世の物価と経済発展: 前工業化社会への数量的接近』東洋経済新報社.

新保博・斎藤修編(1989a). 『近代成長の胎動』(日本経済史2), 岩波書店.

新保博・斎藤修(1989b). 「概説19世紀へ」, 新保・斎藤修(1989a), pp. 1-66.

新見吉治(1959). 『壬申戸籍成立に関する研究』吉川弘文館.

篠原三代平(1961). 『日本経済の成長と循環』創文社.

新谷正彦(1973). 「農業部門の労働力フローの推計(1874-1970)に関するノート」『西南学院大学経済学論集』第8巻, pp. 55-99.

新谷正彦(1974). 「農業部門における投下労働日数の推計(1874-1970)」『経済研究』第25巻, pp. 264-71.

Smith, A. (1776/1959-66). *An inquiry into the nature and causes of the wealth of nations,* London; 大内兵衛・松川七郎訳『諸国民の富』全5冊, 岩波文庫.

Smith, T. C. (1959/70). *The agrarian origins of modern Japan,* Stanford; 大塚久雄監訳『近代日本の農村的起源』岩波書店.

Smith, T. C. (1988/95). *Native sources of Japanese industrialization, 1750-1920,* Berkeley; 大島真理夫訳『日本社会史における伝統と創造: 工業化の内在的要因, 1750-1920年』ミネルヴァ書房.

Snedecor, G. W. and W. G. Cochran (1967/72). *Statistical Methods,* 6th edn, Iowa State University Press, Ames, Iowa; 畑村又好他訳『統計的方法』岩波書店.

祖田修(1973).『前田正名』吉川弘文館.

祖田修(1981).『地方産業の思想と運動: 前田正名を中心にして』ミネルヴァ書房.

菅山眞次(1987).「戦間期雇用関係の労職比較:「終身雇用」の実態」『社会経済史学』第55巻, pp. 407-39.

隅谷三喜男(1955).『日本賃労働史論: 明治前期における労働者階級の形成』東京大学出版会.

鈴木尚夫(1967).『現代日本産業発達史―紙・パルプ』交詢社.

鈴木敬治(1919).「山梨県人別調疑解」『統計学雑誌』第393号, pp. 14-16.

鈴木泰(1990).「解説」, 日本放送協会編『国民生活時間調査(昭和16年調査)』復刻版, pp. 1-18, 大空社.

鈴木ゆり子(1990).「醬油製造業における雇用労働」, 林玲子編『醬油製造業史の研究』, pp. 131-96, 吉川弘文館.

高橋二郎(1905/76).「明治十二年末甲斐国現在人別調顛末」『統計学雑誌』第228-29号;『総理府統計局百年史資料集成』第2巻(人口上), pp. 181-91, 総理府統計局[ただし, 原論文を「明治38年 統計集誌」としているのは誤り].

谷本雅之(1997).「近代日本の在来産業と農村労働力: 織物業の事例から」, 中村隆英編『日本の経済発展と在来産業』, pp. 121-60, 山川出版社.

Taylor, A. J., ed.(1975). *The standard of living in Britain in the industrial revolution*, Methuen, London.

所理喜夫(1973).「江戸の出稼人」, 西山松之助編『江戸町人の研究』, pp. 263-307, 吉川弘文館.

友部謙一(1988).「近世日本の小農家族経済と世帯ライフサイクル: 美濃国大野郡東横山村」『社会経済史学』第54巻, pp. 250-70.

Tranter, N. L.(1981). 'The labour supply 1780-1860', in R. Floud and D. McCloskey, eds., *The economic history of Britain since 1700,* 1st edn, vol. 1, pp. 204-26, Cambridge University Press, Cambridge.

Tschajanow, A. V. →Chayanov, A. V. をみよ.

津田秀夫(1960).「幕末における雇用労働について」『土地制度史学』第8巻, pp. 13-44.

Tussing, A.(1966). 'The labor force in Meiji economic growth: a quantitative study of Yamanashi prefecture', *Journal of economic history*, vol. 36, pp. 59-92.

植村正治(1976).「近世農村の雇用労働に関する若干の数量的分析: 播州加東郡太郎太夫村近藤家の奉公人について」『大阪大学経済学』第25巻4号, pp. 153-210.

植村正治(1986).『近世農村における市場経済の展開』同文舘.

氏原正治郎(1970).「第一次世界大戦後の労働調査と『餘暇生活の研究』」, 同編『余暇生活の研究』(生活古典叢書8), pp. 1-87, 光生館.

梅村又次(1955).「賃金格差と労働市場」, 都留重人・大川一司編『日本経済の分

析』第 2 巻，pp. 224-61，勁草書房.

梅村又次(1961a).『賃金・雇用・農業』大明堂.

梅村又次(1961b).「建築労働者の実質賃金 1726-1958」『経済研究』第 12 巻，pp. 172-76.

梅村又次(1962/70).「明治年間における実質賃金と労働の供給」『社会経済史学』第 27 巻 4 号；川野重任・加藤譲編『日本農業と経済成長』，pp. 139-61，東京大学出版会.

梅村又次(1981).「幕末の経済発展」『年報近代日本研究』第 3 号，pp. 3-30.

宇佐見正史(1990).「経済更生運動の展開と農村支配構造：長野県下伊那郡大島村の事例を中心に」『土地制度史学』第 128 号，pp. 1-19.

渡辺信夫(1961).「商業的農業における雇傭労働」，市川孝正他『封建社会解体期の雇傭労働』，pp. 43-106，青木書店.

渡辺信一(1938/80).『日本農村人口論』；昭和前期農政経済名著集版，農文協.

四月朔日良秀(1987).「明治 30 年代前期福岡県筑紫郡の労働市場：雑業の分布・労働日数・収入」『新潟短期大学社会科学論集』第 24 号，pp. 21-46.

Wigen, K.(1995). *The making of a Japanese periphery, 1750-1920,* University of California Press, Berkeley.

Wilkinson, R. G.(1973/85). *Poverty and progress: an ecological model of economic development*, London；斎藤修・安元稔・西川俊作訳『経済発展の生態学：貧困と進歩にかんする新解釈』リブロポート.

Williamson, J. G.(1985). *Did British capitalism breed inequality?*, Allen and Unwin, London.

山本茂実(1972).『新版 あゝ野麦峠：ある製糸工女哀史』，朝日新聞社.

山崎広明(1959).「両大戦間期における遠州織物業の構造と運動」『経営志林』第 6 巻 1-2 合併号，pp. 95-152.

山崎隆三(1961).『地主制成立期の農業構造』青木書店.

山崎隆三(1983).『近世物価史研究』塙書房.

山崎隆三(1985).「江戸中期(元禄 - 文化期)の物価動向と経済発展」，原田・宮本編(1985)，pp. 69-87.

柳田国男(1929/69).『都市と農村』；『定本柳田国男集』第 16 巻，pp. 237-391，筑摩書房.

柳田国男(1931/69).『日本農民史』；『定本柳田国男集』第 16 巻，pp. 161-236，筑摩書房.

安場保吉(1980).『経済成長論』筑摩書房.

Yasuba, Y.(1986). 'Standard of living in Japan before industrialization: from what level did Japan begin? A comment', *Journal of economic history*, vol. 46, pp. 217-24.

安場保吉・猪木武徳編(1989).『高度成長』(日本経済史 8)，岩波書店.

安丸良夫(1974).『日本の近代化と民衆思想』青木書店.

索　引

あ　行

愛知県　121-30
青木美智子　31
アシュトン，T.S.　2,56
遊び日 → "休日"をみよ
阿部昭　138
荒幡克己　74
有泉貞夫　140,151
安政開港　16,44,46,155
安政大地震　34-36
石井寛治　113
石川カーヴ　13,158
石川滋　159
石川理紀之助　200
和泉国
　――赤畑村　29
　――宇多大津村　102
伊藤繁　120,126
犬飼一郎　52
井上友一　141,155
ウィリアムソン，ジェフリィ　3,4
ウィルキンソン，リチャード　13,
　180
植村正治　29
梅村又次　7,16,18,20,48,49,62,
　106,109
裏日本　126
江戸　18,32,33,36,39,189-92
エンガマン，スタンレィ　5
近江国金堂村　105
大門正克　161
大阪府　78,100,102
尾高煌之助　19,50,166,169,173
小野旭　46
小尾恵一郎　66,106

か　行

甲斐国現在人別調　68,88,97,98,
　193-96
甲斐国巨摩郡　105
川鍋定男　74
基本給と特別給付　38-41
休業日の課業　161,162,177
休日　21,138,139,144-52,162,163,
　171,173
　――と国家　21,139-41,162,163,
　168,175
　――と村落　138,155,162
京都　18,25,26,28,31,41
寄留
　――制度　116,197-99
　――統計　116,117,121-24,198,
　199
草野正裕　18,37,39,41,137
クズネッツ，サイモン　4
口入 → "募集人制度"をみよ
クラッパム，ジョン　2
経済白書　54
兼業　73,79,82,83
　→ "農間余業"もみよ
工場監督年報　172
工場立法　21,166,167,175
高度成長　50,55,168-70
小作地率　100-2
小作農 → "農家の土地所有階層"を
　みよ

さ　行

在来産業
　――と近代産業　16,130-34
　――と人口移動　126,128,130-33
　――と賃金格差　52,133,134
相模国半原村　74,105,106

佐々木淳　143
佐野陽子　16, 18, 32, 33, 36, 191
サーリンズ，マーシャル　13
産地間競争　134
自営業転換の法則　66, 106
時間規律　139, 180
静岡県　121-34
　——浜名郡　51, 52, 126, 130-33
　——富士郡　128, 130-34
実質賃金
　——と生活水準　1-4, 8, 9, 16, 17,
　137
　——と賃金格差　18, 19, 25, 26, 59,
　60, 66, 103, 104
シュウォルツ，レナード　8
就業開始年齢　71, 98
祝日　→ "休日" をみよ
純流入　125-31
商業的農業　15, 86, 137
　——の雇用労働供給抑止効果
　99-103
　→ "養蚕" もみよ
小農／小農家族経済
　——と雇用労働市場　7-11, 79
　——と産業社会　180
　——と労働供給行動　63-68, 75-
　106
　——の概念　8
人口移動　→ "純流入"，"粗流入" を
　みよ
人口流出率　109, 110, 116-18
新谷正彦　158
杉亨二　68, 193
鈴木ゆり子　37
スミス，アダム　9, 11
スミス，トマス　13, 180
諏訪　44-46, 53, 105, 113, 126, 128
　——今井村　30, 31, 44, 46
　——真志野村　44
生活時間の配分パターン　177-79
生活水準
　——と体位・栄養　5, 6
　——と余暇　12-14, 138, 154, 163,
　164

　——と労働時間　12, 14, 154, 165
　——への所得 - 消費アプローチ
　6
　——への潜在能力 - 機能アプローチ
　7
生活水準論争
　英国産業革命の——　2-5, 12, 56
　幕末日本の——　17
セン，アマルティア　6, 180
全員就業　68, 72, 77, 98
戦後改革　55, 56, 168, 175
総合研究開発機構　141, 142, 174
粗流出　→ "粗流入" をみよ
粗流入　110, 117, 121-30

た　行

ダグラス - 有沢
　——の第一法則　63, 64, 66, 91, 98,
　179
　——の第二法則　64, 66, 179
谷本雅之　102
反当収量　→ "農業生産力" をみよ
地方改良　140, 144, 152, 155, 161
チャヤノフ，アレグザンダー　8, 85,
　86
長期経済統計 (LTES)　19, 46
銚子　27, 37, 38, 189-92
長州　17, 67
町村是
　——運動　144, 200
　——調査書　140, 144, 200-3
　愛知県桑富村の——　147
　　　　西郷村の——　147
　秋田県飯田川村の——　147
　　　　院内村の——　147
　　　　大久保村の——　157
　　　　上新城村の——　147
　　　　舘合村の——　161
　　　　豊川村の——　150
　　　　宮川村の——　149
　茨城県の——　161
　　　　前渡村の——　147
　岩手県中内村の——　146
　大分県由布川村の——　161

鹿児島県勝目村の―― 149, 150, 161
　　　　樋脇村の―― 146
神奈川県綾瀬村の―― 144-46, 149
滋賀県土山町の―― 156
　　　常磐村の―― 156
島根県海士村の―― 147
　　　海潮村の―― 152
　　　大庭村の―― 148, 149, 153
　　　八川村の―― 162
新潟県揚川村の―― 147
　　　元城下村の―― 149
兵庫県八多村の―― 157
福井県国高村の―― 151
福島県岩根村の―― 154
　　　三代村の―― 157, 162
宮城県生出村の―― 155
山形県広瀬村の―― 157, 162
山梨県清田・国里村の―― 156
　　　豊村の―― 156
直系家族 60-62, 79, 106, 119, 176, 180
賃金格差
　――と実質賃金水準 11, 18-20, 28, 41, 55, 56, 59, 60, 103-6, 109
　――と生活水準 3, 4
　江戸の熟練-不熟練間―― 39
　関西の熟練-不熟練間―― 26-28, 39
　企業規模別―― 48, 49, 53-55
　大企業-一般間―― 48, 49, 53
　男女間―― 39
　都市-農村間―― 39, 44, 46
　農業-ホワイトカラー間―― 52
　農工間―― 48-54, 109, 133
賃金系列
　江戸-東京の大工―― 34-36, 189, 190
　江戸-東京の建築職人―― 32-36, 41, 42, 44, 189, 190
　江戸のサービス業―― 36, 37
　江戸の日雇―― 36, 189, 190

京都の日雇―― 25, 26, 182-87
京坂の大工―― 26-28, 182-87
諏訪の農業日雇―― 44-46
西摂の大工―― 182-87
西摂の農業日雇―― 25, 26, 182-87
銚子醤油製造業―― 37, 38, 44, 189, 190
浜名郡の―― 51
播磨国の農村奉公人―― 29
東日本の農村―― 43, 44
武蔵国の農村奉公人―― 31
明治以降製造業―― 46-50
通俗道徳 139, 156
低賃金ポケット 113, 115, 134
出稼 109
　――型労働供給 60
　――経験率 110, 111
　――先 111, 112, 119, 120
　――の帰村率 112
デフレータ → "物価指数"をみよ
出羽国谷柏村 30
ドーア, ロナルド 177
トゥッシン, アーロン 174

な 行

内部労働市場 53
長野県 121-30, 143
　――伊那郡 128
　――諏訪郡 → "諏訪"をみよ
中村哲 29, 100
中村隆英 20
名古屋 121, 126
新潟県 121-30, 140
西川俊作 10, 67, 115
西摂 18, 30, 181-88
　――上瓦林村 25, 26, 28, 104, 181
　――西昆陽村 28, 104
二重構造 19, 53, 54
二村一夫 172
年齢別有業率カーヴ → "有業率プロファイル"をみよ
農外就業 81-83
　――と人口学的要因 62, 63

――と土地所有階層　83, 84
――と農業限界生産力　64, 67
――の決定要因　86-88
　→ "農間余業" もみよ
農家経済調査　81-88, 100
農家の土地所有階層　83, 84, 89-95,
　148, 154
農家の農業付加価値産出高　68, 80,
　81, 86, 87
農家副業　74, 79
　→ "農間余業" もみよ
農間余業　73-80, 105
――就業率　75-79
――と土地所有階層　89-95
――と農業付加価値産出高　80
――と農村工業化　15
――と余暇　163
――の雇用労働供給抑止効果　87,
　96, 97, 99-103, 134
――の定義と種類　73-75
――の労働市場　10, 11
農業改良　13, 105
――と労働時間　158-61
農業人口の固定性　62, 106
農業生産力　19, 104, 137
――と賃金格差　66
――と賃金水準　67
――と労働供給　65, 66
農業賃金
――と限界生産力　64
――と雇用形態　29, 30
　畿内の――　28-31
　東日本の――　29-31, 43, 44
　→ "賃金系列" もみよ

は　行

8 時間労働　21, 168, 169, 172, 173,
　175
ハートウェル, R. M.　3
花房直三郎　72, 195
浜松　132
速水融　110-12
速水佑次郎　158
播磨国

――太郎太夫村　29
――野添村　104, 137
ハンレィ, スーザン　17, 18
ピグウ, A. C.　12, 14
樋口美雄　169, 179
飛騨　113, 128
ヒックス, ジョン　1, 11, 59
非農業就業　→ "農外就業" をみよ
フェルプス・ブラウン, ヘンリィ
　2, 25
フォーゲル, ロバート　5, 6
深谷克己　74
物価指数　25, 33, 37, 44, 188-91
フラウド, ロドリック　5, 6
古川貞雄　21, 138, 146
文明開化　139, 140, 155, 163, 171
逸見謙三　62
募集人制度　114-16
ボースルプ, エスタァ　13
ホプキンス, S. V.　2, 25
ホブズボーム, エリック　3, 4, 6

ま　行

前田正名　144, 200
マーシャル, アルフレッド　12
マルコムソン, ロバート　8
三浦梅園　10, 11, 66
溝口敏行　55
南亮進　46, 55
美濃国西條村　110-12, 118
無作者率　100-2
武蔵国平山村　31, 39
無制限的労働供給　20, 59, 60
明治維新　55
森嘉兵衛　138, 146

や・ら・わ行

安場安吉　17
安丸良夫　139, 156
柳田国男　138, 163
山崎隆三　28
山田三郎　158
山梨県　20, 68-73, 121-30, 134, 174
――国中地方　128

——東八代郡　　70-72, 75-79, 88-97, 101, 193
有業率プロファイル　　68-73
養蚕
　——と休日　　154-56
　——と余業就業率　　95-97
　——の雇用労働供給抑止効果　　96, 97, 134
　——割合　　86-88
余暇時間　　21, 141-44, 177-79
　→ "休日" もみよ
余暇 - 労働の選好　　12, 63-66
余業 → "農間余業" をみよ
リンダート, P. H.　　3, 4
ルイス, W. A.　　20, 59
労働時間　　12, 14, 21
　——と家族の選択　　176-79
　——と政府　　174-76
　——と労働組合　　175, 176

アジア・アフリカの——　　13
英国産業革命期の——　　12
産業の——　　165-74
長崎造船所の——　　173, 174
農外就業の——　　82-84
農業の——　　154, 158-60
労働日数
　産業の——　　173, 174
　農村の——　　152-54
　ヨーロッパの——　　139
労働の最低供給価格　　64, 66, 98
労働負担
　——と経済発展　　13, 179, 180
　農業における——　　156-58
　養蚕業における——　　154-56
ロジャーズ, サロルド　　1
渡辺信一　　115
四月朔日良秀　　73

■岩波オンデマンドブックス■

一橋大学経済研究叢書 48
賃金と労働と生活水準
——日本経済史における 18−20 世紀

1998 年 2 月 20 日	第 1 刷発行	
1998 年 8 月 6 日	第 2 刷発行	
2016 年 9 月 13 日	オンデマンド版発行	

著　者　　斎藤　修

発行者　　岡本　厚

発行所　　株式会社　岩波書店
　　　　　〒 101-8002　東京都千代田区一ツ橋 2-5-5
　　　　　電話案内　03-5210-4000
　　　　　http://www.iwanami.co.jp/

印刷／製本・法令印刷

© Osamu Saito 2016
ISBN 978-4-00-730490-3　　Printed in Japan